KB142124

# 황금수도꼭지

목 적 경 영 이  만 들 어 낸  기 적

# 황금수도꼭지

윤정구 지음

# MANAGEMENT BY
# PURPOSE

쌤앤파커스

제 삶의 등대가 되어주신
롤러Lawler 선생님, 안한숙 선생님, 석현호 선생님,
하늘에서도 아들의 학자로의 삶을 위해 기도하고 계실 아버님,
병상에 계신 어머님, 제자 수경, 조카 도현, 병선,
상이, 결이, 헌신적인 아내에게 바칩니다.

**Part 2** 조직의 모든 가치를 '목적'에 정렬시켜라 :
목적경영의 원리

## 16. 급진적 거북이

# 근원적 변화를 향한 여정

목적을 찾았을 때가 내 삶에서 가장 창의적인 때였다.
— 레오나르도 다빈치

세상이 각박하고 어려워지니 실낱같은 희망이라도 붙잡아
보려는 시도가 점점 많아진다. 가장 손쉬운 방법은 기적을 바라며
간절히 기도하는 것이다. 오프라 윈프리가 자신의 쇼에서 소개해
유명해진 《시크릿》이라는 자기계발서가 이 기도운동에 불을 붙였
다. 이 책의 핵심은 어떤 상황에서라도 간절히 바라면 우주가 도와
서 실제로 기적이 일어난다는 주장이다.

오프라 윈프리 쇼에서 이 책이 소개되자 이미 성공한 유명인사
들의 간증이 줄을 이었다. 자신들도 그렇게 성공했다는 것이다. 그
유명인사 대열에는 심지어 우리나라 전직 대통령도 있었는데, 그

분 역시 어린이날 행사에서 어린이들에게 "간절히 바라면 다 이뤄진다."는 간증을 남겼다. 이미 성공한 사람들이 줄줄이 이런 주장을 하자 사람들은 이것이 사실인 것처럼 그냥 받아들였다.

이들의 바람대로 간절히 기도하면 정말 기적이 일어날까? 필자는 사회과학 연구자로서, 한 사람이 우주에 아무리 간절한 텔레파시를 보낸다고 해도 사회의 제도적·구조적 장애나 문제가 해결되는 기적이 일어날 개연성은 크지 않을 것이라고 믿는다. 하지만 이런 사회과학도의 실증주의적 태도를 비웃기라도 하듯, 요즘 들어 정말 간절히 기도한 것이 기적처럼 일어나는 장면을 심심치 않게 목격한다. 필자의 의문이 간절했는지 우연히 한 영화를 보다가 이것이 현실적으로 일어날 수 있는 조건을 설명해주는 놀라운 장면을 발견했다.

'리틀 보이Little boy'라는 제목의 영화인데, 미국에 사는 8살짜리 소년이 주인공이다. 또래에 비해 키가 작아 늘 놀림 받던 주인공은 믿음이 좋은 소년이다. 2차 세계대전에 사랑하는 아버지가 평발인 형 대신 징집되어 전쟁터로 떠나자, 아버지를 빨리 돌아오게 할 기적을 찾아 나선다. 아버지가 돌아오려면 전쟁이 끝나는 수밖에 없다는 것을 알게 된 소년은, 전쟁을 빨리 끝낼 방법을 찾기 시작했다. 그러다 "뭐든지 간절하게 기도하면 이뤄진다."는 사기꾼의 말을 믿고 간절히 기도하기 시작한다. 세상사에 밝은 또래 아이들이나 어른들이 '기도만으로는 아무것도 성취할 수 없다.'고 놀리자 평소

믿고 따르던 신부님을 찾아가 고충을 털어 놓는다. 신부님은 간절히 바라는 기도가 이뤄지는 원리를 아주 쉽게 설명한다.

신부님은 소년에게 직접 기적을 보여줄 테니 일단 테이블에 있는 물병이 옮겨지는 기적이 일어나게 해달라고 기도해보라고 주문한다. 소년이 그 말을 믿고 간절히 기도하자 신부님은 잠시 기다렸다가 손수 물병을 옮겨놓는다. 소년이 그것을 보고 실망해 문제제기하자 신부님은 기적의 원리를 이렇게 설명한다. 기적은 혼자 하는 간절한 기도로 이뤄지는 것이 아니라 그 기도가 방아쇠가 되어 다른 사람들의 마음을 움직였을 때 이들의 마음을 통해서 일어나는 것이라고 말이다. 소년의 기도가 신부님의 마음을 향해 방아쇠를 당겼기 때문에 신부님이 스스로 물병을 옮겨놨다고 고백한다. 신부님은 어떤 스토리가 사람들의 마음을 울릴 때, 이 울림을 통해서 기적이 이뤄진다는 진리를 가르쳐준 것이다.

세상은 급속하게 초연결사회로 진화하고 있다. '초연결사회'란 사람과 사람, 사람과 사물, 사물과 사물을 넘어서 존재하는 모든 것이 연결되어 서로에게 영향을 주고받는 세상이다. 초연결사회에서는 촘촘한 연결망 때문에 의도했건 의도하지 않았건 존재 자체만으로 서로 영향을 주고받는다.

이런 연결망을 기반으로 예상치 못한 기적 같은 일들이 비일비재하게 일어나고 있다. 실제로 가능하리라고 상상도 못했던 '유니콘 기업'들이 초단기간에 걸쳐 탄생하기 시작했고, 절대로 망할 것

같지 않던 '골리앗 기업'들이 하루아침에 무너지기도 했다. 일반인이 하루아침에 유명인사로 등극하거나 스타들이 밤하늘의 별똥별처럼 허무하게 사라지는 일도 흔하다.

이런 변화의 쓰나미를 일으키는 사건들 속에는 한 가지 숨겨진 사실이 있다. 바쁜 일상을 살아가는 사람들에게 울림을 만들어내는 '신성한 스토리'가 그 변화의 동력으로 작용한다는 점이다. 신성한 스토리에는 삶의 존재이유에 대한 질문, 즉 '신성한 목적'이 담겨 있다. 이 목적 스토리는 사람들 사이의 연결망을 통해 마음과 마음의 파도를 타고 변화를 주도한다. 초연결사회가 촘촘히 깔아놓은 연결망은 우리가 각자의 스토리를 전달하기 위해 사람들을 일일이 찾아다니는 수고를 덜어주었다.

또한 디지털 혁명과 같이 등장한 SNS는 누구나 이런 스토리를 만들고 전파시킬 수 있는 도구가 되어 소통을 민주화시켰다. 소통이 민주화된 세상에서는 목적 스토리만 있다면 누구든지 기자이자 독자다. 존재이유에 관한 목적 스토리는 네트워크로 연결된 마음과 마음 사이에 울림을 통해 전달되기 때문에 장애도 없고, 빛보다 멀리 간다. 그래서 목적 스토리가 현실로 구현될 개연성도 높아지고 있다. 울림이 있는 목적 스토리를 구현해줄 도움의 손길이 지구촌 구석구석에서 우리를 찾아오기 때문이다. 초연결사회에서는 많은 사람들이 십시일반으로 참여하는 네트워크 효과를 통해 좀 더 쉽게 기적이 일어난다.

초연결사회에서는 어떤 목적 스토리를 가지고 있느냐에 따라 기적의 주인공도, 몰락의 장본인도 될 수 있다. 많은 사람들이 이 스토리에 믿음을 갖고 이를 구현하기 위해 자발적 협업에 나선다면, 당연히 현실이 될 개연성이 커진다. 반대로 진정성 있는 목적 스토리로 사람들에게 사회적 울림을 만들지 못하면 세상이 바뀌는 기적은 일어나지 않는다.

디지털 혁명이 가속화되어도 기적은 사람과 사람의 연결을 통해서 일어난다. 초연결사회에서는 아무리 뛰어난 기술을 가지고 있어도 이 기술이 어떤 목적 스토리로 울림을 창출하는지를 보여주지 못한다면 변화의 주인공이 되기 힘들다.

앞으로 근원적 변화deep change를 이끌어내는 원리는 아날로그 사회에서의 변화 원리와 근본적으로 다르다. 초연결사회의 변화과정은 사막에서 목적지를 찾아가는 여행과 같다. 어제 완벽한 지도를 만들었다 하더라도 밤이 되면 모래바람이 불어와서 지형을 바꾸어놓는다. 이런 사막에서 길을 잃지 않고 목적지에 도달하는 근원적 변화의 과정은 생각보다 체계적인 훈련이 필요하며, 고통스럽고 지난한 혁신의 과정 또한 필수다. 필자는 기업이나 개인이 목적 스토리를 기반으로 사막에서 길을 잃지 않고 근원적 변화를 성공시킬 수 있는 목적경영management by purpose의 원리를 과학적으로 탐구했고, 그 내용을 이 책에 실었다.

목적경영을 위한 탐구여정에 도움을 주신 분들이 일일이 열거할 수 없을 정도로 많다. 책을 처음부터 끝까지 꼼꼼히 읽어주신 정예지 박사님, 유현심 선생님, 손영주 님께 감사드린다. (사)한국조직경영개발학회 부회장 겸 진성리더십 아카데미의 원장 이창준 박사, 학술위원장 및 편집장 유건재 교수, 김화경 총무 겸 상임이사, 김경수 상임이사, 진성의료보건연구소장 오명희 선생, 신혜수 연구원은 내 삶의 가장 중심에 계신 분들이다.

김문주, 이수정, 정예지, 이지예, 홍계훈 박사, 전미진, 조윤희 선생 및 김윤희, 조나원, 김가림, 이수지 등 일반 대학원 학생들과 같이 진행한 대학원 세미나는 항상 새로운 경영이론에 대한 논의가 시작되는 샘물의 발원지였다. 어려운 상황 속에서도 목적경영에 연관된 연구를 지속해주는 최우재, 신제구, 박희태, 손승연, 이민수, 조윤형, 임여진, 박효민, 정소영 교수에게도 고마움을 표한다. 진성리더십 아카데미의 아이콘 최옥순 수녀님을 비롯한, 원년 맴버 고부일 원장, 허봉선 박사, 장경훈, 김세준 교수, 민현정 선생, 목현수, 노윤경 코치, 진규동 박사, 안남섭 코치, 김동운 대표, 김은영 박사, 박민우 선생 등은 자신의 영역에서 목적경영을 실천하는 모범을 보여주셨다. 또한 8기까지 이어진 진성리더십 아카데미 워크숍 및 세미나는 목적경영 이론을 검증하는 실험실 역할을 했다. 수료생 및 졸업생 여러분께 이 자리를 빌려 다시 한 번 감사드린다. 삼성전자의 디자인경영연구회를 이끌어주신 김경묵 인문디자인경영원장과 연구진으로 참여하신 이종관, 유영진, 박현모, 이재영 교수님,

권민 대표, 장동훈 SADI 학장님, 안용일 상무님 및 연구원분들에게도 많은 통찰력을 얻었다.

목적경영을 기업에서 실험하고 계신 첨단엔프라 한영수 대표님, 마이다스아이티 이형우 대표님, 현대자동차그룹 인재개발원 조미진 전무님, (주)LG 하현회 부회장님, 범우연합 김명원 회장님, 시몬느 박은관 회장님, 한국콜마 윤동환 회장님, 타라 그룹 강경중 회장님, BMW 김효준 회장님, 도미노피자 오광현 회장님, 네패스 이병구 회장님, 인더스트리미디어 임준철 대표님, 인텔릭 류승호 대표님께도 많은 영감을 받았다.

1990년대 중후반 대학의 존재이유를 살려내기 위해서 독고윤 교수님, 선배 교수님들, 학생들과 아주대학교 경영대학에서 했던 목적경영 실험도 큰 자산이 되었다. 돌이켜보면 아주대학교 경영대학에서 재직하는 동안 교수로서는 가장 뜨거운 시간을 보내며 목적경영 이론을 숙성시켰다. 그 시절 동고동락했던 교수님들, 목적에 대한 열망을 잃지 않고 훌륭한 사회인으로 태어나 보답해준 학생들에게 감사드리고 싶다. (사)한국공정거래학회를 이끌고 계신 현용진 교수님과 참여 교수님들의 한국 공정거래에 대한 신념도 책을 집필하는 데 큰 힘이 되었다. 대한민국 리더십의 기초를 세우신 김성국, 백기복, 최연, 송영수, 문형구, 남기덕, 문향호, 이경묵, 노명화, 성상현 등 (사)대한리더십학회의 전임 회장님들도 많은 가르침을 주셨다. 정치에서 목적경영을 실험하기 위해 고군분투하고 있는 친구 정병국 의원과 성복동 OB HRDer 모임의 한준상 교수님, 이성엽 교수님, 글로벌경영원 윤경로 원장님도 지속적인 격려를 보내주셨다. 마지막으로 이화여자대학교의 동료 교수님들, 숨어서 도와주신 많은 분들, 이 책을 출간하도록 독려해주신 쌤앤파커스에도 감사를 전한다.

사막과 같은 세상에서 길을 잃지 않고 나아가기가 녹록치 않다. 회사를 운영하건, 개인의 삶을 경영하건, 사람이라면 누구나 세상에 조그마한 변화의 족적이라도 남기길 소망한다. 세상을 빌려 쓴 최소한의 값을 치르고 떠나길 바라는 것이다. 내가 다녀갔기에 세상이 더 행복해지고 건강해지고 깨끗해지길 바라는 모든 분들께, 각자의 영역에서 목적경영으로 변화를 갈망하고 계신 모든 분들께 이 책을 바친다.

광교산 초당에서

윤정구

# Part 1

# 목적지를 아는 배는 표류하지 않는다

사람과 사람, 사람과 사물, 사물과 사물을 넘어서
존재하는 모든 것이 연결되어 서로에게 영향을
주고받는 '초연결사회'가 도래했다. 그 속에서
실제로 가능하리라고 상상도 하지 못했던
'유니콘 기업'들이 초단기간에 탄생했고,
절대로 망할 것 같지 않던 '골리앗 기업'들이
하루아침에 무너지기도 했다.
일반인이 하루아침에 유명인사로 등극하거나
스타들이 밤하늘의 별똥별처럼 허무하게
사라지는 일도 흔하다.
이런 변화의 쓰나미를 일으키는 사건들 속에는
한 가지 숨겨진 사실이 있다. 바쁜 일상을
살아가는 사람들에게 울림을 만들어내는
'신성한 스토리'가 그 변화의 동력으로
작용한다는 점이다. 신성한 스토리에는
삶의 존재이유에 대한 질문, 즉 '신성한 목적'이
담겨 있다. 다가올 초연결사회에서는
이 '목적'을 사유하고 성찰하고 실천하는
개인과 기업만이 살아남을 수 있다.

# 1

# 당신은 어떤 '목적'을 가졌는가?

사람들은 목적을 잃은 순간,
온갖 이해할 수 없는 행동에 몰입하기 시작한다.
— 니체

## 황금 수도꼭지 이야기

우연히 보게 된 어느 유럽 만화의 내용이다. 한 바이킹이 도적질을 하다가 신기한 물건 하나를 발견하고 그것을 집에 가져갔다. 그리고 그것을 곱게 포장해 아내에게 선물이라며 자랑스럽게 건넸다. 부인이 무엇에 쓰는 물건인지 궁금해하자 그는 의기양양하게 이 물건의 꼭지를 조금씩 틀기 시작한다. 그가 훔쳐온 물건은 바로 '황금빛 수도꼭지'였다. 그런데 그것을 훔칠 때는 분명히 꼭지를 돌리기만 하면 물이 콸콸 쏟아졌는데, 집에 가져오니 아무리 틀어도 물이 나오지 않았다.

이 이야기를 보면 우리가 평소에 추구하는 삶의 궤적 역시 이 황금 수도꼭지와 다를 바 없다는 것을 알 수 있다. 근원에 대한 고려 없이 겉으로 보이는 결과만을 조작해 값진 것을 얻으려는 우리의 삶을 풍자하고 있으니 말이다.

회사에서 자신의 수도꼭지를 황금으로 도금해 신주단지처럼 모시는 '황금 수도꼭지 현상'은 너무 많아서 일일이 열거하기도 힘들다. 수도꼭지를 틀기만 하면 핵심인재들의 쏟아져 들어오리라 기대하지만 현실은 전혀 다르다. 인재가 조직에 이입되는 원천과 파이프라인에 대한 근원적인 준비가 안 된 회사에 어떻게 핵심인재가 쏟아져 들어오겠는가? 임원으로 승진시킬 여성인재가 없다고 한탄하지만 이런 회사를 들여다보면 대부분 여성인재를 키우는 파이프라인이 없다. 그런데도 수도꼭지만 틀어놓고 여성임원이 나오길 바란다.

그뿐인가? 신뢰가 중요하다는 것을 알지만 평소에는 관심도 없다가 문제가 실제로 불거지면 그제야 부랴부랴 회식을 한다. 회식 자리에서 "이제부터 서로 믿고 신뢰해가면서 일하자."고 다짐한다. 신뢰구축을 위한 노력이 수도꼭지 틀기 수준을 벗어나지 못하는 것이다.

구성원들이 일에 대한 흥미를 잃거나 업무 몰입도가 떨어지면 '일하기 좋은 회사 만들기' GWP Great Work Place 프로그램을 도입한다. 쉽게 말하면 회사를 놀이터로 만들어주는 것이다. 하지만 그런

조치는 결국 직원들을 어린애로 만들고 끝낸다. 성과는 회사의 목적, 즉 존재이유에 파이프라인을 묻고, 그 동력으로 끊임없이 변화, 혁신하면 자연스럽게 따라오는 결과다. 하지만 여전히 많은 조직들은 '수도꼭지 틀기' 수준의 단기적 성과관리에서 벗어나지 못하고 있다. 심지어 황금알을 낳는 거위를 가지고 있으면서도 성과에 쪼들리면 거위 배를 가르는 우를 범하기도 한다. 모든 문제는 원인을 돌보지 않았기 때문에 생겼음에도 황금 수도꼭지를 틀면 물이 저절로 나올 것이라는 환상에 사로잡혀 결과로만 문제를 해결하려 한다.

회사뿐만 아니다. 우리 모두가 일상에서 바라는 행복도 마찬가지다. 많은 사람들이 삶의 목적이 무엇이냐고 물으면 '행복'이라고 대답한다. 하지만 대부분의 사람들은 행복의 원천을 무시하고 황금 수도꼭지를 통해 행복을 잡으려 한다.

이들은 황금 수도꼭지만 틀면 행복이 쏟아질 거라고 생각하고 방법을 강구한다. 일단 돈을 벌어야 황금 수도꼭지를 살 수 있을 거라 생각하고 독하게 돈을 번다. 그리고 돈으로 행복에 관련된 모든 문제를 해결하려고 시도한다.

하지만 돈을 가지고 어쩌다 운 좋게 잡은 행복은 사막의 신기루다. 마시면 마실수록 갈증이 더 커지고, 더 큰 갈증을 해갈하기 위해 더 큰 자극을 추구한다. 맛있는 것을 과다하게 먹거나, 약물·게임·도박·쇼핑 등에 빠진다. 그러한 행위의 반복은 결국 자신을 중

독자로 내몬다. 특히 행복을 잡는 것에 실패한 밤이면 특히 더 자극적인 중독에 몰입한다. 중독자들을 추적해보면, 행복이 돈이라는 황금 수도꼭지에서 나온다고 생각하던 사람들이 대부분이다.

## 거대공룡의 이유 있는 몰락

한때 제일 잘나갔던 백화점의 신화 시어즈Sears가 무너지고 있다. 타깃Target이나 월마트Wall Mart처럼 시대의 흐름을 잘 타고 등장한 경쟁자들도 문제지만, 가장 설득력이 있는 설명은 '황금 수도꼭지'에 대한 맹신 때문이다. 목적을 상실한 상태에서 회사가 성과를 위해서 황금 수도꼭지를 기대하고 구성원들을 과도하게 쥐어짤 경우 구성원들은 회사를 희생시켜서라도 물이 나오게 만든다. 이렇게라도 해야 자신들이 살아남기 때문이다. 니체의 예언대로 목적을 상실하면 사람들은 이해할 수 없는 일에 광적으로 몰입하기 시작한다.

1990년 초 시어즈는 매출급락으로 그동안 힘들게 쌓아놓은 명성이 하루아침에 물거품처럼 사라질 위기에 처했다. 당시 브래넌 Edward Brennan 회장은 다급한 마음에 직원들에게 무조건 매출과 이익을 올리는 방안을 강구하도록 했다.[1] 일단 매출을 독려하기 위해 시어즈 타이어 앤 오토 센터Sears Tire & Auto Center 조직구성원들의 평가·보상방식을 바꾸었다. 고객이 맡긴 자동차의 수리 대수와 이를 통한 매출액을 기반으로 한 것이다. 기본급을 없애고 대신 매출 수수료, 쿼터 시스템 그리고 수리유형에 따른 평가 시스템을 구축하고, 이에 대한 차별적 보상 시스템을 도입했다.

또한 구성원들에게 위기의식을 고취하기 위해 만일 충분한 매출을 올리지 못하면 해고도 불사하겠다고 위협했다. 경제적 위협과 정서적 위협으로 구성원들을 코너로 내몬 것이다. 구성원들이 이런 위협에 대처할 수 있는 방법은, 수단과 방법을 가리지 않고 매출을 올리는 것이었다. 벼랑 끝에 내몰린 구성원들은 살아남기 위해 고객을 이용하기 시작했다. 수리품질을 높이기보다는 과도한 서비스로 매출을 올렸다. 서비스의 품질보다 매출실적에 자신들의 생존과 고과, 연봉이 달려 있었기 때문이다.

이후 시어즈의 이러한 평가·보상 시스템은 많은 부작용을 야기했다. 특히 여성 고객들에게 바가지요금을 씌운 것이 문제로 불거졌다. 대표적인 예는 다음과 같다. 캘리포니아의 한 여성 고객이 타이어를 점검하러 왔는데, 자동차수리공이 차의 지지대도 교체해야 한다고 경고하고 추가비용을 청구했다. 이 여성은 터무니없는 가격이 의심스러워 다른 자동차 수리점에 가서 견적을 다시 문의했다. 그 결과 지지대는 아직 멀쩡하다는 이야기를 들었고, 화가 나서 시어즈에 항의했으나 시어즈의 수리공은 자신이 실수로 가격을 잘못 산정한 것 같다며 대수롭지 않게 여기고 문제를 무마하려 했다. 이와 유사한 고객들의 불만과 항의가 캘리포니아 주 소비자국

Consumer Affairs에 접수되기 시작했고, 시어즈는 주 법원으로부터 불필요한 자동차 수리 및 과도한 비용청구에 대한 강도 높은 조사를 받게 되었다.

그런데 이 조사결과와 유사한 사례가 뉴저지, 플로리다, 앨라배마에서도 발견되었다. 시어즈는 비윤리적 영업행태에 대해 고객들이 제기한, 최소 100건 이상의 소송에 직면했다. 그 후 시어즈 직원들 대부분이, 특히 자동차에 대해서 잘 모르는 여성 고객을 대상으로 수리비를 부풀려 청구함으로써 자신들의 성과를 달성했다는 것이 밝혀졌다. 시어즈는 이 대규모 소송비용을 감당하지 못해 대대적인 구조조정에 들어갔고, 구조조정 후에도 이전의 생기를 되찾을 수 없는 회사로 전락했다.

더 기가 막힌 것은 모든 시어즈 서비스 센터 입구에 "저희는 최고의 고객 서비스를 지향합니다."라는 캐치프레이즈가 큼지막하게 달려 있었다는 사실이다. 고객에 대한 최고의 서비스는 이들의 목적이라기보다는 자신들의 일탈행위를 감추기 위한 진정성 없는 연기이자 호객행위를 위해 수도꼭지를 황금색으로 도금한 것이었다.

시어즈는 1886년 시카고에서 우편주문 판매업체로 처음 사업을 시작한 100년 기업이다. 수십 년간 지속적으로 성장해 1969년에는 35만 명의 직원을 거느린 세계 최대 규모의 소매기업이 되었다. 1974년에는 시카고에 세계 최고층 빌딩 시어즈 타워Sears Tower를 세우며 전성기를 구가하기도 했다. 하지만 정점을 찍은 후 사업이 지지부진해져 2003년 K마트에 인수합병되었다. 시어즈 홀딩스는 2016년 22억 달러의 손실을 기록했으며 주식가격은 폭락했다. 현재 1,430개 매장을 보유한 시어즈는 2018년 초 K마트 매장 108개와 시어즈 매장 42개를 폐쇄할 것이라고 밝혔다. 백화점 업계의 거대공룡이 무너진 것이다.

시어즈 몰락사건이 남의 나라 이야기처럼 들리는가? 우리 주변에서도 비일비재하게 혹은 일상적으로 일어나고 있다. 지금 대한민국에서도 목적을 상실한 회사들이 경기가 어려워졌다며 과도한 성과 드라이브로 구성원들을 내모는 상황이 일상적으로 목격되고 있다. 이런 회사들은 하나같이 목적을 상실한 상태에서 살아남기 위해 인센티브와 인사고과로 길러낸 맹수들을 탈주시켜 고객들에게 상처를 준다. 이런 회사는 시한폭탄을 품고 시간의 철로를 탈주한 기차다. 언제 어디서 폭발할지 아무도 모른다.

## 부러진 나침반을 따라가다

21세기에 기업을 경영하는 것이나 개인의 삶을 영위하는 행위는 '사막여행'과 닮았다. 사막에서는 밤마다 모래바람이 불어와 매일 지형이 바뀐다. 어제 공들여 만들어놓은 지도가 하룻밤 사이에 무용지물이 되고 만다. 자고 일어나면 지형이 바뀌어 있는 데다 설상가상으로 비바람도 몰아치고, 하늘은 먹구름에 가려져 별도 보이지 않는다.

사막의 환경은 변동성volatility이 강해 앞으로 무슨 일이 벌어질

지 예측할 수가 없다. 불확실성uncertainty이 크다는 말이다. 지형이 복잡complexity하기도 하고, 변화의 패턴은 모호ambiguous하기 짝이 없다. 한마디로 뷰카VUCA 환경이다.[2] 개인의 삶도, 기업 경영도, 이처럼 시시각각 변화하는 환경에서 길을 잃지 않고 자신의 목적지까지 가야 한다. 이처럼 한 치 앞도 안 보이는 상황에서 리더는 구성원들과 함께 제대로 된 길을 찾아 이들을 목적지까지 안전하게 인도해야 할 임무가 있다.

현재 대한민국은 나라 전체가 광풍이 몰아치는 어두컴컴한 사막 같다. 그리고 그 속에서 우리는 길을 잃었다. 세월호가 침몰했고, 대형교회들은 봉건적 세습을 계속하며, 전직 대통령은 수감되었고, 언론들은 제 기능을 못하고 있다. 정치인도, 학자도, 언론인도, 종교 지도자도 모두 길을 잃은 모양새다. 뿐만 아니다. 기업은 어려운 시기를 혁신으로 돌파하기보다는 현금을 쌓아놓고 황금 수도꼭지 만드는 일에 골몰하다 길을 잃었다. 귀족노조도 일반노동자의 생존권을 외면하며 자기들만 살겠다고 내달리다 길을 잃었다. 사회지도층이란 명성 뒤에 숨어 살던 리더들도, 이들을 따라 우왕좌왕하던 국민들도 대부분 길을 잃었다. 한마디로 온 나라가 길을 잃었다.

사막에서 길을 잃은 사람들이 다시 길을 찾아 나서는 과정에서 밝힌 것이 '촛불'이었다. 촛불을 들고 길을 찾아 나선 이들은 "도대체 이게 나라냐? 이게 대통령이냐? 이게 국민이냐? 이게 회사냐? 이게 학교냐? 이게 교회냐? 이게 군대냐?" 등의 질문을 던지며 스스로에게 정체성을 물었다. 그 질문들은 부메랑이 되어 길을 잃고 헤매는 사람들의 가슴을 도려냈다. 사막에서 길을 잃을 수밖에 없는 운명적 삶에 '목적과 나침반'이 중요한 화두로 등장한 것은 결코 우연이 아니다.

현대인은 대부분 매사가 고통스럽고 혼란스럽고, 불안하다. 그 래서 그런지 불면증과 중독이 너무 흔해졌다. 이러한 징후들은 정 신없이 바쁘게만 살다가 문득 사막에서 길을 잃었음을 깨닫는 순 간부터 시작된다. 명백히 길을 잃었고 지금 자신에게 나침반이 없 다는 것을 깨달았을 때 불안과 고통은 극심해진다.

반면 폭풍처럼 몰아치는 사막의 모래바람 속에서도 평정심을 유지하는 사람들이나, 이러한 험난한 경영환경에서도 안정적으로 성과를 도출하는 기업들이 있다. 이들의 비밀은 자신들의 목적지 에 해당하는 북극성과, 별조차 안 보이는 밤에도 북극성 방향으로 발걸음을 옮길 수 있는 나침반을 가지고 있다는 것이다. 목적에 대 한 강건한 믿음이 이들의 마음속에 북극성처럼 떠 있다.

길을 잃고 헤매는 사람들에게 당장 시급한 일은 황금 수도꼭지 를 찾아 헤매기보다 잃어버린 목적에 대한 믿음과 부러진 나침반 을 복원하는 것이다. 무너진 목적에 대한 믿음을 복원하고 길을 잃 었을 때 방향을 알려주는 나침반을 마련하라는 요구는, 이제 한두 사람의 피리소리가 아니라 시대의 나팔소리다.

## 지금 당신의 황금 수도꼭지는
## 어디에 연결되어 있나?

조직이든 개인이든 제대로 된 변화를 만들어내기 위해 가장 공들여 설계해야 할 3가지 요소가 있다. 원인과 결과, 그리고 이 둘을 이어주는 과정이 그것이다. 이 3가지가 제대로 설계되고, 올바르게 정렬된 방식으로 경영할 때, 변화의 기적이 일어난다.

변화를 성공시키는 것은 과일나무를 길러서 달콤한 열매를 따먹는 것에 비유할 수 있다. 원인은 나무의 뿌리이고, 결과는 열매이며, 과정은 나무에 영양분을 전달하는 줄기다. 좋은 열매를 얻기 위해서는 뿌리를 건강하게 만들어야 한다. 뿌리가 튼실하지 않은데 썩은 나뭇가지를 잘라주거나 잎에 영양제를 공급해준다고 해서 좋은 열매가 맺히는 것은 아니다. 인생이나 기업에서 뿌리는 삶(경영)의 목적이고, 줄기는 목적을 전달하는 삶과 비즈니스의 방식이며, 열매는 목적이 만들어낸 삶(경영)의 성과물이다. 목적이 분명하지 않은 삶은 뿌리가 없는 삶이다. 기업도 마찬가지다. 뿌리가 없으면 체험과 철학을 팔지 못해 가격만 파는 생계형 기업으로 전락한다.

뿌리가 썩어 열매가 맺히지 않는데도, 사람들은 이것이 뿌리의 문제가 아닌 잎이나 줄기의 문제라고 착각한다. 다급한 마음에 원인을 고치는 것이 아니라 결과의 수준에서 문제를 해결하려고 한다. 앞에서 소개한 해적처럼 황금 수도꼭지의 파이프라인을 물이 있는 관정에 연결하지 않고 물을 얻으려는 행위를 반복한다. 회사에서는 제품이 팔리지 않으면 원인을 찾아서 해결하기보다는 마케팅 프로모션으로 위기를 모면해보려 한다. 뿌리에서 생긴 문제를 가지와 잎으로 고치려 할 때 삶은 겉돌기 시작한다. 황금알을 낳는 거위가 황금알을 낳지 못할 때, 거위를 더 건강하게 만들려고 연구하는 게 아니라 거위의 배를 갈라서 그나마 몇 개 남은 알을 꺼내는 것과 같은 실수다.

지속적인 성과를 내는 회사나 사람들은 관정, 파이프라인, 수도꼭지가 잘 연결되어 있다. 그들은 우선 삶의 '이유cause'로 '목적purpose'을 발견한 사람들이다. 목적은 '내가 왜 사는가?'에 대한 답이다. 삶의 이유를 구성하는 목적의 관정에 파이프라인을 묻고, 이 파이프라인을 혁신하다 보니 지속적인 성과, 삶의 행복, 의미 있는 결과가 자연스럽게 따라온다.

이들의 삶을 관찰해보면, 목적을 실현하기 위해 혁신한 결과로 좋은 성과가 따라왔다는 것을 알 수 있다. 이러한 선순환으로 좋은 결과가 자연스럽게 따라오게 만든 비결이 뭘까? 삶의 궁극적인 이유인 '목적'의 관정을 찾았고, 거기에 제대로 된 파이프라인을 연결해 혁신적인 방식으로 물을 퍼 올렸다는 것이다.

이들과는 달리 결과만 따라가는 사람들은 아무리 노력해도 성과를 얻지 못한다. 관정과 연결되지 않은 황금 수도꼭지에 모든 것을 걸었기 때문이다. 황금이 아니라 다이아몬드 수도꼭지를 틀어도 이들에게 성과는 신기루이거나 파랑새다. 이들이 삶과 경영에서 실패하는 이유는 목적의 관정이 눈에 보이지 않는다는 이유로 관정을 찾는 일을 포기하고 돈과 권세를 모아 황금 수도꼭지를 만드는 일에만 몰입하기 때문이다.

우리 모두의 마음속에는 황금 수도꼭지에 대한 소망이 있다. 생명의 물을 원한다면 이것을 뽑아낼 수 있는 원천cause인 관정을 찾아서 여기에 파이프라인을 연결해 펌프질을 해야 한다는 평범한 이치를 각성할 필요가 있다. 목적의 관정이 무시되고 결과의 수준에서 황금 수도꼭지로 퍼낸 대박, 행복, 성과는 다 사막의 신기루거나 영원히 잡을 수 없는 파랑새일 뿐이다.


사무엘 베케트Samuel Beckett의 희곡 《오 행복한 날들》엔 50대 아내 위니와 60대 남편 윌리가 나온다.[3] 1막에서 위니는 허리까지 모래 속에 파묻혀 있고 2막에서는 목까지 묻혀 있다. 위니는 결국 모래 속에 파묻혀 생명을 마감할 운명이다. 극중 간간히 남편이 왔다 갔다 하지만 둘 사이에 대화는 거의 없다. 모래에 파묻혀 죽어가는 와중에도 위니는 아침에 일어나면 화장을 한다. 그리고 하루 종일 의미 없는 대사를 쏟아놓는다.

모래는 그녀가 평생 동안 축적해놓은 재산과 욕망의 상징이다. 위니는 자신의 현실을 외면하고 끊임없이 주문을 외운다. "오늘은 행복한 날이 될 거예요. 오늘은 행복했어요." 죽는 순간까지 그녀는 주문처럼 자신에게 "오늘도 행복했어요."라고 외치지만 그녀에게 행복은 신기루다. 그녀는 평생 쌓아온 부와 욕망의 모래 구덩이에서 서서히 죽는다. 이 희곡은 돈·명예·권력 등 신기루와 같은 행복을 추구하다 서서히 죽음을 당하는 현대인들의 비극을 풍자했다.

진정으로 행복한 사람들은 신기루나 황금 수도꼭지에 현혹되지 않고 목적에 투자해 실제로 변화를 체험한다. 새로운 세계를 찾아 나서는 항해를 염두에 두고 배를 만들거나, 잠자고 있는 영혼을 깨우기 위해 교향곡을 작곡하거나, 리더로 가득한 사회를 꿈꿔가며 아이들을 가르치거나, 생물의 기원을 찾기 위해 사막에서 공룡의 알을 찾아 나설 때 최고의 행복감을 느낀다.

목적을 지향하며 수행한 일과 그 일을 통해 얻어낸 변화의 체험이 진정한 행복의 기원이다. 또한 이 신성한 여정을 지지해주거나 동행해주는 도반들이 있다면 행복은 더욱 커질 것이다. 목적이 세상에 존재하지 않았다면 어느 누구도 제대로 된 행복을 체험하지 못했을 것이다. 목적의 관정을 찾아 혁신의 파이프라인을 제대로 연결한 수도꼭지만이 진정한 황금 수도꼭지로 탄생한다.

# 2

# 치솟는 거래비용, 이 모든 비극의 시작

부패는 눈뭉치와 같아서
누군가 시작하면 눈더미처럼 커진다.

― 케일럽 콜튼Caleb Colton

## 장부에 없는 어마어마한 소통의 비용

사람이라면 기본적으로 여러 가지 욕구를 가지고 있는데, 각자 자신이 가진 것만으로는 그 모든 욕구를 충족시킬 수가 없다. 그래서 서로 거래를 통해 필요한 것들을 획득해 자신들의 다양한 욕구를 충족시키며 살아간다. 가장 기본적인 것으로 입고, 먹고, 거주하기 위해 물건을 사고파는 거래가 있는데, 그런 원초적인 거래 이외에 약혼이나 결혼도 따지고 보면 일종의 거래행위다. 귀찮은 집안일을 누가할 것인지 정하는 것도 거래이고, 좁은 길에서 누가 어느 쪽으로 비켜갈 것인지를 정하는 것도 알고 보면 다 암묵적인 거래다. 대학에 입학하는 것도, 회사에 정규직이나 비정규직으로 고용되는 것도, 어떤 사업에 동업자로 참여하는 것도 다 거래다. 거래를 통해 관계가 형성되고, 이 관계들을 통해 사회가 형성된다.

거래를 성사시키기 위해서는 비용이 들어가는데, 이 비용을 '거래비용'이라고 한다.[*1] 예를 들어 거래를 위해 거래대상을 물색하는 데 드는 비용, 거래대상과 흥정하는 데 드는 비용, 계약을 맺었다 하더라도 이 계약을 유지하기 위해서 드는 비용, 불완전계약을 체결했을 때 완전계약으로 이행하기 위해 쓰는 비용 등의 제반비용을 포함한다.

쉬운 예로 주식을 사고팔 때 중개인에게 수수료를 지불해야 한다면 이 수수료도 거래비용이다. 아파트를 살 때 중개료를 지불하

---

● 이 개념은 로널드 코스Ronald H. Coase가 1937년 자신의 논문 〈기업의 본성The nature of the firm〉에서 사람들 사이에 불확실성이 증가하는 시장경제에서 상승하는 거래비용을 줄이기 위해 조직을 만들어서 거래를 내부화하는 과정을 설명하는 메커니즘으로 처음 사용되었다. 이 개념은 1970년대에 들어서서 올리버 윌리엄슨Oliver E. Williamson이 신고전학파의 시장거래에서 판매자와 구매자 사이에 파생되는 비용과 대응되는 개념으로 신제도학파의 '거래비용경제학Transaction Cost Economics'을 주창하는 과정에서 다시 활성화되었다. 윌리엄슨은 기존의 시장거래를 넘어선 조직연구에서 거래비용은 경쟁시장에서 상품가격의 결정과는 무관하게 정서적 교환이나 선물교환 등 사회적 교환의 성격에 의해서 더 결정된다는 점을 설파하고 있다. 즉 사고파는 두 사람 사이의 관계가 한 번 일어나는 것이 아니라 지속적이고 반복적으로 일어날 때 혹은 둘이 주고받을 수 있는 재화나 서비스가 특수한 결합관계에 있거나, 둘이 파악할 수 있는 시장정보에 제한이 있거나, 시장에서 모든 사람들이 기회주의적 행동을 하고 있어서 불확실성이 증가하는 경우, 시장거래는 오히려 거래비용을 상승시키기 때문에 사람들은 필연적으로 거래비용을 줄이기 위해서 시장거래를 내부화해서 조직을 결성한다고 주장한다. 신고전경제학의 완전경쟁시장의 가정과 달리 시장이 불확실하고 기회주의적인 사람들로 구성될수록 시장에서의 거래비용은 치솟게 되고 이 거래비용을 줄이기 위해서 조직을 만들어 거래를 내부화하게 된다는, 어떻게 보면 단순한 논리이다.

는 것 역시 거래비용이다. 이처럼 공식화된 거래비용은 수면 위로 드러난 빙산의 일각이고, 실은 비공식적으로 발생하는 거래비용이 물 아래에 잠긴 빙산의 몸통이다. 예컨대 내가 친구에게 뭔가를 부탁하기 위해 점심을 샀다면 이 점심값도 비공식적인 거래비용이다.

상사가 일을 맡기고 부하가 이를 성공적으로 완수했다. 상사는 부하의 업무성과를 평가해서 고과에 반영하고 승진시킨다. 이러한 일련의 행위도 따지고 보면 거래다. 그런데 이때 상사와 부하 간에 소통이 잘 안 되어 매일 아침 회의를 하고, 회의를 마칠 때 부하가 제대로 이해했는지 또 확인한다면 어떨까? 소통을 위해 들어가는 경비 역시 거래비용인데, 이 비용이 어마어마하게 높아진다.

이처럼 소통에 드는 거래비용이 높은 회사가 경쟁력을 유지할 수 있을까? 공식적으로는 소통비용이 회계장부에 반영되지는 않지만, 이 회사는 비공식적으로 흑자도산 중이다. 사람들은 소통이 얼마나 중요한지 잘 알면서도 이러한 고비용 소통문제를 쉽게 고치지 못한다. 왜 그럴까? 소통비용이 '숨은 거래비용'이기 때문이다. 소통에 대한 원가를 일일이 계산해 생산비용에 반영한다면 어느 조직이든 소통문제는 즉시 고쳐질 것이다.


## 거래비용이 기둥뿌리 갉아먹는다

사람들은 일상에서도 이 거래비용을 최소화시키려는 경향성을 가지고 있다. 예를 들어 우리가 단골집을 정하는 이유도 거래비용을 줄이기 위함이다. 매번 회식할 때마다 여기저기 수소문해 실제로 미리 찾아가서 분위기도 알아보고 가격도 흥정하려면 여간 신경이 많이 쓰이는 게 아니다. 또 식당주인이 우리를 뜨내기 취급해 바가지를 씌우지나 않는지, 가격에 맞게 제대로 대접받았는지에 대한 불안감 역시 이만저만이 아니다. 이 불안감도 거래비용이므로, 불안감을 줄이고 거래비용을 최소화하기 위해 결국 단골집을 정한다. 단골이 되면 굳이 주문하지 않아도 알아서 내가 좋아하는 것을 해주고 서비스로 이것저것 얹어준다. 거래비용을 줄이지 못하면 거래를 통해서 얻는 가치보다 거래를 성사시키기 위해 써야 하는 비용이 더 커져서 배보다 배꼽이 더 커진다.

그런데 쌍방 간 거래비용을 줄이려는 합리적 행동이 다른 사람의 이익을 침해하고 자신들의 이익만을 극대화하려 하는 경우에 사회적 비용에 대한 '공유지의 비극tragedy of the commons'이 시작된다. 쌍방 간의 거래비용을 줄이다 보면 여기서 누군가에게 손실이 생기는데, 이 손실을 제3자에게 전가할 때 사회 전체의 거래비용이 늘어나고 거기에서 부패가 발생한다. 국지적 합리성이 전체적 비합리성을 유발하게 되는 것이다. 결과적으로 국지적 합리성이 증가할수록 사회의 경쟁력은 추락한다. 거래를 성사시켜 얻는 이익보다 거래를 성사시키기 위해서 들이는 비용이 더 커지기 때문이다.

예를 들어, 아파트 건설업자가 아파트 건설계약을 따내기 위해서 발주업체 직원에게 뇌물을 공여했다고 치자. 이 뇌물은 계약성사를 위해 덤으로 들어간 비용으로 당연히 거래비용이다. 문제는 이 뇌물을 지불한 건설업체가 이 비용을 다른 곳에서 보전하려 한다는 점이다. 당연히 건축할 때 드는 제반비용을 줄여 충당할 것이다.

처음부터 탐욕으로 시작한 거래이니만큼 이 비용을 화재에 취약한 날림 건축자재를 사용하거나, 인건비를 깎거나, 바닷모래를 사용하는 등 겉으로 명백히 들어나지 않는 곳에서 은밀하게 충당할 것이다. 당연히 아파트는 부실 아파트로 전락한다. 이런 거래비용의 상승은 삼풍백화점, 성수대교 붕괴사고와 같은 대형참사로 이어진다. 겉으로는 화려해 보이지만 그런 싸구려 건축자재는 조그만 화재도 대형화재로 키운다. 거래비용에 들어가는 비용은 제품과 서비스의 품질저하에 그대로 전가되어 국민의 생명과 복지를 위협한다.

더 큰 문제는 발주업체나 수주업체의 계약성사 경험이 업계의 다른 거래에서도 관행으로 전이된다는 점이다. 쉽게 말해, 이 발주업체는 다른 아파트를 다른 시공업체에 발주할 때도 당연히 뇌물을 요구할 것이다. 그러면 다른 시공업체도 뇌물 없이는 아파트 건설계약을 따내지 못하게 된다. 결국 아파트 건설계약에서 뇌물은 전염되고 사회적 관행이 된다. 뇌물이 관행으로 정착되는 동안 모든 사회적 거래는 부실화되고, 이 부실거래의 피해는 고스란히 고객 혹은 국민들이 감당해야 한다. 결과적으로 당사자의 탐욕 때문에 늘어난 거래비용이 제3자에게 사회적 비용으로 전가되어 사회 전체를 부실화시키는 원인이 된다.

## 깨진 항아리에 물 붓기

최근 홍콩의 '정치경제리스크컨설턴시PERC'가 발표한 자료를 보면 우리나라의 부패 수준은 중국·필리핀·캄보디아·태국 등의 수준으로 분류되어 있다.[2] 국제경영개발원IMD이 발표한 자료나 세계경제포럼WEF이 발표한 자료도 비슷하다. 2017년 IMD 발표에 의하면 우리나라의 경쟁력 수준은 조사대상국 63개국 중 29위로 비교적 상위권이지만, 뇌물공여·부패비리 지수는 40위, 회계투명성은 최하위인 58위다. 이 순위는 2000년 초반 이래 여전히 개선되지 못하고 있다.[3]

WEF는 137개국을 대상으로 조사하는데, 2017년 우리나라의 국제경쟁력 수준은 역시 26위로 상위권이다. 하지만 정책투명성 지수는 98위, 뇌물 지수 45위, 윤리경영 90위, 회계감사엄격성 63위, 이사회운영 투명성 109위로 역시 최하위권이다.[4] 부패지수나 회계투명성이 바닥이라는 소리는 최소한의 거래를 성사시키기 위해 뇌물접대 등 거래비용이 많이 든다는 소리다.

앞에서 말했듯이, 제품이나 서비스, 기간산업의 경쟁력을 높이는 데 사용되어야 할 비용이 거래비용으로 전용될수록 사회는 부실화되고 질적 수준은 떨어진다. 부실화된 사회에서는 국민의 생명과 직결된 사회안전망이 가장 먼저 무너진다. 결국 세월호 침몰 같은 후진국형 대형참사가 시작된다. 세월호 사고의 원인은 치솟은 거래비용을 감당하지 못한 선주가 이를 보전하기 위해 국민들의 생명을 담보로 무리하게 화물을 과적했기 때문이다. 이런 탐욕

행위를 주도한 곳이 심지어 종교단체였다.

핀란드나 싱가포르가 경제규모에 있어서는 한국을 따라잡지 못해도 한국보다 경쟁력이 있는 이유는 뭘까? 바로 쓸데없는 거래비용이 들지 않는다는 것이다. 부패가 만연해서 혹은 투명성 부재 때문에 생긴 거래비용은 정상 체중에 추가로 덧붙은 비만의 무게다. 그 무게만큼의 배낭을 메고 달리는 꼴이니, 아무리 실력이 좋아도 경주에서 경쟁자를 이길 방법이 없다. OECD의 대표적 성장국가로서 스포트라이트를 받는 화려한 경쟁력의 이면에는 추악한 내부거래비용이라는 암덩어리가 자라고 있다.

이러한 거래비용의 문제를 해결하지 못하면 우리나라의 국민소득 3만 불을 향한 꿈도 쉽사리 꺼질 수밖에 없는 버블일 뿐이다. 개인적 탐욕이나 패거리 정치가 국가를 좌지우지하는, 그래서 거래비용이 높은 나라가 경쟁력을 키워 세계에서 존경받는 시민국가로다시 태어날 수 있을까? 낙타가 바늘구멍을 통과하는 것보다 힘든일이다.

세월호 참사가 터지자 사람들은 안전 시스템이 없어서, 재난 컨트롤타워가 없어서, 공무원들이 안이하게 대처해서 등등 안전불감증에 대해 호들갑을 떨었다. 하지만 문제를 잘못 짚은 것이다. 좀더 근본적인 원인은, 불필요한 거래비용이 기하급수적으로 치솟아서 여기저기 썩어가고 있는데, 그것을 그대로 방치했다는 것이다. 썩고 있는 환부를 도려내지 못하면 아무리 안전한 시스템을 만들어도 비슷한 사고는 계속 터지게 되어 있다.

국가가 통제하지 못한 거래비용의 문제는, 주인이 없어서 관리가 부실한 핵·전기·교통·수송·수도·소방·의료 등 사회안전망에 가장 먼저 구멍을 뚫는다. 사회안전망은 전통적으로 흔적을 남기지 않고 거래비용을 보전해줄 수 있는 최적의 희생양이기 때문이다. 모든 경제 주체들은 관급 공사계약을 쉽게 성사시키기 위해 관피아, 해피아 등을 전관예우로 채용한다. 여기에 들어간 거래비용을 보전하고 탐욕을 채우기 위해 눈에 보이지 않게 부실공사를 한다. 또한 효율적 비용관리라는 이름을 붙여 교묘하게 사회안전망을 부실화시킨다.

가령, 한국의 핵발전소가 위험한 이유는 핵 자체의 기술적 관리가 위험하다기보다는 한국수력원자력의 투명성과 청렴성에 여전히 국민적 의심이 끊이지 않기 때문이다. 현재 대한민국에서는 이런 부실의 뿌리가 너무 깊어서 정권이 바뀌었어도 황금낙하산은 계속 떨어지고 있고 기업의 채용비리는 더욱 기승을 부리고 있다. 이처럼 감춰진 거래비용은 부패를 양산하고 이 부패에 오염된 사람들이 시스템을 운영하기 시작하면 아무리 새롭게 안전시스템을 만들어도 결국 다 부실화된다. 좋은 시스템도 부패한 사람들에게 맡기면 고양이에게 생선을 맡긴 꼴이 된다는 말이다. 한국에서 사회안전망이 무너져 내리는 대형사건 대부분이 부실화된 거래비용과 관련된 인재人災다.

디지털 혁명이 가속화되는 작금의 상황은 그야말로 위기이자

기회다. 기회를 잡기 위해 국가가 디지털 플랫폼에 아무리 대대적인 투자를 한다 한들, 지금처럼 높은 거래비용이 유지되는 한 한국은 승산이 없다. 무거운 배낭을 짊어지고 경쟁국과 같은 선상에서 달리기를 하는 형국이기 때문이다. 밑 빠진 독에 물을 붓는 꼴이니, 아무리 막대한 투자를 해도 다 거래비용으로 빠져나가버린다. 결국 경쟁력은 점점 추락한다.

## 목적이 사라진 곳에 탐욕이 싹튼다

사회가 감당해야 하는 거래비용을 구분할 필요가 있다. 국가나 사회의 각 영역이 존재하는 이유가 바로 세워졌을 때, 필요한 거래비용과 불필요한 거래비용은 명확하게 구분된다. 국가의 존재이유가 불분명해지면 정치가들은 자신이 사적 욕심을 채우기 위한 정치적 거래를 국가를 위한 거래인 것처럼 포장해 국민들을 호도한다. 결국 이들의 정치적 거래는 불필요한 거래비용을 치솟게 한다.

정치인뿐만 아니다. 국가의 존재이유가 불분명해지면 개인들의 욕망을 규제할 길이 없어진다. 투기나 불로소득으로 일확천금을 노리는 사기꾼들이 급증하고, 쾌락을 좇아 흥청망청 과소비하는 경향이 만연해진다. 인격 없는 전문가들이 사회의 중요한 자리를 다 차지하고, 그 자리를 자식들에게 고스란히 물려주기 위해 채용비리가 급증한다. 결국 개천에서 용이 날 개연성을 원천적으로 봉쇄해서 불필요한 거래비용을 높인다.

또한 존재이유를 모르는 기업은 '목적'을 위해 돈을 버는 것이 아니라 단순히 돈을 더 많이 벌기 위해 돈을 번다. 과학은 순전히 기능적 효율성과 상업성에 기여하기 위해 존재하고, 상업성이 떨어지는 기초과학은 퇴출된다. 종교는 구원이나 성불이 아니라 지금 당장 직면한 불안을 해결하는 데 도움을 주는 기복신앙 혹은 일종의 보험회사로 전락한다.

이처럼 사회의 모든 영역에서 목적을 잃어버리는 순간, 본질을 감추고 본질이 아닌 것을 본질인 것처럼 꾸미고 연기하는 버블을 양산하기 시작한다. 사회 이곳저곳에서 끓어오르는 버블은 과도한 거래비용이 양산한 결과물이다.

경쟁력 있는 공정사회란, 목적이 분명한 사회다. 국가의 목적이 분명해서 모든 거래가 목적을 중심으로 이뤄지고, 그 거래의 결과가 투명하게 평가되는 사회가 공정사회다. 꾸미고 감추고 과장하는 버블이 들어설 수 없는 사회다. 버블이 사라졌다는 것은 "콩 심은 곳에서 콩 나고 팥 심은 곳에서 팥 난다."는 상식적인 믿음이 통용된다는 것을 의미한다.

이런 사회에서는 거래를 성사시키기 위해서 개인적으로 과도한 거래비용을 지출하지 않아도 된다. 땀 흘린 가치sweat equity 이상도 이하도 요구되지 않는다. 땀의 가치가 제대로 정착될수록 사회적 명성이 시장에서 화폐처럼 거래되는 실력사회meritocracy가 된다. 땀 흘려 이룬 명성이 사회에서, 시장에서 상징적으로 거래되는 것이다.

오늘날 대한민국은 공정사회 혹은 실력사회와는 점점 더 멀어지고 있다. 사회가 여전히 목적을 잃고 표류하고 있는 틈을 이용해, 힘 있는 사람들이 자신의 탐욕을 채우기 위해 서로 연합해 거래비용을 키우고 있기 때문이다. 과다한 거래비용의 버블로 부풀려진 사회는 자연히 부패와 뇌물의 온상이 된다.

이런 점에서 대한민국은 OECD 국가들 중 그 어떤 나라보다 시급한 응급환자이자 중환자 국가다. 지금 당장 모든 거래가 존재이유와 목적을 중심으로 공정하고 투명하게 집행되도록 개혁하지 않으면, 국민소득 3만 불을 향한 꿈은 물거품이 될 것이고, 국가의 장기적 경쟁력을 위한 기간투자는 깨진 항아리에 물 붓는 꼴이다. 거래비용이 목적에 따라 투명하게 집행될 때, 대한민국은 모든 국민에게 기회가 균등하게 제공되고, 각자 땀 흘린 결과가 공정하게 평가되고, 산출된 성과가 목적을 위해 정의롭게 사용되는, 선진 시민국가로 다시 태어날 수 있다.

# 3

# 초연결시대, 달라진 성공의 기준

목적은 세상에 족적을 남긴 모든 성취의 시발점이었다.
— 존 록펠러John Rockefeller

## 모든 것이 모든 것을 감시하고 참견하는 세상

현대사회는 시장경쟁과 위계조직이 지배하던 세상에서 초
연결사회로 급속하게 재편되고 있다. 초연결사회는 정보통신기술
을 통해 온라인과 오프라인의 세계가 연결되는 것을 넘어서, 세상
에 존재하는 모든 것들이 영역과 영역을 허물어뜨리고 연결되는
새로운 사회적 국면을 만들어간다.[1]

'초연결사회'는 캐나다 네트워크 사회학자 아나벨 콴하스Anabel
Quan-Haase와 배리 웰만Barry Wellman이 만들어서 유통시킨 개념으로,
사람과 사람이 연결될 뿐 아니라 사물과 사람, 사물과 사물들이 연

결된 세상이다. 각 대상에 센서가 붙어서 그 사이에서 일어나는 모든 거래가 데이터로 축적된다. 디지털화된 데이터를 이용하면 인간이 몸으로 할 수 있는 것은 로봇이 담당하고, 머리로 할 수 있었던 것은 인공지능이 서비스할 수 있다. 가령, 인공지능이 빅데이터를 통해 의사 대신 진단하고, 수술은 로봇이 맡는 식이다. 성별과 연령, 신체상태에 따라 간병로봇이 맞춤형 서비스를 제공할 수도 있다. 도로나 교량 등의 인프라에 센서가 부착되어 상태가 점검되고 문제가 생기면 로봇이 수리에 나선다.

이처럼 초연결사회에서는 사물과 사물, 사물과 사람, 사람과 사람이 연결되는 것을 넘어서, 서로 다른 산업군에 속한 기업과 기업, 제조자와 소비자가 연결되어 새로운 서비스를 창출할 수 있다. 한마디로 초연결사회는 기술, 사람, 환경이 하나의 망 안에서 연결되어 서로 제어하고 소통하고 영향을 미치는 세상을 의미한다.

| 그림 1 | **사회·경제적 거래의 조직원리**

| 핵심요소 | 시장 | 위계조직 | 플랫폼 |
|---|---|---|---|
| 규범적 근거 | 계약 | 고용 | 연결 |
| 소통수단 | 가격 | 직책 | 목적 |
| 갈등해결 | 협상 | 권위 | 평판 |
| 유연성 | 초단기적 | 중기적 | 중장기적 |
| 참가자 | 독립 | 의존 | 상호의존 |
| HR관점 | 상품 | 도구 | 파트너 |
| 성공기준 | 시장에서의 승리 | 초경쟁에서의 승리 | 생태계의 공진화 |

## 주인이 아닌데 주인의식을 가지라시면?

초연결사회가 오기 전까지 세상에서 일어나는 대부분의 거래를 조직해주던 원리는 '시장'과 '위계조직'이었다. 여기서 말하는 시장은, 모든 제품에 대한 품질과 거래내용에 대한 정보가 투명하게 공개된 상황을 전제로 한다. 또한 거래 당사자끼리 거래는 반복되는 것이 아닌 상황을 전제로 한다. 따라서 이전의 거래가 차후에 있을 거래에 영향을 미쳐서는 안 된다.

시장에서의 거래는 사는 사람과 파는 사람 간의 계약에 의해서 성사된다. 사는 사람은 싸게 사려는 의도가 있고, 파는 사람은 비싸게 팔려는 의도가 있기 때문에 계약을 맺기 전에 가격에 대한 협상과 흥정이 이뤄진다. 협상과 흥정에 쏟는 비용이 앞 장에서 이야기한 '거래비용'이다. 이 거래비용을 효과적으로 통제하기 위한 최선의 방법은, 이전에 비슷한 흥정을 통해 형성된 시장가격을 중심으로 거래를 조직하는 것이다. 시장 참여자들은 다른 사람에 의해 영향받지 않는 독립적 의사결정자들이다. 혁신을 통해 같은 품질의 제품을 더 싸게 파는 사람은 언제든지 등장할 수 있으므로 모든 거래는 초단기적으로 끝나야 한다. 가격이 보이지 않는 손의 역할을 해가며 모든 시장질서를 만든다.

그런데 이러한 시장의 원만한 작동에 문제가 생기기 시작했다. 시장에서 성공해 큰 부를 축적한 사람들이 등장하기 시작하면서부터다. 이들은 자신의 기득권적 지위를 보전하기 위해 시장을 독과점하고, 가격경쟁력과 정보의 비대칭성을 이용해 모든 거래를 자신들에게 유리하게 바꿔버렸다. 시장을 공정경쟁이 이뤄질 수 없는 '기울어진 운동장'으로 만든 것이다.

기울어진 운동장에서 벌어지는 경쟁은 양극화를 초래했고, 결국 이들은 시장을 파괴시키는 주범이 되었다. 정부는 이들 독과점 기업들을 타깃으로 각종 규제를 만들었지만, 아이러니하게도 이러한 규제들은 독과점과 관련이 없는 기업들에게도 부메랑이 되어 돌아왔다. 결국 독과점을 막으려는 규제들은, 시장의 거래비용을 효율적으로 줄이는 것이 아니라 오히려 치솟게 만들었고, 시장의 효용성을 떨어뜨리는 주범이 되었다.

시장은 결국 신만이 제대로 운영할 수 있는 이념적 이상향에 불과하다는 것이 인정되자, 시장의 거래문제를 보이지 않는 신의 손에 맡기기보다는 인간의 손으로 개입해 수정하려는 경향들인 '행동경제학'이 경제학계를 강타하고 있다. 이런 경향을 반영해 2017년 수상자인 시카고대학교의 리처드 탈러Richard Thaler를 비롯해 최근 노벨 경제학상 수상자들은 대부분 행동경제학자들이다.[2] 이들은 시장이 작동하지 않는 이유를 이해하기 위해 인간에 내재한 성향이 경제적 거래의 합리성에 어떤 영향을 미치는지를 탐구하고 있다.

'위계조직'이란 개념도 버클리대학교 행동경제학자 올리버 E. 윌리엄슨의 연구에서 시작되었다.[3] 위계조직은 정보가 투명한 시장상황이 아닌 일반 사회적 거래상황을 전제로 한다. 모든 거래는 반복적으로 발생하고, 인지상정에 따라 과거의 거래가 미래의 거래에 영향을 미친다. 또한 거래에 참가하는 사람들은 제한된 정보만을 가지고 있다고 가정한다. 애덤 스미스가 이상적으로 생각했던 '보이지 않는 손'에 의해서 모든 상거래가 제대로 통제될 수 있다고 생각했던 이상적인 시장은 사라지고, 대신 시장은 정보의 제한성을 이용해서 자신의 탐욕을 채우기 위해 남들에게 사기 치려는 사람들의 기회주의적 행동이 일상화된 장소다.

그러다 보니 이제 시장거래는 '경쟁을 통해서 형성된 가격'이라는 '보이지 않는 손'에 의해 통제되기는커녕 불확실한 기회주의적 거래 때문에 거래비용이 비효율적으로 치솟게 되었다. 결국 보이지 않는 손이 해결해줄 것이라는 믿음이 무너지자, 치솟는 거래비용을 줄이기 위해 누군가가 당장 개입해야 했다.

이런 상황에서 거래의 새로운 원리로 등장한 것이 '위계조직'이다. 즉 기회주의적 행동을 막기 위해 파는 사람이든 사는 사람이든 힘 있는 사람이 상대방을 자신의 우산 밑으로 들어오게 해서 시키는 대로 일하도록 고용해버리는 방법이다. 회사를 차려 시장거래의 불확실성을 내부화시키는 것이다.

시장거래가 조직 안으로 들어와 내부화된 것이 바로 위계조직이다. 위계조직에서는 사는 사람과 파는 사람이 한 조직 안에서 주종의 권력관계로 통합된다. 통합의 형태는 다양한데, 파는 사람을 중심으로 통합되는 '전방통합'도 있을 수 있고, 사는 사람을 중심으로 통합되는 '후방통합'의 형태도 가능하다.

위계조직에서는 월급을 주는 사람, 즉 고용주 밑에 들어와서 일하는 것이므로, 종업원들은 월급의 범위 안에서는 기회주의적으로 행동할 이유나 동기가 없다. 기회주의적 행동이 발각되면 해고되기 때문이다. 그런데 종업원들이 주인을 배신하는 행동을 하지는 않아도, 그렇다고 마치 주인이 된 것처럼 일을 열심히 할 이유나 동기도 없다. 월급을 받을 수 있을 만큼만, 즉 최소한의 노력만 하고 싶어 한다. 이런 성향이 '대리인 문제'다.

고용주는 대리인 문제를 해결하기 위해 효과적으로 감독하는 방법을 개발해야 살아남을 수 있다. 조직이 커지면 고용주 대신 감독해주는 관리자를 따로 고용해야 한다. 규모가 커지면 커질수록 이들을 관리·감독하는 감독비용이 많이 든다.

기회주의적 행동 때문에 생기는 거래비용을 줄이기 위해 이들을 고용했는데, 감독비용이라는 거래비용이 더 든다면 어떻게 해야 할까? 시장에서 필요할 때마다 비정규직 인력을 사오고 필요 없어지면 다시 시장으로 방출하는 것이 유리하다. 하지만 경영상황이 변해서 새롭게 구조조정을 해야 할 상황이 왔을 때 종업원들을 해고하고 판을 다시 짜는 일은 쉽지 않다.

일종의 위계조직인 회사는 대리인을 고용해 관리하는 관리비용과 구조조정에 대한 유연성 부족 때문에 생기는 내부거래비용을 어떻게 줄일지가 영원한 숙제다. 지금처럼 상황이 어려워져서 주인이 시키는 대로만 해서는 생존 자체가 어려울 때는 더 심각한 문제다. 그렇다고 해서 주인이 자신을 위해 일하도록 돈을 주고 고용했는데 이들보고 주인처럼 일하라고 요구하는 것도 이율배반적이다. 실제로 종업원이 주인 행세를 하면 주인들은 불안해한다. 주인이 고용한 월급사장이 주인처럼 행동하면 주인들은 더 민감하게 반응할 것이다. 위계제의 원리로 운영되는 회사에서 종업원에게 주인의식을 가지고 일하라고 주장하는 것은 허위의식을 강요하는 것이다. 강요당한 종업원들은 생계를 위해 주인의식을 연기할 수밖에 없다. 주인이 따로 있는 현대의 모든 회사가 가진 딜레마다.

## 자포스의 홀라크라시 실험

최근 자포스Zappos의 CEO 토니 셰이Tony Hsieh가 '홀라크라시 holacracy'를 시도하는 것도 위계조직에서 대리인 문제를 해결하기 위한 실험이다.[4] 셰이는 감시를 위해 대부분의 시간을 보내는 중간관리자층을 없앴고, 이들이 관리를 위해 설정한 루틴도 없앴다. 모든 과제를 수평적으로 구성원들이 스스로 조직하고 정의하게 했다. 과제와 과제 간의 조율이 필요할 때는 리더십 링크라는 역할을 이용하도록 했다.

이와 같은 모형은 셰이가 라스베이거스의 한 지역을 사서 새로운 도시로 탈바꿈시키는 과정에서 발견한 것이다. 회사와 반대로, 도시는 인구가 늘수록 자기조직력이 신장되고 더 혁신적인 곳이 된다는 점에 착상한 것이다. 자포스에서 가장 중요한 것은 '목적 중심의 자발성'이다. 기존이 직급 사다리가 없어졌기 때문에 모든 직원은 회사가 설정한 목적과 가치에 따라서 자신의 일을 다시 정의하고, 스스로 주인공이 되어서 역할의 대본을 스스로 작성해야 하며, 충돌이 있을 경우 이를 조율해낼 수 있어야 한다. 홀라크라시는 위계가 사라진 목적 중심의 전문역할 조직이다.

회사는 구성원에게 회사를 자신들의 성공을 돕는 플랫폼으로 이용하도록 독려하고 있다. 회사의 플랫폼을 이용해서 자신들의 전문성을 스스로 개발하고, 이 전문성이 회사의 목적에 어떤 기여를 할 수 있는지를 자신이 창출한 역할로 투명하게 증명해야 한다. 결국 회사는 구성원들이 스스로 일과 역할을 통해 전문성을 높여가는 '전문가들의 놀이터'로 진화한다.

자포스의 홀라크라시는 아직도 실험 중이지만, 이 실험을 진두지휘하고 있는 셰이는 위계조직의 주인과 대리인 문제가 구성원들의 허의적 주인의식의 주범임을 정확하게 이해했다. 기존의 위계조직 방식으로는 구성원들이 주인의식을 가지고 창의적으로 일할 수 없음을 간파한 것이다. 셰이에 따르면, 주인의식과 창의성은 조직구성원 모두가 전문성을 가지고 스스로 역할을 창안하여 목적 스토리를 구현하는 과정에 주체적으로 참여할 때 가능하다고 했다. 자기가 주인공 역할을 할 수 있는 조직에서만 구성원들은 목적을 구현하기 위한 전문성을 신장해 혁신적이고 창의적인 성과를 낼 수 있다.

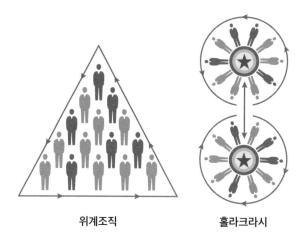

|그림 2| **위계조직과 홀라크라시**

위계조직                  홀라크라시

홀라크라시 실험에 알려지지 않은 사실이 하나 있다. 자포스에서 이 실험이 가능한 것은 회사가 아마존에 인수되면서 대부분의 직원들이 주주로 백만장자 대열에 올랐을 뿐만 아니라 셰이 스스로도 주인으로서의 권리 중 대부분을 내려놓았다는 사실이다. 셰이는 합병을 통해서 번 돈의 대부분을 라스베이거스의 한 구역을 되살리는 프로젝트에 희사했다. 또한 자포스에서는 사장도 직원들과 똑같은 공간과 부스에서 일하고, 월급도 전체 구성원 평균치보다 조금 많은 수준으로 받는다.

수년 전부터 한국에서도 이런 위계구조의 문제를 해결하기 위해 과장님, 부장님 하는 직급을 떼고 이름에 '님' 자만 붙여 "OO님" 하고 부르는 기업들이 많아지고 있다. 이런 시도가 과연 바람직한 접근일까? 위계제도가 초래한 대리인 문제에 대해 근본적으로 고민하지 않고 고식적으로, 즉 수도꼭지 수준에서 문제를 해결하려는 시도다.

위계의 문제는 회사의 진짜 주인들이 주인으로서의 자신들의 지위를 먼저 어느 정도 내려놓고 시작해야 풀린다. 주인들은 일반 직원들의 수백 배에 해당하는 연봉과 배당을 챙겨가면서 관리자들에게 주인처럼 행세하지 말라고 경고하는 것은, 자신들을 빼고 나머지는 모두 주인처럼 행세하지 말라는 이야기로 들리기 때문이다. 이것은 곧 구성원들에게 '진짜 주인만 주인으로 생각하고 일하라.'는 주종관계를 강화시키는 메시지로 읽힌다.

자포스의 경우처럼 진짜 주인이 자신의 지위 중 상당 부분을 내려놓았다면 그다음은 제도적 보완으로 다음과 같은 것을 시도해볼 수 있다. 회사의 목적에 기여할 수 있는 다양한 구성원들을 충원하여 이들에게 직급과 직책, 학벌, 지연, 혈연에 대한 차별 없이 균등한 기회를 부여해주는 다양성의 문제를 해결한다. 그리고 조직의 목적을 분명하게 해 목적에 대한 역할의 공헌이 공평하게 평가되고 보상되는 제도를 정착시켜야 한다. 이 공정한 평가와 보상은 단순히 금전적인 것을 넘어 이들이 공헌한 결과가 회사의 역사로 남겨져야 한다. 그래서 후배세대들이 이들의 공헌을 회사의 미래를 공진화시키기 위한 지분이나 유산으로 사용하게 해야 한다.

조직의 사명과 사명을 구현하는 역할에 대한 제도적 장치를 마련하고 실행할 수 있다면 지금 겪고 있는 위계문제의 상당 부분이 해결된다. 앞에서 말한 호칭 바꾸기는 근본적 원인에 대한 처방이 아니다. 오히려 직급의 무늬만 파괴하고 주인의식을 죽이는 제도적 장치로 전락할 가능성이 높다.

## 세상의 모든 거래를 집어삼키는 플랫폼 조직

시장에서의 제대로 된 가격경쟁이나 위계조직의 대리인 문제가 해결되기도 전에, 디지털혁명으로 인해 사회는 초연결사회로 급속하게 진입하고 있다. 그러면서 기존에 없던 완전히 새로운 조직형태가 등장하기 시작했다. 바로 플랫폼 조직이다.[5] 일명 'TGIF', 즉 트위터Twitter, 구글Google, 아이폰iPhone, 페이스북Facebook에서 시작된 플랫폼은, 지금 다시 'FANG'으로 대변되는 페이스북, 아마존, 넷플릭스Netflix, 구글로 선수교체 중이다. 중국에서는 'TAB'로 텐센트, 알리바바, 바이두의 삼두마차가 플랫폼 산업을 이끌고 있다.

플랫폼 산업은 전통적 ICT 산업인 엔디비아nVidia, 델Dell, IBM이나 플렉스트로닉스Plextronics, 솔렉트론Solectorn과 같은 제조업에서 시작된 것은 사실이지만, 스포츠 산업의 나이키, 교육의 코세라Coursera, 농업의 디어앤컴퍼니John Deere, 에너지의 네스트Nest, 테슬라Tesla, 금융의 비트코인Bitcoin, 의료의 코힐로Cohealo, 게임의 엑스박스xBox, 닌텐도Nintendo, 플레이스테이션PlayStation, 지역서비스의 옐프Yelp, 운영체계의 안드로이드Android, iOS, 여행의 트립어드바이저TripAdvisor, 미디어의 〈허핑턴포스트Huffington Post〉, 유튜브YouTube,

가구의 이케아Ikea, 패션의 H&M, 호텔의 아코르Accor, 힐튼Hilton, 메리어트Merriot, 증권업의 찰스슈왑Charles Schwab 등 모든 산업의 표준으로 발전하고 있다.[6]

플랫폼 사업의 선두주자 에어비앤비는 회사를 만든 지 8년 만에 기업가치가 약 255억 달러로 급등했다. 힐튼의 기업가치로 추정되는 236억 달러를 훌쩍 뛰어넘었다. 2010년 6월에 미국에서 출범한 우버는 창업 7년 만에 포드나 제너럴모터스 등의 기업가치를 넘어서고 있다. 최근에 등장하는 대부분의 유니콘 기업들은 다 플랫폼 사업 영역에서 출현하고 있다. 지금 세상에 등장하는 모든 거래를 플랫폼이 집어삼키고 있다.[7]

초연결사회의 플랫폼 조직의 특징은 네트워크 연결을 통해 필요한 자원을 동원할 수 있는 목적 스토리와 이 목적 스토리를 구현할 수 있는 플랫폼이라는 비즈니스 모형을 지배구조로 가지고 있다는 점이다. 네트워크로 연결되어 있다 하더라도 목적 스토리가 없다면 자신의 자원을 동원해줄 이유가 없다. 세상을 변화시킬 수 있는 스토리가 자원을 가진 사람들의 마음에 울림을 창출할 때 네트워크 연결을 통해 멀리서도 자원이 동원되는 것이다. 이것이 소위 네트워크 효과다.

플랫폼은 네트워크로 연결되어 있는 주체들이 어떤 특정한 목적에 담긴 변화를 만들어내기 위해 기술적 모듈들을 연결·결합시킬 수 있게 도와준다. 이것들의 소스코드를 공개해 다른 사람들이 이것을 기반으로 자신의 사업을 할 수 있게 토대를 제공해주는 것이다. 최고의 플랫폼은 다양한 범위의 상호보완적 제품들이 '공진화'할 수 있도록 기술과 서비스를 결합시키고 또 그 결과물을 재결합시켜, 서로 간의 인터페이스를 조율하는 열린 협업 공간이다.

이런 점에서 플랫폼은 더 큰 규모의 전문가들이 뛰어노는 운동장에 비유할 수 있다. 이 운동장에서는 부품업체, 고객, 생산자가 '따로'가 아니라, 공동의 목적을 위해 협업한다. 좋은 플랫폼은 사용자들에게 공동의 목적을 기반으로 소규모 혹은 대규모의 협업과 상생기회를 제공해줌으로써 공진화하고 확장된다.

플랫폼이 완성되더라도 이 플랫폼이 공표한 목적을 제대로 달성하는지가 검증되지 않는다면 네트워크 효과가 발생하지 않는다. 기술적으로 아무리 뛰어나다 하더라도 참여자들이나 사용자들이 이 플랫폼의 목적에 대해 의구심을 품는다면 성공할 수 없다. 참여자들이 같은 목적을 공유하고, 이 목적을 구현하기 위해 협업하고, 이 협업을 통해 서로가 성장하는 공진화의 체험을 할 수 있을 때에만 성공한다. 이 공진화의 체험은 참여자들이 자신의 역량을 갈고닦으며 신나게 뛰어놀게 하는 직접적인 동기가 된다. 공진화에 대한 흥미진진한 체험은 또 다른 참여자들을 불러들인다.

시장의 거래를 조직하는 원리가 '가격'이고, 위계조직에서 거래를 조직해주는 원리가 '직책'이라면, 네트워크 플랫폼 상에서 모든 가능한 거래를 조직해주는 원리는 '목적'이다. 플랫폼의 생명은 네트워크에 편재되어 있는 자원을 끌어들이는 자석 역할을 하는 목적 스토리에 달려 있다. 많은 플랫폼 기업들이 반짝 하고 나타났다 사라진 이유는, 사람들을 끌어들일 수 있는 목적 스토리가 없는 상태에서 기술이나 비즈니스 모델만 가지고 승부했기 때문이다.

목적을 구현하기 위해 네트워크 연결로 자원을 동원하고 플랫폼 혁신을 거듭하면, 거기 참여하는 모든 사람들이 성공적으로 성장하는 상생과 공진화를 체험한다. 목적을 중심으로 참여자들이 공진화하고 성장하는 모습을 보여줄 수 있을 때 플랫폼은 전문가들이 신나게 뛰어노는 놀이터로서 명성을 유지하고 살아남는다. 플랫폼을 이용해 자신이 설정한 목적을 제대로 구현하는 사람이 많아질수록 그 플랫폼의 명성은 기하급수적으로 올라간다. 반면 목적과 상관없이 기술로만 움직이는 플랫폼은 급격히 명성을 잃고 자연도태되는 수순을 밟는다.


## 의미 없는 벤치마킹,
## 경쟁과 갑질이 사라진다

시장이나 위계조직은 공통적으로 '경쟁'을 강조한다. 특히 위계조직은 개인 간의 경쟁을 넘어서 기울어진 운동장에서 조직과 조직 간의 경쟁에서 살아남아야 하기 때문에 그냥 경쟁이 아니라 '초超경쟁'을 강조한다. 경쟁이든 초경쟁이든, 위계와 시장이 지배하는 거래에서 성공의 기준은 경쟁에서 이겨서 1등이 되는 것이다.

경쟁에서 이기려면 가장 효율적인 방법을 써서 남을 밟고 올라서야 한다. 이러한 초경쟁을 강조하는 신자유주의 이념은 1등이 되지 못하면 생존하지 못한다고 가르친다.

반면 플랫폼 기반의 조직에서 성공의 기준은 플랫폼 리더가 다른 사람들의 성공을 도와주는 일에서 크게 성공할 수 있는가의 문제로 귀결된다. 자신이 가진 것만으로 남들을 성공시키는 것은 제한적이기 때문에 남들의 성공을 돕는 일에 크게 성공하려면 자신만의 플랫폼이 있어야 한다. 이 플랫폼은 남들의 성공과 자신의 성공을 공진화시키는 운동장이다. 이 운동장에서는 성공의 공진화 즉, '성공을 돕는 일에 성공하는' 목적 스토리를 중심으로 거래를 조직하지 못한다면 아무리 뛰어난 기술과 비즈니스 모델을 가지고 있어도 살아남지 못한다.

세상이 너무 복잡해졌기 때문에 협업 없이는 기본적인 문제들조차 해결하기 힘들다. 초연결사회에서 최고의 협업 파트너는 목적에 대한 신념과 그것에 기여할 수 있는 기술 둘 다를 갖춘 회사들이다. 최악의 파트너는 그냥 생존을 위해 무엇이든 하려는 회사들이다. 이들이 위험한 이유는 생존의 위협을 받으면 언제든지 협업 파트너십을 깨트리기 때문이다.

초연결사회에서 디지털 혁명의 가속화는 더 큰 어려움을 가중시킨다. 전통적 조직형태를 유지한 채 "우리는 그냥 하던 대로 하겠다."는 조직은 생존조차 힘들어지고 있다. 이제는 남들의 성공을 돕는 일에 성공할 수 있도록 목적 스토리를 정하고 성공의 공진화를 위해 혁신하지 않으면 어떤 조직도 살아남을 수 없다. 협업을 통해 모든 자원을 동원하지 않으면 경영의 문제들을 해결할 수가 없어졌고, 회사가 지금까지 생존만을 추구해왔다는 것이 알려진다면 더더욱 생존을 위한 기본적 자원조차 동원할 수 없는 세상으로 변화한 것이다.

초연결사회에서는 경쟁자의 개념도 바뀐다. 이제 경쟁자는 스파링 파트너다. 겉으로는 경쟁자처럼 보이더라도 뿌리를 파고들어가 보면 같은 뿌리에서 영양을 공급받는 경우가 태반이다. 예를 들어 삼성과 LG가 다른 모양의 휴대전화를 만들어 판다 하더라도, 두 회사 모두 리눅스 기반의 안드로이드를 운영체제로 사용하고 있다. 폭스바겐과 현대차는 경쟁자처럼 보이지만 이들의 경쟁자는 자동차 회사들이 아니다. 이들은 이미 같은 회사가 제공하는 내비게이션을 쓰고 있고, 결국은 엔진을 공유하지 않을 이유가 없기 때문이다. 엔진과 내비게이션을 넘어 이들 제품 속에 구현되는 부품의 상당 부분은 같은 제조사가 납품한 것이다.

결국 겉으로는 경쟁사처럼 보이지만 실상은 생존을 위해 같은 생태계에서 같은 뿌리를 공유하고 있다. 따라서 이들은 적이라기보다는 같은 링에서 서로의 실력을 향상시켜주기 위해 훈련하는 스파링 파트너이다. 또한 근원적으로 LG와 삼성은 대한민국이라는 공동의 생태계에 뿌리를 내리고 있다. LG와 삼성이 서로 간의 경쟁에 함몰되어 자신들이 뿌리내리고 있는 생태계를 파괴시킨다면, 그 순간 이들이 아무리 강한 뿌리를 가졌어도 결국은 토양만 산성화시키고 둘 다 무너지게 되어 있다.

전통적인 산업군에 속해 기업 간의 경계가 분명할 때, 기존의 전략이론에서는 역량을 제고해 경쟁에서 이기는 방법을 가르쳤다. 하지만 지금처럼 각각의 산업과 산업이 기술적 융합에 의해서 플랫폼으로 전환되고, 이 플랫폼이 같은 뿌리를 공유하는 생태계로 전환되는 국면에서는 다른 접근이 필요하다. 기존의 전략이론이 주장하듯이 상대를 적으로 생각하고 경쟁에서 이기는 개념을 가르친다는 것은 위험한 발상이라는 뜻이다. 산업과 산업 간 기술적 컨버전스가 보편화되어 전략이론이 전제로 삼고 있는 산업의 경계가 사라졌고, 이와 동시에 경쟁자와 협력자의 경계도 모두 사라졌다. 산업의 경계가 무너져버려 적군과 아군의 경계마저 모호해진 상태에서 겉으로 보이는 경쟁자를 적으로 규정하고 그를 이기기 위해 전략을 집행한다는 것은 서로가 공멸을 자초하는 것이다.

초연결 플랫폼 사회가 심화되면 인재에 대한 관점도 바꿔야 한다. 과거 시장의 개념에 의하면 인적 자원은 다른 물적 자원처럼 사고팔 수 있는 개념이다. 핵심인재도 언제든지 시장에서 사올 수 있다고 생각한다.

또한 위계조직에서의 인재는 주인이 시키는 대로 유능하게 수행할 수 있는 도구라는 개념이 강하다. 그래서 평가의 기준도 충성심이다. 시키는 대로 충성해가며 다른 사람보다 더 높은 성과를 더 빨리 내면 직급과 연봉을 한 계단씩 올려주는 당근과 채찍이 사용된다. 그러다 보니 도구로서의 기능을 못하면 언제든지 폐기처분할 수 있다고 생각한다.

위계조직에서 소위 '갑질'이 횡행하는 이유도, 종업원을 도구라고 생각하고 사용하기 때문이다. '도구'로 사용하던 종업원이 인격적인 대우를 요구해오니, 주인이 이에 대해 갑질로 제재를 가하는 것이다. 돈 준 만큼 복종할 것을 요구하고, 시키는 대로만 할 것을 요구하는 것은 종업원을 말 잘 듣는 어린이로 훈련시키는 것과 같다. 그런데 그렇게 어린이 취급을 하다가 갑자기 시대가 변했다면서 종업원들에게 다시 주인의식을 가지고 창의적으로 일하라고 주문한다. 내내 하인이자 어린이로 훈련시켜 암묵적 정체성이 형성되어 있는데 하루아침에 '창의적 인재'로 거듭나라니, 당연히 불가능한 일이다.*

초연결 플랫폼 세상에서는 경영자와 구성원의 관계도 개념이 바뀌고 있다. 경영진과 구성원은 회사라는 플랫폼을 매개로 서로

---

* 1993년 삼성의 이건희 회장은 '신경영' 선언을 통해서 삼성을 월급쟁이들의 천국으로 만들겠다는 약속을 했고, 이 약속은 외견상 이미 달성된 것으로 보인다. 문제는 먹고사는 문제를 해결한 월급쟁이들의 천국에서 모든 삼성인들이 주인의식을 가지고 주인처럼 일하는가에 대한 질문이다. 주인과 월급쟁이 간 수직적 경계를 기반으로 한 지금의 위계적 지배구조가 개혁되지 않는다면, 월급쟁이는 주인이 시키는 대로 일해야만 하는 월급쟁이에 불과할 뿐이다. 월급쟁이들의 천국에서는 직원들 자신이 알아서 자율적·창의적으로 일하는 것 자체가 주인에 대한 불경일 수 있다. 현 지배구조가 유지되는 한 월급쟁이들이 주인의식을 가지는 것은 불가능해 보인다.

의 성공을 돕는 상생과 공진화의 파트너로 규정한다. 회사는 파트너의 전문성을 키우기 위해 일터를 전문가들이 마음껏 일하며 성장할 수 있는 놀이터로 만들어준다. 구성원은 자신들의 전문성을 갈고닦아 사명과 성과를 달성하는 것으로 회사에 보답한다.

초연결사회의 플랫폼 조직에서는 네트워크 연결을 통해 멀리서도 자원을 동원할 수 있는 강력한 목적 스토리를 가진 사람들만이 생존할 수 있다. 목적스토리는 네트워크 내에 편재된 자원들을 공동의 목적을 위해 끌어들이는 강력한 자석 역할을 수행한다. 목적 스토리가 내재화된 조직문화의 가치는, 제품과 제품 간의 경쟁뿐 아니라 플랫폼과 플랫폼 간의 경쟁에서도 똑같이 적용된다. 아마존 소매 플랫폼이 아무리 강력해도 사람들은 아이폰을 아마존에서 가격 비교하지 않고 바로 애플 플랫폼에 가서 직접 구매한다.

목적 스토리를 성공적으로 문화적 브랜드화한 애플은 이런 플랫폼 경쟁 속에서 살아남는다. 문화적 브랜드로 내재화한 목적 스토리를 진실하게 보여줄 수 있는 사람과 기업만이, 자신들의 전문성에 대한 명성을 이용해 자원을 동원할 수 있고 자신들만의 플랫폼을 진화시킬 기회를 얻을 수 있다.

# 4

## '제도화의 철창'에서
## 야생성을 잃어버린 사람들

문제와 같은 수준에서는
문제의 근원적 해결책을 찾을 수 없다.
— 아인슈타인

### '팔로우 더 머니'는 조직 노화의 주범

미국 매스컴에서 일하기 좋은 기업에 매년 단골로 등장하는
기업이 SAS, 자포스, 구글이다. SAS는 원래 통계 패키지 소프트웨
어 SAS로 더 잘 알려져 있으나, 실제로 SAS의 이윤을 창출하는 것
은 금융기관의 리스크 관리용 소프트웨어다. 자포스는 라스베이거
스 지역에서 신발과 액세서리를 온라인으로 판매하는 기업이다.
자포스는 얼마 전에 아마존에 인수되었지만, 설립자 토니 셰이가
아직도 대표를 맡고 있다. 구글은 검색엔진으로 시작했지만, 지금
은 안드로이드라는 플랫폼을 구축하고 있고, 알파고Alpha Go를 운용

하며, 유튜브도 자회사로 가지고 있다. 이 세 회사의 공통점은 요즘 처럼 전 세계적인 불경기 속에서도 내실 있는 성장을 구가하고 있고, 무엇보다 구성원들이 열정과 열의를 가지고 행복하게 일한다는 점이다.

문제는 언론이다. 스토리가 되는 내용을 발굴해서 특종을 터트려야 하는 언론은 일반인들이 다 상식적인 수준에서 이해할 수 있는 내용을 극대화해서 기사화한다. 더 큰 문제는 사람들이 언론에 나오는 스토리를 다 검증된 것이라 믿고 이것을 현실로 받아들인다는 점이다.

언론들이 이 세 회사를 탐방할 때 강조하는 것이 이들이 시행하는 눈부신 복지제도다. 예를 들어 구글플렉스에 가면 세끼 식사가 모두 공짜인 데다 다양한 레스토랑에서 골라 먹을 수 있다고 한다. SAS에 가면 직원들의 개인 심부름을 처리해주는 심부름센터도 있고, 아이들을 직장으로 데리고 올 수도 있고, 사내에 치과의사도 있다는 식이다.

하지만 이런 기사나 방송 내용은 이 회사들이 움직이는 본질을 심각하게 왜곡하고 있다. 언론은 이 회사들이 잘되는 이유를, 마치 이런 복지제도 때문에 구성원들이 행복해졌고, 구성원들이 이 행복에 감사하는 마음으로 더욱 열심히 일해 높은 성과를 올린 것처럼 설명한다. 또한 더 좋은 성과를 내는 사람들에게 천문학적인 인센티브를 지급하는 보상 시스템이 있다는 부연설명도 빼놓지 않는다. 결국 복지를 잘해주려면 자금이 필요하고, 더 높은 성과를 내게 하기 위한 유인으로 HR 시스템을 가동하려 해도 자금이 필요하기 때문에 일단 돈을 많이 벌여야 한다는 가정이 깔려 있다. 매스컴에서 가르쳐주고 싶은 것은, 한마디로 돈만 있으면 모든 것을 해결된다는 '팔로우 더 머니Follow the Money' 전략이다.

하지만 지금까지 학자들이 연구한 결과는 매스컴의 주장과 정반대다. '팔로우 더 머니' 전략은 구성원들이 열심히 일하려는 동기와 열정을 '제도화의 철창'[1]에 가두어 발현되지 못하게 막는다는 것이다.[2] 돈, 승진, 복지 등은 일의 성과를 내기 위한 '간접동기'일 뿐이다. SAS, 자포스, 구글이 잘되는 이유는, 성과에 직접적으로 관련된 '직접동기'를 자극하기 때문이다. 간접동기를 자극하는 성과관리는 1~2년 정도 단기적으로는 효과가 있을지 모르지만, 장기적으로는 오히려 회사를 노쇠하게 만드는 주범이다. 돈이나 승진, 복지 등의 간접동기는 잘못 이해되고 잘못 사용될 경우, 오히려 구성원들의 일에 대한 열정과 열의를 제도화의 철창에 가두어 예상치 못한 무서운 결과를 초래하고 결국 조직을 초토화시키는 결과까지 낳는다.


## 인센티브 제도가 실패할 수밖에 없는 이유

어느 가게 앞에서 아이들이 모여 시끄럽게 놀고 있다. 주인은 시끄러운 아이들 때문에 장사에 방해를 받자 묘안을 생각해낸다. 주인은 아이들에게 이렇게 말했다.

"내일도 여기 와서 즐겁게 놀면 너희들 모두에게 1만 원씩 주마."

아이들은 이게 웬 횡재냐며 다음 날도 와서 신나게 떠들고 놀았다. 주인은 돌아가는 아이들을 다시 불러 "내일도 다시 와서 즐겁게 놀면 5,000원을 주마." 하고 약속했다. 1만 원은 아니지만 그래도 좋아서 아이들은 다음 날도 가게 앞에 와서 떠들썩하게 놀다갔다.

그다음 날에도 주인은 아이들에게 "내일 또다시 오면 5,000원을 주마." 하고 약속을 했다. 다음 날도 역시나 아이들이 몰려와 가게 앞에서 신나게 놀았다. 그런데 그날은 가게 주인이 신나게 놀다 돌아가는 아이들에게 이런 황당한 선언을 한다.

"내일부터는 여기 와서 떠들고 놀아도 돈은 더 이상 못 준다."

실망한 아이들은 다음 날부터 가게 앞에 나타나지 않았다.

이 우화는 돈이라는 간접동기를 구성하는 외재적 보상이 즐겁게 노는 어린이들의 직접동기를 어떻게 무너트릴 수 있는지 설명해준다. 아무 보상 없이 내재적 즐거움을 위해서 놀았던 아이들이 돈을 안 준다니 더 이상 여기에서 놀 이유가 없다고 생각하고 자신들이 즐거워하는 놀이를 멈춘 것이다.

1974년 마크 레퍼Mark Lepper와 데이비드 그린David Greene이 출간한 〈놀이와 일 간의 경계How to Turn Play into Work〉라는 논문에서 이들은 어린이들을 대상으로 재미있는 실험을 했다.[3] 실험에 참가한 어린이들에게 여러 개의 장난감을 주고 놀게 했는데, 어떤 특정한 장난감을 가지고 놀 때는 아이들이 좋아하는 보상을 해줬다. 실험은 보상을 제공한 어른이 자리를 뜰 때 아이들이 이전의 장난감에 대해 어떻게 반응하는지를 살펴보는 것이다. 재미있는 사실은 어른이 자리를 뜨자, 아이들은 보상을 받았던 장난감을 버리고 보상이 없었던 장난감을 더 많이 가지고 놀았다는 것이다.

이들이 출간한 또 다른 논문에서도 유치원생을 대상으로 한 실험에서 비슷한 결과를 도출했다. 이 실험에서는 유치원생을 A와 B, 두 집단으로 나누고 A그룹 아이들에게는 그림을 그리면 완성한 숫자를 계산해서 보상을 해준다고 사전에 이야기하고 그렇게 보상을 한 반면, B그룹 아이들에게는 사전에 보상에 대한 이야기를 전혀 하지 않고 그림이 완성된 후 완성한 숫자를 계산해서 보상을 해주었다. 그러한 실험이 있고 1주일 후에 그 아이들에게 보상에 대한 이야기 없이 그림을 그리라고 했다. 그랬더니 A그룹 아이들은 그림을 거의 그리지 않은 반면 B그룹 아이들은 열심히 그림을 그렸다.

이 연구들이 의미하는 바가 무엇일까? 사람들은 대부분 돈 때문에 열심히 일한다고 생각해 돈을 직접동기로 취급한다. 하지만 이 실험결과를 보면 그것이 얼마나 잘못된 믿음인지 알 수 있다. 돈이 생계를 위해서 중요하기는 하지만 그렇다고 해도 일을 열심히 하게 만드는 직접동기는 아니다. 돈은 일을 열심히 하게 하는 간접동기일 뿐이다. 간접동기인 돈으로 사람들의 자발성을 사려고 할 때 이들의 자발성은 '화석화petrify'된다. 돈은 자발적으로 열심히 일하고자 하는 동기에 대한 필요조건일 뿐이다.

지금까지 설명한 의도상실 효과는 요즘같이 L자 경기불황 상태에서 길을 잃은 회사들에서 전형적으로 일어나는 현상이다. 경기가 좋을 때는 단기적 성과에 대한 인센티브로 성과를 유지할 수 있었다. 하지만 경기가 어려워져 더 이상 승진을 시켜주거나 인센티브를 펑펑 줄 수 없는 상황이 되자, 구성원들은 놀아야 할 이유를 상실한 어린이와 같은 상황이 되었다. 대부분의 기업에서 구성원들은 일해야 할 의도를 상실하는 경험을 하고 있다.

　　앞에서 말한 가게 주인의 입장에서 보면, 시끄러운 아이들을 쫓아낸 비밀은 아이들을 '제도화의 철창'에 성공적으로 가두어놓았다는 것이다.[4] 우리가 '제도'라고 하면 정부나 관공서 건물이나, 대학 건물들을 상상하지만 제도화의 핵심은 사람들의 마음에 어떤 것이 당연한 것으로 받아들여지는 습관이 생긴 상태다. 어떤 관행을 시작했는데 어느 누구도 이 새로운 관행에 대해서 이의를 제기하지 않으면 사람들은 이 관행을 당연한 것으로 받아들인다.

　　사람들이 마음속으로 어떤 관행을 당연한 것으로 받아들이면 이 관행은 건물만큼이나 단단한 현실이 된다. 실제로 이 관행을 고치려 한다면 건물을 부수고 새로 짓는 것만큼이나 힘들다. 당연하게 받아들이면 관점이 고정되어서 지켜야 할 것만 눈에 들어오고 새로운 것들은 눈에 들어오지 않는다.

　　예를 들어, 100개를 판매한 사람에게 100만 원의 인센티브를 주었다고 가정해보자. 200개를 판매하면 200만 원을 벌 수 있고 300개를 팔면 300만 원을 벌 수 있는 것이다. 자본주의는 이런 간접동기에 기초한 인센티브 시스템 위에 세워졌다. 겉으로는 논리적이고 완벽해 보인다.

하지만 이 인센티브 시스템이 일정 기간 지속되면 사람들은 100개 판매에 100만 원, 200개 판매에 200만 원을 받는다는 사실을 당연한 것으로 받아들인다. 당연하게 받아들인다는 것은 인센티브 시스템이 마음의 습관으로 제도화되었다는 뜻이다. 제도화되었다는 것은 100개를 판매하고 100만 원을 벌어도 그러려니 생각하고 더 이상 고마움을 느끼지 못한다는 것이다.

그러면 이제부터 고마움을 느끼게 하기 위해서는 100개 판매에 1.5배인 150만 원을 보상하는 인센티브 시스템을 새롭게 가동해야 한다. 하지만 이 새로운 보상체계도 시간이 지나면 당연한 것으로 받아들여지게 되고 150만 원을 주어도 고마워하지 않는다. 사람들에게 더 열심히 일하게 만들기 위해서는 다시 인센티브를 2.0배로 인상해야 한다. 이런 식으로 인센티브를 올리다 보면 결국 구성원들을 만족시킬 수 있는 완벽한 인센티브 시스템은 세상에 존재하지 않는다는 것을 뒤늦게야 깨닫는다.[5]

이 이야기가 믿어지지 않는다면 독자 여러분들의 개인적인 경험을 회상해보아도 좋을 것이다. 여러분이 연말 보너스로 큰 금액을 한 번에 받았다고 했을 때, 이 인센티브 때문에 몇 달간 더 열심히 일했는지를 생각해보라. 아니면, 일을 열심히 해서 대리에서 과장으로 승진했던 경험을 회상해보라. 승진했다는 기쁨이 몇 달 동안 지속되었는가? 승진했기 때문에 더 열심히 일해야 한다는 생각을 가졌던 것이 몇 개월인가?

스스로 생각해봐도 놀라울 정도로 길지 않았을 것이다. 그렇게 시간이 지나면 승진을 당연하게 생각하고 보너스를 당연하게 생각하는 제도화 과정을 거치게 된다. 당연하게 받아들이기 시작하면 승진과 보너스는 더 이상 열심히 일하게 만드는 동기요인으로 작동하지 않는다. 결국 회사가 땅 파서 장사하지 않는 한 인센티브 시스템은 구성원에게 열심히 일하고자 하는 동기를 부여하지 못하고, 만족감도 줄 수 없다.

정리하자면 인센티브 시스템이 실패할 수밖에 없는 이유는 두 가지다. 첫째는 어떤 상태를 당연한 것으로 받아들이는 '마음의 작용'인 '제도화' 때문에, 둘째는 금전적 보상이나 승진과 같은 것이 성과에 대한 '간접동기'일 뿐이지 직접동기가 아니기 때문이다. 거듭 말하지만 '간접동기'는 제도화되기가 쉽다. 돈이나 승진, 복지제도 등은 눈에 보이고 손쉽게 잡을 수 있는 것이기 때문이다.

● 제임스 듀젠베리James S. Duesenberry는 이런 현상을 '톱니바퀴ratchet 효과'라고 칭했다. 사람들에게 경제적 보상은 절대적 양이 문제가 아니라 이전에 얼마나 보상받았는지가 기준점이 된다는 것이다. 따라서 성과에 상관없이 이전에 받은 것보다 항상 더 많이 받아야 사람들은 보상을 제대로 받았다고 생각한다. 톱니바퀴는 항상 앞으로 돌아가지 멈추거나 뒤로 돌아가는 법이 없다. 이 원리가 경제적 보상에 작용된 것이다. 연말에 두툼한 보너스를 받았거나 승진했을 때 이 보상이 얼마나 지속되었는지를 생각해보면 톱니바퀴 효과를 이해할 수 있다. 보상을 받았을 당시에는 보상을 받았다고 생각하지만 시간이 지나면 보상받은 상태를 기준점으로 당연하게 받아들이기 때문에 더 많은 보상과 더 많은 승진을 기대하는 것이다. 같은 성과로 같은 보상을 받았거나 보상을 이전보다 적게 받으면, 사람들은 회사가 불공정하다고 생각한다.

제도화의 감옥에서 구성원들을 구해낼 수 있는 방법은 직접동기를 살려내는 방법밖에 없다.[6] '직접동기'는 세속적인 이유를 넘어선다. 무슨 일이 있어도 이 일을 완수해야 하는 신성한 이유다. '신성한 이유calling'는 일의 진정한 목적을 구성한다. 이 목적을 달성하기 위해서 일을 하면 따라붙는 것이 '성장체험'이다. 성장체험은 일의 성취를 통해 목적에 점점 더 가까워지는 성숙을 체험하는 것을 말한다. 목적을 달성하는 과정에서 경험하는 성장체험만이 직접동기를 구성한다.

일의 이유와 목적을 복원해서 구성원들의 성장체험을 살려내야 한다. 그것 외에는 구성원들을 제도화의 감옥에서 해방시킬 방법이 없다. 조직이 어떤 목적을 설정하고 이 목적에 도달하는 변화를 통해서 구성원들 자신도 점점 전문성이 늘어나고 더 성장해가는 체험을 한다면 어떻게 될까? 구성원은 이 체험을 또다시 하기 위해서 더 열심히 목적을 달성하는 변화과정에 몰입할 수밖에 없다.

결국 직접동기가 제대로 작동되는지의 문제는, 구성원들이 일을 통해 목적과 연동된 성장체험을 할 수 있느냐 없느냐에 달렸다. 회사가 제도화의 함정을 피할 수 있는 방법은 구성원이 더 나은 목적상태로 변화하고 성숙하는 것을 상수로 받아들이게 하는 것뿐이다. 성장체험은 변화를 전제로 하기 때문에 절대로 제도화되지 않는 인센티브다. 또한 성장체험은 긍정적 경험이어서 이것을 체험한 사람들은 비슷한 기회가 생기면 금전적 보상이 없어도 다시 몰입한다. 그리고 외부적인 인센티브가 없이도 저절로 강화된다. 또한 더 나은 상태로의 변화를 통해 성과는 자연스럽게 따라온다.

회사 차원에서 할 일은 이 성과에 대해서 공정하게 평가해서 보상하는 것밖에 없다. 공정한 평가는 구성원들에게 더 열심히 일하고자 하는 동기에 금상첨화 역할을 한다. 자아가 확장되는 성장체험으로 충분히 보상을 받았고, 월급만으로도 충분하다고 생각했는데 거기에 보너스까지 받게 되었다고 여기기 때문이다.

최근 발표된 연구결과들이 이를 방증한다. 회사가 목적을 세우고 구성원들이 이 목적을 달성하기 위해 일하는 경우, 완벽한 인센티브 제도를 운영하는 회사의 구성원보다 생산성이 최소한 2.5배 정도 더 높은 것으로 보고되었다.[7] 설사 회사가 목적을 상실해서 회사 차원에서는 일에 목적을 이입시킬 수 없어도 구성원 스스로가 어떤 방식으로든 일의 의미를 찾아서 일할 경우를 '열의engagement가 있다.'고 이야기하는데 이처럼 열의가 가동될 경우에도 마찬가지로 인센티브로 완벽하게 보상해주는 회사의 직원보다 생산성이 1.5배 높다고 한다.

회사가 잃어버린 목적을 복원해 일에 목적을 삽입시키는 것만이 지금과 같은 지속되는 불경기에 구성원의 생산성을 제고시킬 수 있는 가장 현실적 방법이다. 목적경영을 하는 기업은 경기가 좋을 때나 나쁠 때나 목적을 경영의도로 분명히 천명하고 일을 통해 그것을 달성하는 과정에서 얻는 성과를 제대로 공정하게 평가해서 구성원에게 나눠주는 단순한 원리로 움직여왔다. 이들이 경기가 좋을 때나 나쁠 때나 지속적으로 성과를 내는 비밀이다.


## 당신은 '쿨 버드'인가, '핫 버드'인가?

'쿨 버드Cool bird'와 '핫 버드Hot bird'를 아는가? 덴마크의 철학자 키에르케고르는 사람들이 주는 먹이에 길들여져 봄이 와도 북쪽으로 날아가지 않고 안락한 생활에 정착한 야생오리를 '쿨 버드'라고 불렀다.•8 야성野性의 본질과 열정을 잃어 사람을 비유하는 말이다. 반면 '핫 버드'는 야성을 잃지 않고 본질을 찾아가기 위해 끊임없이 난관에 도전하는 사람을 상징한다.

목적을 상실한 회사에서 사용하는 '복지'는 구성원들을 제도화의 감옥에 가두어 쿨 버드로 만든다. 앞에서도 말했듯이 회사의 복지제도는 인센티브와 마찬가지로 구성원들이 성과를 내게 하는 직접동기가 아닌 간접동기다.••

직접적 동기를 살려내지 못하고 엉뚱하게 간접동기에 회사의 전략적 자산을 집중한다는 것은 실패의 지름길이다. 마치 성과가 숲속 깊이 숨어 있는데, 이들을 소탕하겠다면서 엉뚱하게 숲 바깥

• 사람들이 주는 먹이에 길들여져 봄이 와도 북쪽으로 날아가지 않고 안락한 생활에 정착한 야생오리를 덴마크의 철학자 키에르케고르는 '쿨 버드'라고 일컬었다. 야생오리로서의 본질을 잃어버렸기 때문에 열정과 본능이 식어버린 사람을 비유한다. '핫 버드'는 야성을 잃지 않고 목적지에 도달하기 위해 끊임없이 난관에 도전하는 사람을 상징한다. 야생오리가 핫 버드로 남을 수 있는 것은 자신의 존재이유를 규명해주는 목적에 대한 강력한 믿음 때문이다.

에서 무분별하게 총알을 다 써버리는 것과 똑같다. 간접동기만 자극하는 회사는 단기적으로 성과를 거둘 수 있을지 모르겠지만, 장기적으로는 성과창출에 마이너스일 수밖에 없다. 한마디로 회사의 목적과 일에 의미를 되살려내는 데 실패한 회사가 성과를 높이자며 복지에 승부를 거는 것은 '밑 빠진 독에 물 붓기'라는 것이다.

성과와 간접적으로만 관련이 있는 복지제도는 야생오리를 잡아서 집오리로 길들이고 심지어는 뚱뚱해서 날지 못하는 오리로 전락시킨다. 이것은 오리에게도 오리 주인에게도 비극이다. 매스컴이 설파하는 바와 다르게 SAS, 자포스, 구글이 지속적으로 성과를 내는 이유는 회사의 목적을 구성원들이 완수해야 하는 일에 성공적으로 끼워넣었기 때문에, 그리고 목적을 통해 직접동기를 자극해 성과가 저절로 따라오도록 과제를 설계했기 때문이다.

•• 인센티브나 복지가 간접동기일 수밖에 없는 이유는 다음과 같다. 첫째, 인센티브를 나눠주기 위해서 평가를 해야 하는데 성과에 관련된 선택된 요인만을 KPI로 평가하기 때문에 처음 성과를 내는 데는 이 KPI가 도움이 될지 모르지만 다음에 성과를 낼 때 구성원들은 평가에 반영되는 KPI에만 집중해 결과적으로는 총체적 노력이 필요한 성과가 기형적으로 변질되고 결국은 성과를 떨어트리기 시작한다. 둘째, KPI는 과거에 대한 평가이지 현재나 미래에 일을 더 잘하는 것에 대한 평가는 아니다. KPI는 우리가 지금 당장 일을 잘하는 것이나 미래에 더 잘하는 것에 뒷북일 수밖에 없다. 그러다 보면 경영환경의 변화에 수동적일 수밖에 없다. KPI가 강한 회사에 혁신의 동력이 죽어나가는 이유가 바로 그것이다. KPI는 어떤 돌파구를 마련할 때 작동하는 원리이지, 지속적인 성과를 내기 위한 도구로 이용되어선 안 된다. 셋째, 인센티브나 복지는 지금 받고 있는 수준이 기준점으로 작용하기 때문에 제도화의 철창에 갇히는 결과를 초래한다. 성과가 어떻든 지금의 복지나 인센티브보다 더 많이 받지 못하면 사람들은 공정하지 않다고 생각한다. 결국 어떤 회사도 복지나 인센티브로 구성원들을 만족시킬 수 없다. 직접동기가 아닌 것에 조직의 자원을 올인한다는 것은 경영에 관여를 안 하는 것보다 더 부정적인 결과를 초래한다.

성과를 내게 하는 직접동기는 목적 있는 일을 완수하면서 느끼는 성장체험이다. 성장체험에는 일하는 즐거움이 자연스럽게 따라온다. 이때 목적, 성장, 즐거움을 다 업무에 직접적으로 개입시키는 것이 중요하다. 중요한 것은 일을 통해서 어떤 공동의 목적을 성취하는 것이다. 성장이 일을 통해서 나타나고 발휘되지 않으면 그것은 직접동기로 작용하지 못한다. 즐거움 역시 일을 통해 전문성이 높아지는 경험을 구현할 수 있어야 직접동기가 된다.

우리나라에서도 한때 유행했던 펀Fun경영처럼, 그냥 일하다가 쌓인 불만을 해소하기 위해 일터 자체를 '어린이 놀이터'로 만든다면 성과에는 마이너스다. 평소에는 위계조직의 원리에 따라 시키는 대로 일하라고 명령해놓고, 거기서 쌓인 불만과 스트레스를 어린이 놀이터에서 풀라고 하는 셈이다. 이렇게 되면 구성원들은 영구적으로 어린이가 되어버린다.

이런 펀경영이 문제가 되는 이유는, 직접동기를 자극할 수 없는 회사, 즉 목적이 사라진 회사에서 간접동기로 구성원들을 '제도화의 철창'에 가두기 때문이다. 야생오리를 날지도 못하는 집오리로 만드는 셈이다. 목적을 상실한 회사가 펀경영을 한다는 것은 위험을 자초하는 것이다.

그렇다면 어떻게 해야 직접동기를 자극할 수 있을까? 앞에서 말했듯이 직접동기를 자극하려면 '성장체험을 통해' 즐거움의 원천을 구성해야 한다. 원천이 되는 것은 무엇일까? 바로 목적이다.

결국 성과를 내는 기업들은 직접동기를 자극할 수 있는 일의 목적을 명시적으로 구성해 구성원들이 달성하도록 하고, 이 목적달성을 통해 각자가 전문가로서 성장하는 체험을 하게 한다. 또한 이 성장체험을 통해 즐거움을 느끼게 한다. 한마디로 목적이 회사의 드라이브로 명시되어 있고, 사내에서 일어나는 모든 일들이 이 목적을 달성하기 위해 정렬되어 있다.

이런 회사들은 목적을 통해 변화를 체험하는 회사들이다. 회사가 장기적으로 성과를 못 내는 이유는 인센티브나 복지가 부족해서가 아니다. 일하는 이유를 명확하게 드라이브로 설정해서 일과 자원을 그에 맞게 정렬시키지 못하기 때문이다. 정말로 지속적인 성과를 내고 싶다면 직접동기의 핵심을 구성하는 목적을 살려내 앞에서 끌게 하고, 복지나 인센티브 등 간접동기가 뒤에서 밀어주는 구조로 조직을 설계해야 한다. 하지만 대부분의 한국 회사들은 반대로 간접동기가 앞에서 끌고 직접동기가 뒤에서 밀어주는 구조로 설계되어 있다.

## 최고의 복지는 '전문가들의 놀이터'

목적이 앞에서 끌고, 이 목적이 일에 삽입되어 구성원들이 성장을 체험하며, 이 성장체험을 통해 자신이 확장되는 경험만이 변화와 성과의 선순환 고리를 완성해준다. 이를 위해 초우량기업들은 자신들의 회사를 전문가들이 마음껏 뛰어놀 수 있는 놀이터

로 설계하고 있다. 소위 '넷플릭스 원리'라고 알려진 회사 설계방식이다.[9]

예를 들어 SAS는 아무리 시간이 오래 걸려도, 그래서 재무적으로 문제가 생겨도, 프로그램 개발에 참여할 수 있는 권한을 원하는 구성원들에게 먼저 할당하는 것으로 유명하다. 왜냐하면 회사가 구성원들의 전문성을 높이는 놀이터이고, 구성원들은 이 놀이터에서 전문성이 높아짐에 따라 직무에 더욱 큰 열의를 느낀다는 것을 알기 때문이다.

SAS의 존재이유, 즉 목적은 '혁신과 성과의 추동력이 되는 검증된 솔루션을 제공하는 것'이다.[10] 그래서 사내의 모든 과제가 이 목적을 달성하는 방향으로 정렬되어 있다. SAS는 상장하지 않는 회사다. 이 회사가 상장할 경우 회사의 설립자이자 CEO인 굿나이트 Jim Goodnight 회장은 빌 게이츠를 뛰어넘는 거부가 된다. 그럼에도 굿나이트 회장은 회사를 상장하지 않는 이유를 다음과 같이 설명하고 있다.

"회사를 상장해서 주주가 들어오면 회사를 운영하는 방식이 간접동기인 재무적 관점으로 바뀔 것이다. 주주들은 재무적 이유를 들어가며 경영에 대해 갑론을박할 것이고, 여기에 말려들기 시작하면 나 자신의 철학인 '회사를 구성원들이 전문성을 높이기 위해 뛰어놀 수 있는 놀이터'로 유지하기가 힘들 것이기 때문에 상장할 수 없다."

이런 조직은 구성원들을 성인으로 취급하기 때문에 구성원들도 항상 결정을 내리거나 일을 실행할 때 무엇이 회사를 위해서 최선인가를 중심으로 단순하게 생각한다. 레리 페이지Larry Page와 세르게이 브린Sergey Brin도 구글을 설립한 이유에 대해, 기존의 경영자들처럼 잔머리를 굴리거나 천박하게 경영하지 않아도 돈을 벌 수 있다는 것을 증명하기 위해서라고 밝혔다.

실제로 구글은 회사의 목적이 구성원들의 과제에 가장 근접하게 삽입되어 있는 회사로 유명하다. 구성원들에게 구글은 일을 통해 자신의 전문성을 높이는 신나는 놀이터다. 자포스가 관리자를 없애는 홀라크라시 실험에 돌입한 것도, 회사의 목적이 관리에 의해서 방해받지 않고 일에 직접적으로 개입하도록 유도하기 위함이다. 이것은 결국 회사를 목적이 이끄는 전문가들의 놀이터로 만들기 위한 것이다.

한마디로 SAS, 구글, 자포스가 지속가능한 재무적 성과를 내면서도 모든 구성원들이 열의를 가지고 행복하고 즐겁게 일하는 일터로 거듭난 이유는, 회사를 목적달성을 위해 모인 전문가들의 신나는 놀이터로 디자인하는 데 성공했기 때문이다. 회사가 제대로된 놀이터로 디자인되면 그 속에서 '일과 삶의 균형work life balance' 문제도 자동적으로 해결된다. 오히려 구성원들이 밀린 일 때문이 아니라 회사에 머무는 것 자체를 너무 즐거워한다. 이런 회사에서는 회사가 나서서 구성원들을 집으로 보낼 방법을 궁리해야 한다.

전문가들은 어른들이다. 어른들은 아이들처럼 윗사람의 지시나 허락이 떨어지기를 기다리지 않는다. 회사의 목적에 맞춰서 최선이라고 생각하면 어른스럽게 그리고 자발적으로 목적을 일 속에 개입시켜서 수행한다.[11] 이것은 회사가 목적을 세워 구성원들을 '제도화의 철창'에서 구해냈기 때문에 가능한 일이다. 구글과 SAS에서 일하던 직원들이 설사 회사를 떠나게 되더라도, 거기서 일했던 전문가들을 고용하고 싶어 하는 회사들은 밖에 줄을 섰다. 결국 회사에 머물든, 회사를 떠나든, 일에 대한 전문성을 고취함으로써 환경변화에 대한 적응력을 키운 구성원들에게 '전문가들의 놀이터'는 최고의 복지인 셈이다.

● 회사의 목적에 기반을 두고 이 순간 최선이 무엇인가를 따져서 일하는 방식을 넷플릭스에서는 '첫 번째 원칙First Principle'이라고 칭한다. 이것이 가능한 이유는 회사에 목적이 존재하고, 구성원은 이 목적에 따라서 자기 일을 완수하는 어른이라는 가정이 작동하기 때문이다.

**5**

# 적도 없고, 이기고 지는 싸움도 없다 : 전략경영의 함정

나침반이 없다면 항해도가 있어도
배는 항구로 향할 수 없다.
— 피터 드러커

## 모든 경쟁자는 스파링 파트너일 뿐

한때 인도에서는 도시에도 코브라가 많이 돌아다녀서 골칫거리였다. 코브라를 제거하기 위해 인도 정부는 코브라 사체를 가져오면 돈으로 바꿔주었다. 이런 정책이 발표되자 급기야 코브라를 길러내는 농장까지 생겼다. 농장에서 길러낸 코브라 사체를 정부에 납품하고 돈을 받는 사람들이 등장한 것이다. 정부가 이를 알아차리고 돈으로 바꿔주는 정책을 중단하자 코브라 농장주들은 그간 기르던 코브라를 다 풀어주어 버렸다. 코브라 개체수를 줄이려는 정책이 거꾸로 개체수를 늘린 결과를 초래한 것이다.

이런 고삐 풀린 코브라 현상이 실제로 조직 안에서도 일어나고 있다. 마치 구소련이 붕괴되었을 때 서방세계에 대항하고자 만들어진 모든 무기들이 마피아들을 무장시켜서 러시아를 마피아의 천국으로 만든 형국과 같은 일이 조직 안에서도 실제로 벌어진다. 장본인은 바로 '경영전략'이다.

단순화의 위험을 무릅쓰고 이야기해보겠다. 전통적으로 '경영전략'의 목적은, 핵심역량을 무기로 전쟁에서 이기는 것이다.[1] 게임에서 이기는 것이 경영전략을 이용하는 사람들의 핵심의도다. 이기는 게임을 하기 위해서는 상대의 강점과 약점을 잘 알아야 하고, 강점은 피하고 약점은 공략해야 한다. 또한 자신의 강점과 약점도 잘 알아야 한다. 그래야만 자신의 강점을 무기로 상대를 효과적으로 공격할 수 있기 때문이다. 혼자 힘으로 상대를 이길 수 없을 때는 정치적으로 연대해서 상대를 무찌를 수 있어야 한다.

경영전략은 상대의 약점과 강점을 파악하는 것을 전제로 하므로, 정보전쟁이 승패를 가르는 관건이 된다. 전략을 이용해 전쟁에서 이기려면 자신의 약점은 끝까지 감출 수 있어야 한다. 약점을 감춰야 하는 상황에서 부득이 약점을 보완하려면 숨어서 몰래 해야 한다.

이기기 위한 전략에 지는 경우란 상상할 수 없다. 지는 게임을 통해서 학습하라고 이야기하는 것은 전략을 포기하라고 주장하는 것과 같다. 실수를 통해서 근원적 학습이 일어나는 메커니즘 역시 부인할 수밖에 없다.[2]

우리나라 대기업들의 경영전략실을 보면 기업의 조직문화나 구성원들의 학습·성장에는 별로 관심이 없는 듯하다. 그보다는 이기는 게임에 몰입한다. 그러다 보니 기업 경영전략실이 한 국가의 정보기관에 맞먹을 정도로 막강한 정보력을 갖춘 경우도 많다. 이들은 경쟁에서의 승패가 정보의 비대칭성에서 갈린다고 생각하기 때문에 경쟁사의 약점과 강점을 완벽하게 파악하고 있다.

또한 전략이 결정되고 실행국면에 들어가면, 카리스마와 같은 독보적 돌파력을 가지고 무섭게 치고 나가는 리더와 이들의 말에 절대복종하며 일사분란하게 움직이는 행동대장급의 리더들이 필수적이다. 사업단은 비즈니스에 대한 결정을 독자적으로 집행할 수 있는 전략의 최소단위이다. 사업단 아래로 전략을 쓴다는 것은 경쟁자가 아닌 아군에게 전략의 총구를 들이댄다는 뜻이다.


신자유주의를 토대로 한 초경쟁시대가 지나가고 초연결 플랫폼 생태계가 도래하면서 그간 절대적으로 신봉해왔던 경영전략에 문제가 생기기 시작했다. 초연결시대 플랫폼 생태계에서 요구되는 경영의 패러다임은 과거의 것과 근원적으로 다르다. 그래서 우리가 기존에 알고 있던 '경영전략'이 무용지물로 전락해버린 것이다. 아니, 무용지물을 넘어서 자칫 잘못 사용할 경우 외려 자신을 공격하는 부메랑으로 돌아오기도 한다.

초연결사회의 생태계에서는 이기고 지는 것이 더 이상 단순한 문제가 아니다. 겉으로는 분명히 적인데 몇 단계 다리를 건너면 서로 협력하고 있는 경우가 허다하다. 삼성전자의 최대의 적은, 겉으로 보기에는 애플 같지만 실상은 구글이다. 만약 삼성전자가 애플을 적으로 생각해 성공적으로 퇴출시킨다면 삼성전자도 결국 무너지게 되어 있다.* 그렇다고 안드로이드 플랫폼을 이용해 사업을 하고 있는 구글을 적으로 생각한다면 삼성전자는 사업을 접어야 한다.

이처럼 초연결사회는 모든 경제 주체들이 공동의 토양에 뿌리를 내리고 있는 공진화의 생태계를 구성한다. 겉으로 보이는 모든 경쟁자들은 서로를 강하게 만드는 스파링 파트너일 뿐이다. 기존의 경영전략가들이 주창해온 '적과 싸워 이기거나 지는' 고전적 전쟁터와는 판이하게 달라졌다. 고전적 경영전략의 방법을 가지고 밀고 나간다면 스스로의 무덤을 파는 셈이다.

또한 초연결사회 생태계와 더불어 경영환경은 L자 불경기로 기울고 있어서, 성장의 공간 자체가 급속도로 축소되고 있다. 성장의 공간이 없는 상황에서 경영전략을 무모하게 밀고 나간다는 것은 자기 살을 깎아먹는 레드오션 싸움을 시작하는 것이다. 21세기 경영환경은 더 이상 전통적인 경영전략이 용납되는 환경이 아니다. 경영전략에 몰입할수록 장기적이고 지속가능한 성과가 도출될 개

* 삼성전자가 애플을 공격한다면 애플만을 공격하는 것이 아니라 애플에 충성심을 가진 수많은 애플 고객을 공격하는 꼴이 된다. 이들을 미래의 고객으로 포섭할 수 있는 토대를 부수는 행동이다. 경쟁사에 대한 공격은 고객들 마음에 긁어 부스럼을 만들어내는 것과 같다. 고객들에게 어떤 가치를 전달함으로써 어떤 목적에 대한 변화를 창출할 것인지로 정면승부하지 않는다면 살아남을 수 있는 기업은 없다. 시장에서 경쟁자를 이기는 것을 강조하는 경영전략이 간과하고 있는 점이다.

연성은 사라진다.

경영전략이 먹혀들어가지 않고 사업이 지지부진해지자, 회사 내부에는 비상이 걸렸다. 경영전략은 원래 사업단 단위에서 적과의 경쟁에서 이기기 위해 사용하는 무기였지만, 사업이 부진해지고 구성원 자신의 생존이 불투명해지자 구성원들은 불안해졌다. 절대로 해서는 안 되는 금기를 실행할 수밖에 없는 상황으로 내몰린 것이다. 조직 내부의 동료를 경쟁자로 규정하고 동료를 이기기 위해서 전략을 전용하기 시작한 것이다.

경영전략이 중요하게 가르친 것은, 적이 누구든 간에 일단 적으로 파악되면 그 적을 이기는 게임을 하라는 것이다. 지는 전략은 전략으로서의 존재의미가 없다. 결국 게임에서 이기기 위해서는 동료의 강점을 피하고 약점을 공격해야 한다. 물론 자신의 강점과 약점을 파악해 약점을 감추고 강점을 무기로 사용할 수 있어야 한다.

구성원들은 회사 내에서 살아남기 위해 경영전략을 이용한다. 자신의 강점을 부각시키고 약점을 숨기며, 동시에 상대의 약점을 교묘히 공격해 자신의 경쟁력을 부각시키는 방법을 연구하기 시작했다. 만약을 대비해 힘 있는 상사 밑에 줄을 서는 정치력도 가져야 한다. 한마디로 동료보다 더 세련된 전략적 작전과 처세술을 구사해야 살아남는다. 경기가 꺾여서 외부의 경쟁사에 전략 자체가 먹혀들어가지 않자 구성원들은 우선 자신이 살아남기 위해 내부의 동료에게 전략적 총구를 들이대기 시작한 것이다. 앞에서는 세련되게 동료라고 치켜세우지만 등을 돌리는 순간 동료는 제일 먼저 물리쳐야 할 경쟁대상으로 바뀐다. 가둬놓았던 코브라가 우르르 풀려나온 형국이 되었다.

하버드 대학교 교육대학원 교수인 로버트 키건Robert Kegan과 리사 라헤이Lisa Lahey는 이 부분에 대해 다음과 같이 경고했다. 지속적인 성과를 내지 못하는 회사들이 가진 근원적 문제를 분석해보니, 직원들이 회사의 전략적 자원을 절대로 하지 말아야 할 '부수적 직무'인 처세술 강화에 쓰고 있다는 것이다.[3] '부수적 직무'란 자신의 약점을 감추고, 강점을 부풀리며, 인상을 관리하고, 조직정치에 몰입하는 것을 이야기한다. 이런 행동들은 조직의 경쟁력을 좀먹는 버블을 양산한다.

그런데 이런 회사는 공통점이 있다. 회사의 HR 부서가 앞장서서 처세술이 뛰어난 전략가들을 핵심인재로 키우고 승진시키고 보상해왔다는 것이다. 한마디로 직원들이 자신의 약점을 숨기고 강점을 포장하는 연기력을 평가해 고과를 주고, 이 연기력에 따라서 인센티브나 연봉을 책정한다는 것이다.

혁신과 고객가치를 창출하는 데 집중해야 할 자원의 과반 이상을 능수능란한 연기자들을 키우는 데 전용한 것이다. L자 불황시대에 자신이 가진 모든 자원을 고객가치 창출에 쏟아부어도 모자라는 판인데 말이다. 처세 잘하는 전략가를 핵심인재로 키우느라 자원을 써버린 회사가 경쟁력이 있을 리 없다. 이렇게 조직이 엉뚱한 곳에 자원을 낭비하다 보니 능력이 있는 직원들은 먼저 회사를 떠나고, 그나마 회사에 남아 있는 직원들도 일하는 척 연기만 하지 열의를 가지고 직무에 몰입하지 않는다.

여기서 가장 큰 문제는, 자신의 약점을 얼마나 잘 숨기느냐에 따라서 보상을 받게 되니 약점이 있어도 학습을 통해 고칠 기회가 없다는 점이다. 제대로 된 학습은 자신의 약점을 드러낼 수 있는 용기가 없다면 불가능한 일이다. 키건과 라헤이의 분석에 따르면, 지금과 같은 시대에 이런 버블을 키우는 것을 경쟁력이라고 착각하고 있는 회사들이 살아 있는 것 자체가 기적이다.

결과적으로 경영전략이 회사의 HR 부서와 결탁해서 조직 내부 구성원들을 공격하는 코브라를 키웠던 것이고, 회사의 생존보다 자신의 생존을 절체절명으로 생각하는 마피아 세력을 조직 내부에 핵심인재로 키워놓았다. 경영전략이 이런 반란세력을 키우게된 것은, 이기는 것 이상에 대해 사유하기보다는 이기는 것 자체에만 중점을 두었기 때문이다. 경쟁자를 이기는 것을 넘어선 그 무엇에 대해 조금이라도 사유했다면, 구성원들이 경영전략을 처세술로 활용해 자신의 동료에게 무기를 들이대지는 않았을 것이다. 회사를 동료 간의 전쟁터로 만드는 것은 어떤 상황에서도 정당한 목적이 될 수 없다. 세상을 더 나은 곳으로 변화시키려는 의도를 상실한 경영전략은 대량 살상무기일 뿐이다. 목적을 상실한 조직에서는 경영전략이 필연적으로 처세술로 둔갑해 서로를 살상하는 코브라를 길러낸다.

## 여우는 왜 고슴도치를 이기지 못하나?

여우는 동물 중에서도 꾀가 많고 교활하다는 이미지가 강하다. 그런데 여우의 다양한 전략이 고슴도치에게는 잘 먹히지 않는다. 여우는 오늘도 새로운 전략을 가지고 야심만만하게 고슴도치를 공격하지만, 고슴도치는 귀찮은 여우에 대항해 몸을 웅크릴 뿐이다.

여우의 뛰어난 전략이 먹히지 않는 근본적인 이유가 뭘까? 고슴도치를 이기겠다는 전략적 의도 자체가 잘못된 것이고 실현 불가능한 것이기 때문이다. 여우의 무모함은 초연결사회가 도래했음에도 신자유주의 시대의 초경쟁전략에 집중하는 사람들의 무모함과 비슷하다.

위계와 시장에 의해서 움직이는 신자유주의 초경쟁사회에서는 경쟁에서 상대방을 이기는 것이 전략적 의도로 먹혀들어갔다. 그런데 공진화의 플랫폼이 지배하는 초연결사회에서는 전혀 다른 판이 펼쳐진다. 적군과 아군조차 구별이 안 되는 상황에서 남을 이기기 위한 전략은 존재할 이유가 없어진 것이다. 애초에 전략적 의도가 잘못되어 있으니, 그 전략에서 산출되는 모든 전술이 다 쓸모없는 거품인 셈이다.[4]

여우가 고슴도치를 이기겠다는 불가능한 의도를 구현하기 위해 짠 전략은, 겉모습만 화려한 전술일 뿐이다. 전략이 의도를 상실하면 비대해지기 시작한다. 화려한 전술로 무장하지만 실상은 조직을 허약하고 근시안적인 골리앗으로 만든다. 실제로 요즘 대부분의 한국 기업들은 존재이유를 상실한 채 화려한 전술로만 중무장한 듯하다. 자기 몸조차 움직일 수 없는 골리앗으로 만드는 작업에 자발적으로 매달리고 있다.

그렇다면 전략의 핵심은 뭘까? 바로 전략을 통해 세상에 울림을 만들어내는 '의미 있는 의도'가 살아 있는지 여부다.• 의도가 살아서 울림을 만들어낼 때, 이 의도는 필요한 사람들의 마음에 뿌리를 내려 전략의 실행을 가능하게 한다. 초연결사회에서 전략이 살아날 수 있는 방법은 목적을 복원해 세상에 울림을 주는 '의미 있는 전략적 의도'를 찾아내는 것이다.

이제는 단순히 경쟁에서 이겨서 생존을 연장하려는 것은 먹히지 않는다. 변화한 시대에 맞게 기업이 추구하는 바를 '공진화'로 전환시켜 그것에 맞는 전략과 전술을 개발해야 한다. 이렇게 탄생한 전략만이 조직을 허약한 골리앗으로 만드는 무모한 일에서 벗어나 날씬lean하고 날렵한agile 다윗을 육성할 수 있다.

목적과 의도를 잃은 전략은 현실을 물상화reify시켜 비현실적 현

• GE의 전 회장 잭 웰치가 주장한 "1등이 되거나 2등이 되어라. 그렇지 못한다면 남들이 너의 운명을 통제할 것이다." 전략이 그래도 신자유주의 시대에 작동되었던 이유는, 내 운명을 내가 스스로 통제하는 회사가 되자는 전략적 의도가 나름대로 의미가 있었기 때문이다. 더 잘 먹고 잘살기 위해서 무한경쟁에서 이겨야 한다고 주장했다면 지금의 GE는 없었을 것이다. 전략의 DNA는 의도다. 어떤 의도를 실현시키기 위해 그런 전략을 짜는지에 대해 의미 있는 설명이 없다면, 전략 자체는 아무리 멋지게 만들어져도 실제로 실행해야 하는 구성원들은 마음이 움직이지 않을 것이다. 대부분의 회사에서 전략을 멋지게 만들어도 작동되지 않는 이유는, 목적이 없는 상태에서 단순히 승리나 생존만을 위해 만들어졌기 때문이다.

실을 현실이라고 믿게 만든다. 레이저 대포가 일반화된 시대에 전통적 대포를 더 세련되게 개발한다고 해서 싸움에서 이길 수 있을까? 목적과 의도를 잃어버리면 그것이 가능하다고 착각한다. 비현실적인 현실을 현실이라고 믿고 만들어낸 각종 화려한 전술적 무기들은 스스로를 골리앗으로 만들 뿐이다. 무거운 갑옷 때문에 거동도 제대로 못하면서 사방팔방으로 허공에 칼을 휘두르는 눈먼 골리앗 말이다.

여우는 오늘도 자신만만하게 전략을 세워서 고슴도치를 공격하겠지만 이런 노력은 의미 없는 전술만 더할 뿐이다. 여우의 생각을 따르는 회사들은 오늘도 전략이 만들어낸 비대한 거품에 파묻혀 서서히 죽어가고 있다.


## 카리스마 냄새만 나도 다 도망간다

유럽의 공군기지에 파견되어 생활하던 미 공군 조종사들이 본국으로 송환되면 탈출과 관련된 사고를 많이 당한다. 비행기 탈출 시스템의 차이 때문이다. 유럽에서는 탈출구가 밑에 달려 있어서 탈출해야 할 상황에 이르면 비행기를 한 바퀴 빙글 돌린 후 탈출버튼을 누르게 되어 있다.

오랫동안 유럽에서 이와 같이 훈련받은 미 공군 조종사가 본국으로 귀환하면 다시 훈련을 받는다. 미국 전투기는 탈출구가 위에 달려 있어서 탈출버튼만 누르면 되기 때문이다. 송환훈련을 무사히 마치고 시험에서도 만점을 맞은 조종사들이 편대에 배치된다. 그러나 문제는 위급한 상황에서 '여기는 미국이니까 그냥 탈출버튼만 누르면 된다.'는 지식이 전혀 쓸모가 없다는 점이다. 위급한 상황에 닥쳤을 때 조종사들은 그냥 탈출버튼만 누르는 것이 아니라 본능적으로 유럽에서 했던 것처럼 비행기를 한 바퀴 빙글 돌린 후 버튼을 누르기 때문이다.

사람도 조직도 절체절명의 순간에 닥치면 자신이 가진 모든 지식을 다 버리고 과거에 성공했던 방식에 더 집착한다. 탈출에 실패해 추락하고 있는 조종사를 데리고 와서 다시 시험을 보게 한다 해도, 이 조종사는 비행기를 돌려서는 안 된다는 항목에 다시 체크할 것이다. 결국 어려운 상황에 도달하면 가지고 있는 지식도 무용지물이다. 머리가 뛰어난 사람들은 그렇지 않을 것이라고 생각하겠지만, 어려운 상황에 도달하면 이들은 오히려 평범한 사람들보다 더 과거의 성공방식에서 탈출하지 못하는 것으로 알려져 있다.

조직의 경우는 더욱 심각하다. 세상이 바뀌었음에도 불구하고 현실을 직시하지 못하고 과거의 성공경험에서 벗어나지 못하는 회사들이 많다. 과거의 성공으로부터 탈출하려는 회사들에 비해서 안주하려는 회사들이 훨씬 많다. 대표적인 경우가 IBM이다. IBM은 과거 자신들이 장악한 거대 메인 프레임 기반의 컴퓨터 비즈니스를 고집하다 거의 망해가는 상황에서 구사일생으로 살아났다. 소니, 노키아, 엔론, GM 등 업계에서 한때 1등의 자리에 앉았던 많은 기업들이 업계가 변했음에도 자신들이 잘나갈 때 구축해놓은 성공경험의 덫에 갇혀서 헤어 나오지 못하고 사라져갔다.

경쟁에서 승리하는 것을 강조하는 경영전략이 작동되지 않고, 그래서 회사가 절체절명의 상황에 이르렀을 때, 갑자기 다시 부각되는 것이 '카리스마 리더십'이다. 과거에 경기가 좋을 때, 성공경험을 만들어낸 주역이 바로 강력한 카리스마로 무장한 리더들이었기 때문이다. 신자유주의시대에는 성장의 공간도 충분했고 따라서 경쟁력만 있으면 모든 문제가 해결되던 때였다. 그때 카리스마는 가장 강력한 비밀병기였다.

신자유주의는 시장경쟁을 통해서 경제가 무한하게 성장할 수 있다고 가정한다. 또한 시장에서 개개인은 자유롭게 경쟁을 선택하고, 이 선택을 통해 독립적인 의사결정을 할 수 있다고 생각한다. 무한하게 성장할 수 있는 공간에서는 자유로운 선택과 무한경쟁만이 경제를 건강하게 성장시키는 골간이라고 가정한 것이다. 그 결과 신자유주의시대 리더십의 표본으로 카리스마 리더십이 등장했다.

카리스마 리더십은 성장에 대한 비전을 강조하고, 이 비전을 달성하기 위해 리더를 중심으로 전략적으로 일사분란하게 움직이는 것을 중시한다. 카리스마 리더십에는 3가지 특징이 있다. 첫째는 장대한 목표설정이다. 성장 가능성이 충분하기 때문에 누구든지 전략을 세워서 일사분란하게 집행하면 성공할 수 있었다. 성장의 기회도 공간도 무궁무진하게 열려 있기 때문에 예년에 비해 100%

의 목표를 달성하는 것은 의미가 없다. 200~300%의 장대한 목표를 설정하고, 이 목표를 생생하게 시각화할 수 있는 멋진 비전으로 각색해내야 한다.

둘째, 성장의 공간이 넓게 열려 있으므로 장기적인 성과를 평가하는 것은 의미가 없다. 모든 장애와 장벽을 돌파하면서 초단기적으로 얼마나 세상을 놀라게 할 만한 성과를 내느냐에 따라 리더의 명성이 평가된다.

마지막으로 일사분란하게 목표달성을 위해 전략을 실행해야 하는데 못 따라오는 무능력한 직원들과 같이 갈 수 없다. 냉혹한 평가를 통해 매년 하위 10%에 해당하는 인원을 과감하게 도려내야 한다. 이런 과단성을 보고 사람들은 조소적으로 카리스마를 '칼 있으마'로 부른다.●5

성장의 공간이 무궁무진하고, 승패가 분명할 때 카리스마 리더는 결정적 모범답안이었다. 하지만 지금처럼 L자 불황의 시대에, 더 이상 성장할 공간이 없는 상황에서 성장을 중시하는 비전을 앞세운다는 것은 위험천만한 일이다. 또한 초연결 플랫폼 사회로 급속하게 편입되고 있는 경영환경에서 '공진화'에 대한 공감이나 울림이 전혀 없는 카리스마 리더를 구원투수로 기용해 승부를 내겠다는 발상은 지극히 위험하다.

● 사회화된 카리스마socialized charisma와 개인화된 카리스마personalized charisma의 구별은 다음과 같다. 사회화된 카리스마는 경쟁자가 생겼을 때 이를 어떻게 극복하여 성장할 수 있는지의 패러다임으로 조망하는 반면 개인화된 카리스마는 경쟁자를 나와 적의 프레임으로 묶고 적을 어떻게 이길 수 있는지에 집중하는 것으로 알려져 있다.

이들의 운명은 유럽에 있다가 미국으로 송환된 조종사들의 운명과 같다. 성장의 공간이 전혀 없는데도 과도한 비전과 목표를 설정해서 강요하고, HR과 연동시켜 해고위협까지 불사한다면 구성원들은 살아남기 위해서 자신보다 약한 사람에게 성과를 강요하는 갑질을 할 수밖에 없다. 아니면, 디젤차의 연비를 조작하다 발각된 폭스바겐 CEO처럼 비윤리적 행동으로 자신의 성과를 채우거나, 회계장부를 조작해 손실을 감추고 유령회사에 부실을 떠넘긴 엔론의 CEO처럼 평생 감옥에서 지내야 할 것이다.

요즘 같은 세상에 이런 카리스마를 조직에 불러들인다는 것은 시한폭탄을 떠안는 것이다. 모든 구성원들을 태우고 파멸을 향해 내달리는 꼴이다. 카리스마 리더들은 구성원을 폭주하는 설국열차에 태우고도 모자라 뒤쪽 칸에 탄 직원들에게 경쟁에서 이겨서 앞 칸으로 가라고 독려한다. 앞 칸으로 옮겨가는 것이 더 일찍 파국을 맞는다는 사실을 애써 외면하면서 말이다.


2017년 초 〈서울경제신문〉이 빅데이터 분석 전문업체 리비Leevi와 공동으로 2016년 1월부터 11월까지 SNS·뉴스·커뮤니티·블로그·카페 등 온라인 글 1만 건을 대상으로 '리더십' 키워드에 대한 빅데이터 분석결과를 보도했다.[6]

분석결과 국민·나라·직원을 '위하다(4,340건)'라는 키워드는 4위로 '카리스마(535건·41위)'의 8배가 넘었다. '배려(1,415건·23위)', '소통(1,384건·24위)' 등은 중위권을 차지한 반면 '지시하다(472건·

42위)', '불통(409건·46위)', '오너(377건·48위)' 등은 하위권으로 밀렸다.

이러한 분석결과가 의미하는 바가 뭘까? 카리스마 있는 스토리로 리더십을 행사하는 사람들을 볼 때 국민들은 마음의 울림을 느끼기는커녕 더 냉담해진다는 것이다. 이처럼 마음이 식어간다는 것은 이런 카리스마 리더가 주창하는 리더십 스토리가 실제로 구현되는 데 쓰일 수 있는 자원이나 지지를 자발적으로 동원할 생각이 전혀 없다는 뜻이다. 결국 세상 모든 일에서 리더는 구성원들의 도움을 받지 않고는 리더십을 행사할 수 없는데, 이제는 조직에 카리스마의 냄새만 풍겨도 사람들은 다 도망간다는 것이다. 결국 카리스마 리더는, 아무리 뛰어난 비즈니스 감각을 가지고 있어도, 운명적으로 실패할 수밖에 없는 시대가 되었다.


## 성공사례 베끼는 벤치마킹, 구태의연한 학습전략의 종말

막스 베버는 《프로테스탄트 윤리와 자본주의 정신》에서 자본주의가 노동의 신성함과 금욕적 선행을 경멸하고 돈의 노예가 되는 순간, 커지는 자본가의 탐욕의 무게에 눌려 멸망할 것이라고 경고했다.[7] 선한 의도를 잃어버린 경영전략과 단기적 성과에 몰입하는 과정에서 목적을 잃은 카리스마, 이 2가지에 대한 맹신은 조직에 이중반란군을 먹여 살린다. 돈을 벌어야 하는 좀 더 신성한 이유가 마련되고, 그 이유가 목적이 되어 그것을 추구할 때 조직에 더나은 변화가 자연스럽게 따라온다. 돈은 더 나은 변화의 결과이다.돈이 자연스럽게 따라오게 만드는 목적경영의 선순환을 회복하는것만이 자본가의 탐욕으로부터 우리를 구해낼 수 있다.

지금까지 대한민국은 대기업들이 시대의 변화를 이끌어왔다.이것 역시 따지고 보면 '경영전략' 때문이라기보다 '헝그리 정신'으로 대변되는 '사업보국事業報國'이라는 사명을 내재화하고 이를 실현하기 위해 혁신하고 학습한 결과가 아닐까? 고도성장기에 우리는 아무리 극단적인 상황에서도 무조건 적응하고, 도저히 불가능해 보이는 일도 일단 시도하고, 실패하면 공부하고 다시 도전해 결국은 반드시 성공을 이끌어냈다. 이러한 혁신과 학습능력 덕분에고도성장이 가능했을 것이다.

하지만 이제는 기업의 규모가 커지고 먹고살 만해지면서 '헝그리 정신'이라는 사명도 사라졌고, 경영전략에 의존해 '이기는 게임'에만 집중하면서 혁신능력도, 학습능력도 잃어버렸다. 실패를 통해성공을 이끌어내는 근원적 학습의 자리를, 성공한 사례를 베끼는벤치마킹이 채운 것이다.

벤치마킹은 실패하지 않기 위해 성공사례만 골라서 배우는 가장 초보적인 일원학습이다.[8] 빨리 성공하는 일에 집중하게 해주는전략의 학습 파트너인 셈이다. 벤치마킹이라는 이름으로 많은 새로운 것을 배웠지만, 벤치마킹은 조직을 자신의 옷이 아닌 화려한유행만을 추구하는 벌거숭이 임금님으로 만들었다.

그런 점에서 벤치마킹은 학습의 시발점일 뿐이지 최적화된 최종 솔루션은 아니다. 시간을 들여서 벤치마킹을 최적화시켜 내 것으로 만든다 하더라도 그것은 이미 지나간 성공사례일 뿐이다. 벤치마킹을 학습에 최적화된 솔루션으로 받아들여가며 스스로를 거대한 골리앗으로 만든 것이 지금 대한민국 전략가들이다.

미래는 먼저 가서 기다리는 사람들만이 체험할 수 있다. 남의 꽁무니만 따라가는 벤치마킹으로는 미래를 쫓아갈 수는 있어도 앞서갈 수는 없다. 추종자 전략으로는 맞을지 모르지만 미래를 선도해야 할 지금 시점에서는 구태의연하고 위험천만한 학습전략이다.

지금 성공을 열망하는 우리들에게 필요한 것은 '헝그리 정신'을 대체할 수 있는 새로운 사명과 불가능한 상황에서도 사명을 성공시킬 수 있는 근원적 학습능력이다. 거추장스런 골리앗의 전략적 갑옷과 무기를 버리고 다윗의 사명과 물매돌로 다시 무장해야 할 시점이다.

# Part 2

# 조직의 모든 가치를 '목적'에 정렬시켜라 :
# 목적경영Management By Purpose의 원리

모두가 열망하는 성공이란,
성공한 사람들을 따라가서는 만날 수가 없다.
세상과 소통할 수 있는 목적 스토리를 만들고,
그것을 가지고 시간을 앞서 달려가 기다린
사람들만이 성공을 만난다.
이들이 성공을 거둘 수 있는 진정한 이유는
존재이유와 목적에 대한 믿음을 복원해 두꺼운
알껍질을 깨고 나와 불확실성의 망망대해에서
미래에 대한 비전을 제시해 목적경영을 실천했기
때문이다.
목적경영이란, 사명으로 혁신을 일궈내고,
그 혁신의 성과로 변화를 완성하는 초월적
체험이다. 목적경영으로 성취한 변화가 많은
사람들에게 새로운 체험과 떨림을 제공하고,
목적에 대한 믿음을 공진화시키는 데 성공한다면,
기업은 목적을 자신의 제품과 서비스에 녹여내
팔 수 있는 목적기업으로 다시 태어난다.
목적기업으로 인정받는다는 것은,
기업으로서는 최고의 초월적 체험을 한 것이고
시간의 검증을 통과한 '100년 기업'의 토대를
마련한 것이다. 목적경영은 100년 기업
변화혁신의 비밀코드다.

# 6

## '얼마나' 갔는지가 아니라
## '어디로' 가는지

정말로 중요한 것은 지금 우리가 얼마나 왔는가가 아니라
어디를 향해서 가고 있는가다.
— 괴테


## 영혼 없는 사람들이 모인 좀비 주식회사

세상이 이렇게 급박하게 변화하고 있는데, 경영진은 여전히 남들을 이기기 위한 경영전략에 골몰하고 구원투수로 카리스마 리더를 영입해 문제를 해결하려 한다. 그런데 더 큰 문제는 그러고 있는 사이에 조직 구성원들은 끓는 냄비 속의 개구리처럼 죽어간다는 사실이다. 삶아져서 죽어가는 개구리는 자신이 외부환경 변화에 적응했다는 잘못된 믿음에 갇힌 사람들로서, 변화를 귀찮아하고 게으르게 대처하는 모든 현대인을 은유한다.

조직이든 개인이든 냄비 속의 개구리가 되어 '오래 버티기 전

략'을 구사하다 보면 어느 시점에는 자신이 죽어가고 있음을 직감하게 되는데, 이때는 이미 어떻게 손써볼 수 없는 시점이다. 이미 변화의 시기를 놓쳐서 더 이상 생각대로 몸과 마음이 움직여지지 않는 것이다. 이때 우리가 할 수 있는 유일한 선택은, 냄비 속에서 점점 죽음의 순간으로 다가가는 자신의 모습을 고통스럽게 관조하는 것뿐이다.

얼마 전 한 중앙부처의 관공서를 방문했는데, 그때 필자는 '혹시 내가 공동묘지 한가운데 와 있는 것은 아니겠지?' 하는 생각이 들었다. 거기에서 일하는 분들은 하나같이 똑같은 하얀 와이셔츠를 입고 있었고, 표정도 대화도 없었다. 말도 없고 표정도 없이 움직이는 모습에 놀라 '혹시 이분들이 발 없는 유령인가?' 싶어 아래를 보며 발이 있는지 확인했던 기억이 지금도 생생하다. 정신을 놓으면 공동묘지에서 유령들과 대면하는 느낌이 들 것 같았다. 점진적으로 죽음의 길에 접어든 조직이나 개인들이 보이는 공통적 특징은 이미 생명의 활력을 잃어버렸다는 점이다.

이런 모습은 관공서뿐만 아니라 점진적 죽음을 겪고 있는 일반 회사에서도 비일비재하게 찾아볼 수 있다. 생존을 위한 전략에 집중하는 과정에서 목적을 잃은 회사는, 구성원들이 자신의 영혼을 회사로 가지고 오는 것을 철저하게 금지시킨다. 구성원들도 목적 없는 회사에 영혼 없이 출근해서 미지근하게 일하다가 퇴근하는 일상을 반복한다. 어느 순간 자신도 모르게 영혼을 잃은 직원으로 전락한다.

〈중앙일보〉와 한국심리학회가 우리나라 직장인들의 행복 수준에 대해 공동연구를 했는데 그 결과도 이런 사실을 뒷받침한다.[1] 이 연구에 따르면 우리나라 직장인들의 행복 수준은 직장에 출근하는 순간부터 급락하다가 퇴근시간이 가까워지는 오후 5시를 기점으로 회복되기 시작해, 밤 9시 정도에 가장 높은 수준을 유지한다고 조사되었다. 대부분 직장인의 삶은 행복 수준으로만 따져보면 좀비의 패턴과 다를 바가 없다.

이렇듯 회사가 목적을 잃는다면 구성원의 기본적인 행복도 지켜주지 못한다. 아무리 기술적 역량이 뛰어나도 이런 회사는 변화가 상수가 된 초연결사회에서 생존 자체가 불투명하다.


## 조직을 괴사시키는 똑똑한 사람들

점진적 죽음의 행로를 가고 있는 조직이나 개인들은 공통점이 있다. 내외부 환경과의 조율을 책임지는 소통의 연결고리가 굴절되어 있거나 끊어져 있다는 사실이다. 그러다 보니 그들이 전달하는 스토리는 세상에 전혀 울림을 주지 못하는 공허한 메아리일 뿐이다. 소통이 단절되면 환경으로부터 필요한 에너지와 자원을 공급받지 못한다.

하지만 문제는 죽음의 그림자가 점점 더 다가오는 데도 그러한 단절 혹은 고립을 스스로 외면하고 부인한다는 사실이다. 그러다 보니 마음의 평화를 얻기 위해서 담장을 더 높이 쌓고, 깊숙한 곳에 은신처를 지어 피신생활을 한다. 회사도 마찬가지다. 세상과의 소통이 끊어진 조직들에 가보면, 회사는 담장을 높이 세워놓고 직원들은 그 안에 각자의 토굴을 파고 숨어 있다. 토굴을 추적해보면 정치적으로 영향력이 있는 우두머리의 은거지에 사일로silo로 연결되어 있다.

오랫동안 세상과 울림 있는 교류를 하지 못한 조직들은, 조직 전체가 직원들이 파놓은 토굴 천지다. 회사가 쌓아놓은 높은 성벽도, 직원들이 파놓은 토굴도 결국은 방어기제 역할을 한다. 이 방어기제가 작동되면 외부로부터 부정적인 피드백이 전달되어도, 그것에 대해 자신들은 문제가 없는데 주변에서 난리를 친다며 더욱 필사적으로 방어한다. 또한 자신들에게 유리한 데이터를 이용해 자신들은 문제가 없음을 적극적으로 변명한다. 그러한 방어가 잘 먹혀들어가지 않으면 "똥 묻은 개가 겨 묻은 개 나무란다."면서 문제를 외부로 돌리며 상대방을 역으로 공격한다.

토굴 속에 숨어 외부와 소통을 단절해도 영 불안감이 가시지 않으면, 험난한 세상사를 잊을 만한 소일거리를 많이 만들어 거기에 몰입하기 시작한다. 점진적 죽음의 길에 들어선 조직들에서 흔히 찾아볼 수 있는 대표적인 특징이 바로 '할 일 없이 바쁜' 현상이다.

이러한 조직에 속한 사람들은 대부분 자신이 이곳에 왜 있어야 하는지, 목적을 모른다. 그래서 조직이 무엇을 해야 환경에 가치충격을 주고, 이를 통해 에너지를 공급받는지도 알지 못한다. 방향 자체를 잃어버렸기 때문이다. 이런 점에 대해 구성원들 모두가 불안해하고는 있지만 길은 보이지 않고 그럼에도 자신들이 살아 있음을 증명해 보이기 위해서는 뭐라도 해서 바쁘게 움직이는 모습을 보여야 한다는 강박관념에 사로잡혀 있다.

잘못된 방향으로 가고 있음을 알면서도 자전거를 돌리거나 세우지 못하고, 페달 밟기를 멈추면 자전거가 넘어질까 봐 두려워서 무작정 계속 밟는 것이다. 이런 조직에서 구성원들은 뭔가에 바쁘게 매달리는 것처럼 보이지만 이미 환경과의 상호작용이 끊어진 상태이므로 열심히 움직일수록 구성원들은 더 기진맥진해지는 함정에 빠진다.

마지막으로 점진적 죽음의 길에 들어선 조직들은 결국 '집단사고'로 피날레를 장식하는 경우가 많다. '집단사고'는 우수한 사람들로 구성된 집단이 의사결정을 내릴 때 평범한 개인보다 더 비합리적인 결정을 내려 결국 조직을 실패로 내모는 현상을 말한다. 비슷한 배경을 가진 우수한 사람들로 집단을 구성할 때 생기는 아이러니컬한 현상인데, 구성원들이 우수한 사람들이라는 점이 함정이다. 스스로가 우수한 집단이라는 믿음을 가진 구성원들의 유대감은 자기방어를 공고하게 하고 환경으로부터의 단절을 증폭시키는 결과를 초래하고 만다.

집단사고는 환경으로부터 들어오는 정보보다는 집단 스스로가 만들어낸 스토리, 즉 환경과 괴리된 스토리를 더욱 맹목적으로 신봉하게 만든다. 설사 구성원 한 사람이 환경에 대한 인식에 중요한 결함이 있음을 알더라도, 이에 대한 견해를 표명할 경우 집단적 제재를 당하게 된다. 이런 조직의 구성원들은 소위 "잘나가고 있는데 괜히 평지풍파 일으키지 마라.", "그들은 우리와 정서가 다르다." 등 방어체계를 굳건히 하여 환경과의 단절을 정례화시킨다. 조금만 다른 견해를 표명해도 "긁어서 부스럼 내지 마라.", "왜 쓸데없이 일을 크게 만드느냐?", "다 좋다는데 왜 너만 그러냐?", "모난 돌이 정 맞는다." 등 비공식적·공식적 제재가 가해진다.

이와 같은 과정을 통해 조직의 목적을 찾는 본질적 과제는 뒷전으로 밀리고 구성원의 화합이 조직의 암묵적 목적이 된다. 결국 환경과의 단절은 더욱 심화되고, 이 집단의 구성원들은 자신들이 내린 결정이 주변에 크나큰 재앙을 불러일으킬 때까지도 자신들이 어떤 잘못을 하고 있는지를 깨닫지 못한다. 집단사고는 최고경영자팀과 전략기획팀 같은 파워집단이 주도하는 경우가 많다.

목적을 상실한 개인들의 상황도 비슷하다. 절연장치를 만들기 위해 높은 담장을 치고 오두막을 지어 은거한다. 끝까지 방어기제를 작동시키며 세상의 현실을 부인하다가 궁지에 몰리게 되면 '한 방'으로 모든 것을 만회하고자 한다. 결국 그 '한 방'을 원하는 개인들이 만나는 것은 사기꾼들이다. 이런 행동의 결과는 죽음을 앞당기는 것뿐이다.

## 과거의 대본을 버리고, 과거의 오두막을 떠나라

신화학자 조지프 캠벨Joseph Campbell은 '영웅 신화'들을 분석해 영웅을 이렇게 규정했다. 영웅들은 점진적 죽음에 이르고 있는 자신이나 조직의 현실을 먼저 깨닫고 오두막에서의 은둔생활을 끝내고 나와 '근원적 변화deep change'를 주도하며, 결국 자신과 조직을 죽음의 나락으로부터 구해낸다. 또한 캠벨은 근원적 변화를 통해 자신이나 조직을 구해낸 사람들의 이야기는 신화에 나오는 '영웅들의 여정Hero's Journey'과 같다는 점을 지적한다. 거기에 덧붙여 이러한 영웅 이야기는 몇몇 신화에 나오는 이야기가 아니라 급격한 시대적 변화에 적응하지 못해 죽음에 직면한 보통 사람들 혹은 일반 조직들의 문제라고도 규정한다. 다음은 캠벨이 분석한 '영웅들의 여정'에 나오는 공통된 시나리오다.[2]

일단 신화 속의 영웅은 일상의 터전인 오두막이나 성城에 안주하지 않는다. 그는 자발적으로 모험의 문턱에 들어선다. 그곳에서 그는 길목을 지키고 있는 어둠의 존재와 마주친다. 영웅은 그 어둠의 힘에 맞서 싸우기 위해 어둠의 왕국(용과의 전투, 마법의 주문 등이 존재하는)으로 들어가 죽음의 나락으로 떨어지는 고통을 이겨낸다.

이러저러해서 어둠의 왕국 문턱을 통과하면, 그는 이제 전혀 생소한 그러나 왠지 친근한 힘이 느껴지는 세상으로 들어선다. 그 힘은 영웅을 시험에 들게 하여 여행에 대한 그의 의지를 위협한다. 하지만 그가 그 수많은 위험을 뚫고 어둠의 왕국 최종 목적지에 도착

했을 때, 그 앞에는 최대의 난관이 기다리고 있다. 그리고 거기에서 마지막 전투가 벌어진다.

그는 여기서 승리하고 드디어 자신이 원하던 것을 쟁취한다. 신성한 결혼, 창조주 아버지로부터의 인정, 신으로의 승격 등이 그것이다. 아니면, 만약 어둠의 힘이 여전히 그에게 적대적인 채로 남아 있다면 그가 마주쳤던 혜택을 훔쳐서 나오는 것이 쟁취의 대상이 될 수도 있다. 가령 프로메테우스가 불을 훔친 것처럼 말이다.

이제 마지막으로 해야 할 일은 현실세계로 귀환하는 일이다. 만약 어둠의 힘이 그를 축복한다면 그는 특사가 되어 그 힘의 보호 아래 앞으로 나아갈 것이고, 그렇지 않다면 그는 쫓기게 되므로 변신, 비행 등 다양한 방법으로 탈출을 시도하지 않으면 안 된다. 초월적인 힘은 귀환의 문턱 뒤에 남겨지고 이제 영웅은 두려움의 왕국을 벗어나 당당하게 다시 현실세계로 돌아온다. 그리고 그가 가져온 불이나 불로장생의 영약으로 세상을 구한다.

캠벨의 주장대로 이와 같은 영웅담은, 적어도 20세기까지만 해도 진짜 몇몇 영웅들의 이야기였다. 누가 억만장자가 되었다느니, 전쟁을 승리로 이끌었다느니 하는 영웅의 이야기는 진짜 몇몇 영웅들에 의해서 독점되었다. 하지만 현대적 의미의 영웅은 자기 자신을 나락으로부터 구출한 사람을 말한다. 자신이 세상과 단절된 두꺼운 알 속에 있다는 것을 깨닫고 이 알껍질을 깨고 나오는 평범한 사람들의 변화 이야기이다.

세상이 초연결사회로 급격하게 변화하고 있는 상황에서는 알 속에 갇힌 자신을 구하는 문제가 우리 모두의 보편적 문제가 되었다. 경쟁에 밀려 점진적 죽음의 길에서 방향을 잃고 헤매는 사람들이 많아졌기 때문이다. 현대적 의미의 영웅담의 주인공들은 자신을 구출해내기 위해 지금 당장 근원적 변화를 시작해야 하는 평범한 사람들이다. 변화를 선도할 수 있는 사명과 목적에 대해서 숙고해가며 알에서 깨어나 세상에 '신성한 차이'를 남기려는 평범한 소小영웅들이 써나가는 이야기이다.

이러한 '영웅의 여정'은 살아생전 한 번이라도 제대로 자신이 주도하는 삶을 살아보기를 열망하는 조직 혹은 개인들의 소망이다. 거꾸로 스스로가 '영웅의 여정'을 포기한다면 우리는 필연코 자신을 오두막에 은둔시킨 채 세상으로부터 잊혀지고, 점진적 죽음의 나락으로 떨어질 것이다. 그런 운명을 선택했기 때문이다.

근원적 변화를 향한 여행을 결심한 사람들 앞에 놓인 가장 큰 장애물은 뭘까? 우리가 어떤 행동을 하거나 판단을 내릴 때 과거의 대본, 즉 '전통적 패러다임'과 주변 사람들의 대본인 '사탕발림 이야기fancy talk'에서 벗어나기가 어렵다는 것이다. 주위 사람들의 이야기나 기존 패러다임에서 벗어나 조직과 나 자신의 존재이유, 즉 목적을 중심으로 대본을 다시 써야 한다.

물론 과거의 대본이 우리의 삶을 조직화하는 데 도움이 될 수도 있다. 그러나 문제는 고전적 영웅들이 살았던 시대와 달리, 우리가 처한 지금의 환경은 감당할 수 없을 정도로 빠르게 변화한다. 환경은 롤러코스터처럼 변화무쌍한데 우리 자신은 과거의 신화만을 받들고 따른다면 어떻게 될까? 이것 역시 스스로를 죽음의 나락으로 떨어지게 만드는 선택이다. 조직 차원에서도 마찬가지다. 소위 '세계 일류'라고 자칭하던 대부분의 기업들이 무명의 중견기업들에게 너무 쉽게 일류 자리를 내어주고 추월당한다. 그들이 과거에 뿌리를 둔 고루한 대본만 읊었기 때문이다. 과거의 대본은 우리가 깨고 나가야 할 두꺼운 알껍질이다.

근원적 변화에 성공한 사람들은 모두가 변화한 환경에 울림을 주는 명확한 존재이유를 가지고 있다. 그리고 이를 구현해줄 '목적'에 대한 대본을 철저히 준비했다. 단순한 생존의 문제를 넘어서 왜 근원적으로 변화해야 하는지의 이유를 각성하고, 그것을 통해 자신을 설득시키는 대본을 만든 사람들이다.

변화가 폭풍우처럼 몰아쳐 모두가 길을 잃고 헤매는 요즘 시대에도 세상을 이끄는 변화를 만드는 사람들은 공통점이 있다. 자신의 존재이유에 대한 질문을 통해 목적에 대한 믿음을 복원했다는 점이다. 모래바람이 몰아치는 사막에서도 이들이 결코 길을 잃지 않는 이유는, 자신의 목적을 '진북true north'으로 삼았기 때문이다.

또한 이들은 과거에 이루어 놓은 기득권을 과감히 포기하고, 자신의 운명의 키를 '목적'에 맞췄다. 그리하여 '목적'에 기반을 둔 자신만의 패러다임, 자신만의 대본, 그리고 자신만의 틀을 재창조하는 데 성공했다. 자신의 존재이유를 구성하는 스토리가 세상 사람들에게 다시 소통되기 시작할 때, 세상은 이 스토리에 귀를 기울여주고 이 스토리가 구현되도록 기회를 준다. 존재의 이유는 삶을 구성하는 스토리의 핵심 주제이고, 중심 플롯이다.

모두가 열망하는 성공이란, 성공한 사람들을 따라가서는 만날 수가 없다. 세상과 소통할 수 있는 목적 스토리를 만들고, 그것을 가지고 시간을 앞서 달려가 기다려야 한다. 성공을 열망하는 사람들보다 먼저 가서, 그들에게 목적에 대한 비전을 제시하고 그들이 따라오게 길을 열어준 선구자들만 제대로 된 성공을 만난다.

이들이 성공을 거둘 수 있는 진정한 이유는 존재이유와 목적에 대한 믿음을 복원해 두꺼운 알껍질을 깨고 나와 불확실성의 망망대해에서 미래에 대한 비전으로 목적경영을 실현했기 때문이다. 시간에 앞서서 자신을 선도적으로 변화시킬 수 있는 사람들만이 초일류의 주인공이 된다. 폭풍우가 몰아치고 매일 지형이 바뀌는 모래사막과 같은 초연결사회의 디지털 환경에서는 더욱 그렇다. 목적 스토리가 인도하는 대로 자신만의 영웅 시나리오를 따라가 미래를 기다린 사람들만이 성공을 선도할 것이다.

## 목적경영, 내 이름의 의미를 발견하는 초월적 경험

조직이든 개인이든 성공하는 사람들의 공통점은, 자신이 존재하는 이유를 깨닫고 그것을 구현하기 위해 목적을 구성해내며, 거기까지 도달하는 과정에서 변화를 일으킨다는 점이다. 이들은 목적을 기반으로 다른 사람들보다 시간을 앞질러간 사람들이고, 변화라는 초월적 경험에 성공한 사람들이다. 목적경영은 자신의 과거와 현재를 넘어서 미래를 먼저 만나는 초월적 경험이다.

이 모든 것의 중심에는 존재이유를 묻는 질문과 그 대답에 해당하는 '목적'이 놓여 있다. 미래라는 시간을 추월해서 스스로 찾아낸 자기만의 목적을 '진북True North'라고 한다.[3] '진북'은 일반적으로 자석이 가리키는 북쪽(자북)과 다른 진짜 북쪽을 말한다. 모두가 자석이 가리키는 북쪽이 진짜 북쪽이라고 주장해도, 나는 나 스스로가 찾은 북쪽 방향을 '진북'이라고 여기는 것을 은유하는 것이다.

이 진북에는 자신이 생계를 넘어서 생존해야 하는 '미래의 스토리'가 담겨 있다. 과거와 현재라는 오두막에 은둔해 살다가 이 진북으로부터 부름을 받은 상태를 '소명calling'이라고 한다.[•4] '소명'은 자신이 살던 오두막에서 나와서 미래를 찾아 여행을 떠나는 초월적 경험이다. 소명은 여행자의 마음을 흔든다. 나만의 진북을 찾아 여행을 떠난다는 것은, 내 이름의 고유한 의미를 찾아가는 제2의 탄생을 의미하기 때문이다.

우리는 모두 태어나자마자 이름을 갖지만, 막상 살면서 내 이름의 의미를 모른 채 살곤 한다. 내 이름의 의미를 발견하는 여행이라는 점에서 '소명에서 목적'에 이르는 길은 '고유명사화'의 과정이다.

> • 딕Dik과 더피Duffy는 종교적 관점과 세속적 관점을 결합하여 소명을 "자신을 넘어선 것에서 비롯되는 초월적 부름transcendent summons에 부응하여, 삶의 특정 역할에 대해 목적과 의미를 발견하고, 타인 지향적 가치와 목적을 주요한 동기로 삼아 하는 일"로 정의했다.

목적경영이 완수되는 과정을 근원적 변화를 위한 기승전결의 과정으로 본다면 소명에서 목적으로의 과정은 시작인 '기'인 셈이다.

소명calling은 사명mission과 다르다. 소명이 목적으로부터 부름을 받아 자신을 넘어서는 초월적 체험에 가슴 떨림을 느끼는 상태라면, 사명은 아직 실현되지 못한 목적을 현실에서 실제로 구현하는 과정을 말한다. 자신만의 진북을 찾는 것을 '고유명사화'로 지칭한다면, 이것을 실현하기 위해 행동하는 상태를 사명이라고 칭한다.

소명에서 목적에 이르는 길이 '고유명사화'의 과정이라면 목적에서 사명에 이르는 길은 행동을 불러일으키는 '동사화'의 과정이다. 사명의 핵심은 목적에 이르는 과정에 존재하는 장애들을 극복하는 혁신이다. 물론 어려운 상황에서도 장애를 극복하는 혁신의 동력은 목적에 대한 믿음으로부터 나온다.

목적실현을 위해 극복해야 하는 어려움은, 이유가 있는 신성한 도전이다. 개인의 영달을 위해 어려움을 극복하는 문제라면, 사람들은 어려운 상황에 처했을 때 자신과 타협하거나 쉽게 포기하지만, 신성한 이유를 가진 도전은 쉽게 포기하지 못한다. 또한 이 어려움을 극복하기 위한 방식은 기존에 알려진 방식을 넘어서는 혁신적인 방식이다. 혁신은 어떤 일이 있어도 해결해야만 하는 절박하고도 강력한 이유가 있을 때 실현된다. 신성한 도전은 목적경영의 기승전결 중 본격적으로 혁신의 임무를 수행하는 '승'에 해당한다.

목적에 대한 믿음이 혁신으로 이어지고 이 혁신의 성공사례가

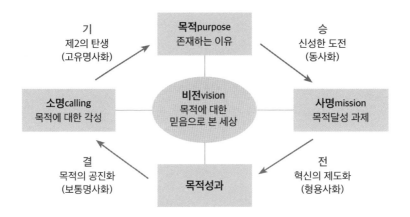

| 그림 3 | **목적경영을 위한 여행지도**

**기**
제2의 탄생
(고유명사화)

**목적**purpose
존재하는 이유

**승**
신성한 도전
(동사화)

**소명**calling
목적에 대한 각성

**비전**vision
목적에 대한
믿음으로 본 세상

**사명**mission
목적달성 과제

**결**
목적의 공진화
(보통명사화)

**목적성과**

**전**
혁신의 제도화
(형용사화)

제도화되면 지속적으로 성과가 나온다. '혁신의 제도화'는 사명을 달성하는 과정에서 완성된 혁신이 구성원과 조직에 시스템과 문화로 뿌리를 내리는 과정이다. 비즈니스 모델의 파이프라인이 완성되는 것이다. 비즈니스 모델로 혁신이 제도화되면 그때 비로소 목적이 자기만의 고유한 모습을 드러낸다.

'목적'이라는 씨앗이 뿌리를 내리는 과정이 '사명'의 과정이라면, 사명에서 성과가 나오는 과정은 이 뿌리로부터 줄기가 자라고 꽃이 피고 열매가 맺히는 과정이다. 사명에서 성과의 과정을 통해 목적은 비로소 자신의 모습을 드러낸다. 이 과정은 목적이 '자기다움'을 구현해 '형용사화'되는 과정이다.

이처럼 혁신의 제도화를 통해 도출된 성과는 생존을 위해서 만들어진 생계형 성과와는 차원이 다른 '목적성과'다. 지속가능한 성과가 나오는 것은, 모두 성과가 목적과 연동되어 있기 때문이다. 혁신을 제도화해 목적성과를 만들어내는 과정은 목적경영의 기승전결 중 '전'에 해당된다.

목적경영의 마지막 과정인 성과로부터 소명으로의 과정은, 도출된 성과들이 목적을 구현하는 목적성과인지를 확인해서 소통하는 과정이다. 성과는 목적을 검증해서 믿음으로 바꾸는 일을 한다. 목적대로 진행했더니 성과가 나왔다면, 사람들은 이 목적에 대해 믿음을 갖기 시작한다. 성과에서 소명으로 이어지는 과정은, 이 믿음의 수확물을 거두어들이고, 이 믿음들이 변화한 환경에서도 미래를 선도해 지속가능한 성과의 씨앗으로 작동할 수 있는지를 확인하는 과정이다.

성과를 내기 위해서는 제도화가 반드시 필요하지만, 제도화가 되면 세상의 변화를 따라가지 못한다는 문제가 있다. 따라서 올바른 목적에 대한 믿음을 기반으로 혁신을 제도화하는 데 성공하고, 거기에서 성과를 거두어들였다 하더라도, 세상은 이미 또 다르게 변화했을 수 있다. 기존의 목적이 제도화의 감옥에 갇혀서 세상의 변화의 흐름을 읽지 못한다면, 목적에 대한 믿음은 죽은 믿음으로 전락한다. 지금까지 성공적으로 성과를 이끌어낸 목적이라 하더라도 세상의 변화에 맞추어 공진화할 수 있어야 살아 있는 목적으로 생장한다.

제도화의 감옥에서 목적을 꺼내 변화한 세상에 맞게 공진화시키는 일이 목적경영을 성공시키기 위한 마지막 관문이다. 마지막 관문을 통과해 목적이 세상과 공진화하고 성과가 지속적으로 창출된다는 것은, 회사의 제품과 서비스가 구성원과 고객을 포함해 많은 관련자들에게 보편적 가치를 전달해 '보통명사화'되는 것을 의미한다.

지금까지도 작동되었고 미래에도 작동될 수 있는 공진화되는 목적에 대한 믿음은, 구성원들의 소명의식을 더욱 강화시킨다. 공진화된 목적은 구성원과 주주, 고객뿐 아니라 공동체의 구성원에게도 스토리텔링이 되어 새로운 변화의 플랫폼으로 작용한다. 목적의 공진화를 완성시키는 과정은, 목적경영의 기승전결 중 변화의 완성에 해당되는 '결'에 해당된다.


## 제품과 서비스에 '목적'을 녹여 팔 수 있는가?

이제까지 기업이 목적경영을 통해 변화를 완성하는 과정을 '기승전결'로 나눠서 설명했다. 기승전결의 과정은 과일나무를 심고 키워서 과수원으로 일구는 과정과 비슷하다. 시작에 해당되는 '기'는 과일나무의 씨앗을 찾는 과정이고, '승'은 씨앗이 뿌리를 내리도록 돕는 과정이며, '전'은 과일을 수확할 수 있도록 나무를 건강하게 키우는 과정이다. '결'은 여기에서 얻어진 결실인 과일을 맛보고, 그에 대한 평가를 통해 더 맛있는 과일나무로 개량해 과수원을 만드는 것, 그리고 그 과수원에서 기른 과일들을 맛보기 위해 멀리서도 사람들이 찾아오게 만드는 과정에 비유해볼 수 있다.

목적경영의 시작에 해당되는 '기'의 과정은 '제2의 창업' 과정과 관련되어 있다. 소위 세계 일류기업이라고 알려진 모든 기업들은, 세속적으로 생존을 위해 돈을 벌었던 단계를 넘어서 기업이 존재해야 하는 이유를 발견해 '제2의 창업'을 경험한다. 가령, 삼성그룹이 다시 태어난 것은 이건희 회장과 삼성전자 임원들이 같이 떠난 프랑크푸르트로의 소명여행을 통해서다. 이 여행을 통해 그들은 '삼성의 신경영'을 발견했고, 그것은 삼성의 제2의 출생신고와 다름없었다. 일본의 경영의 신으로 추앙되는 파나소닉의 마쓰시타 고노스케는 회사의 목적을 발견한 날을 공식적인 창립기념일로 정했다. 또한 고급 모터사이클의 대명사 할리데이비슨은, 생계형 성과를 추구하다 망할 지경에 처한 회사를 구성원들이 다시 사들인 날이 제2의 탄생일이다.

이 세 회사들은 회사의 존재이유인 목적을 발견하자마자 이 목적을 실현시키는 사명과제인 신성한 도전에 착수했다. 목적경영의 기승전결 중 '승'의 과정을 시작한 것이다. 이건희 회장의 사명과제는 반도체 산업을 일구는 것이었다. 할리데이비슨의 사명과제는 오토바이에 말발굽 소리를 재현해 라이더들에게 자연 속을 여행하는 듯한 자유로움을 체험하게 하는 것이었다. 마쓰시타 고노스케는 좋은 전기제품을 만들기 이전에 사람을 길러내는 회사를 만드는 것을 사명과제로 설정했다. 사람을 길러내기 위해 불황이 와도 구성원을 해고하지 않고, 구성원 자신이 일을 통해 스스로를 성숙시킬 수 있어야 한다며, 마쓰시타 고노스케는 그런 회사를 만드는 것을 사명으로 생각하고 실천했다.

이 세 회사는 혁신과 실험을 거듭해 결국 사명과제를 성공시켰다. 이들이 혁신을 성공시킬 수 있었던 이유는 목적에 대한 한결같은 믿음 때문이다. 이들 모두가 사명과제를 통해 도출한 혁신을 제도화해 업계를 선도하는 기업으로 다시 태어냈다. 자신들의 존재이유를 세상에 제대로 드러내고 표현한 회사가 된 것이다. '혁신의 제도화'를 통한 성과도출은 목적경영의 기승전결 중 '전'의 과정을 완수한 것이 된다.

지금까지 이 세 회사들은 자신의 목적을 기반으로 시간보다 먼저 가서 미래를 기다리는 데 성공했다. 하지만 이 세 회사가 앞으로 어떤 운명을 맞이할지는 목적경영의 마지막 단계인 '성과에서 소명으로'의 단계를 완성할 수 있는지에 달려 있다. 시대에 맞는 새로운 목적을 진화시켜 그것으로 조직을 선순환시킬 수 있는지가 핵심이다.

모든 성공은 필연적으로 제도화의 감옥을 수반한다. 지금까지의 성공 때문에 이미 제도화의 감옥에 갇혀 있는 경우가 대부분이다. 이런 회사들의 미래는 목적을 살려내 세상과 공진화시킬 수 있는지에 달려 있다. 삼성은 반도체와 스마트폰의 성공에 갇히지 않고 미래를 선도할 수 있는 새로운 목적을 설정하고, 그에 걸맞은 사업을 진화시킬 수 있는지가 관건이다. 파나소닉은 저물어가는 전자사업의 위기를 극복하고 새로운 업業의 개념을 도출해, '사람을 길러내는 회사'라는 본래 목적을 살려내고 유지할 수 있는지가 관건이다. 또한 할리데이비슨은 핵심 소비자로 등장한 밀레니얼 세대들에게 자신들이 추구하는 목적인 '자유로움에 대한 체험'을 어떻게 어필할 수 있는지가 관건이다.

이런 성찰을 통해 목적을 세상에 맞추어 공진화시키지 못한다면 큰 성공을 거둔 후 허망하게 사라져버린 수많은 회사들처럼, 이 세 회사의 운명도 지금까지의 성공을 뒤로하고 역사의 뒤안길로 사라질 것이다. 어떤 회사라도 조직의 목적이 세상과 공진화하는 한 구성원들은 이 목적에 대해 가슴 떨림을 체험하는 소명을 유지한다. 목적을 세상과 공진화하게 만드는 과정은 제2의 탄생과는 다른, 새로운 차원의 탄생이다. 목적에 대한 믿음의 알을 깨고 나오는 탄생이기 때문이다. 한때 대단한 성공을 구가했던 대부분의 기업들은 이 단계에서 알을 깨지 못해 죽었다.

목적경영으로 가는 기승전결 여정의 본질은, 세속적 자신을 넘어서는 초월적 체험이다. 구성원이 자신의 편안한 은신처를 떠나 존재이유를 찾아 여행을 떠나는 것도 초월적 체험이고, 목적에 대한 믿음을 검증받는 시험대에 서서 사명을 완수하는 것도 초월적 체험이다. 이 모든 것이 목적이 아니라 개인적 영달을 위한 것이라면 결코 완수할 수 없는 일들이다.

사명으로 혁신을 일궈내고, 그 혁신을 제도화해 변화를 완성하는 것 역시 초월적 체험이다. 이렇게 만들어진 변화가 많은 사람들에게 새로운 체험과 떨림을 제공한다면, 목적 있는 삶의 기반을 완성하는 초월적 체험을 한 것이다. 목적에 대한 믿음을 공진화시키는 데 성공한다면, 기업은 목적을 자신의 제품과 서비스에 녹여내 팔 수 있는 목적기업으로 다시 태어난다. 목적기업으로 인정받는다는 것은, 기업으로서는 최고의 초월적 체험을 한 것이고 시간의 검증을 통과한 '100년 기업'의 토대를 마련한 것이다.


## 주인의 운명, 노예의 운명

세계적인 작가 파울로 코엘료는 장편소설 《연금술사》에서 자신만의 목적인 '진북'을 찾아 길을 떠난 개인적 삶의 여정 대한 깊은 통찰을 보여준다.[5] 이 책은 자신만의 진북인 '마음의 목소리'에 귀를 기울이는 삶이 얼마나 중요한지를 깨닫게 해주고, 삶의 목적지인 진북과 대면하고자 하는 개인들에게 '목적경영'에 대한 축복의 메시지를 전한다.

주인공 산티아고는 책을 좋아하는 양치기 청년이다. 산티아고는 며칠째 계속 반복되는 꿈을 꾸는데, 양과 함께 놀던 아이가 자신의 손을 잡아끌더니 이집트 피라미드로 데려가는 꿈이다. 그러던 어느 날, 책을 읽고 있는 그 앞에 한 노인이 홀연히 나타나 산티아고가 가지고 있던 양의 10분의 1을 주면 피라미드에 묻혀 있는 연금술의 보물을 찾는 길을 가르쳐주겠다고 제안한다. 그때 행운의 표시인 나비 한 마리가 팔랑거리며 두 사람 사이로 날아 들어왔고, 산티아고는 운명처럼 노인에게 값을 치르고서 금으로 된 흉패 한가운데 박혀 있던 흰색과 검은색 보석 '우림과 둠밈'을 받아든다. 그리고 연금술을 찾기 위해 정처 없는 여행길에 몸을 싣는다.

산티아고에게 연금술은 단지 철이나 납을 금으로 바꾸는 신비로운 작업을 의미하는 것이 아니다. 진정한 연금술은 만물과 통하는 우주의 언어를 꿰뚫어 궁극의 '하나'인 자신만의 삶의 목적, 즉 진북에 이르는 길이다. 그 길은 각자의 참된 운명, 자아의 신화를 써내려가는 삶을 사는 것이다. 마음은 늘 우리에게 말한다. "자아의 신화를 살라." 산티아고에게 연금술은 자신의 삶의 목적을 상징하는 진북이다.

연금술을 찾아가는 길에 산티아고는 여러 표식들을 만난다. 이 표식은 자신만의 연금술에 대한 간절한 염원을 간직한 사람들에게만 보인다. 이 표식은 진북을 찾아나서는 사람들에게 없어서는 안 될 나침반의 역할을 수행한다. 연금술의 표식을 발견해 자신을 넘어서는 초월적 경험을 하는 것은 소명이다.

길에서 만난 노인이 "이방인이 낯선 땅에서 무엇을 하고 있는가?" 하고 물었을 때, 산티아고는 "자아의 신화를 찾으러" 왔다고 대답한다. 노인은 "자아의 신화를 이루어내는 것이야말로 이 세상 모든 사람들에게 부과된 유일한 의무"라며, "자네가 무언가를 간절히 원할 때 온 우주는 자네의 소망이 실현되도록 도와줄 것이네."라고 말한다. 이제 어떻게 해야 하느냐고 산티아고가 묻자 노인은 이렇게 대답한다. "피라미드가 있는 방향으로 계속 가게. 그리고 표지들에 주의를 기울이게. 그대의 마음은 이제 그대에게 보물을 보여줄 수 있게 되었으니."

산티아고는 마음의 속삭임에 귀를 열고 길을 떠나 궁극적으로 연금술사를 만나고 자신의 보물을 찾기까지 극적이고 험난한 여정을 경험한다. 이 여정은 연금술사의 고로高爐에서 진행되는 실제 연금술의 과정과 비슷하다. 책은 연금술을 찾아 나서는 과정에서 수많은 시험에 들 것임을 예고한다. 이 시험은 진북에 이르는 길에서 만날 큰 시험에 앞서서 예비시험을 보는 것과 같다. 따라서 이 예비시험들을 포기하지 않고 통과해 자신을 더욱 단련시키면, 진북을 찾아나서는 여행을 끝내 완수할 힘의 원천이 된다.

시험은 연금술로 은유되는 목적에 대한 간절함을 테스트하는 것이다. 목적에 대한 믿음을 시험받고 이것을 통과하는 과정이 곧 사명의 과정이다. 사명의 과정은 시행착오를 통해 혁신을 낳는다. 화학자들이 연금술을 찾는 과정에서 만들어낸 것이 현대의 화학 아닌가? 수많은 시련 속에서 연금술을 찾아가는 노력을 게을리했다면 현대의 화학은 탄생하지 않았을 것이다. 현대 화학은 연금술이 만들어낸 목적성과의 결과물이다.

목적을 향해 나아가는 길에서 우리가 만나는 '시험'은 그 길에서 배운 가르침을 정복하게 해준다. 하지만 책에 나오는 이야기처럼, 사람들은 '오아시스의 야자나무들이 지평선에 보일 때' 탈진해 죽는다. 어쩌면 무언가를 찾아나서는 도전은 언제나 '초심자의 행운으로 시작해 반드시 가혹한 시험'으로 끝맺는지도 모르겠다.

젊은 시절에는 누구나 자신만의 신화를 찾아나서는 청년의 삶을 산다. 그러다 나이가 들고 어느 정도 혁신을 통한 성취를 이루면 자신의 신화를 잃어버리고 만다. 연금술을 따라가서 만든 성과에 만족하는 삶을 살기 시작해서 삶이 제도화의 덫에 걸려들었을 때, 목적경영의 여정은 마무리되지 못하고 종지부를 찍는다. 일상화된 세속적 삶으로 다시 회귀하는 것이다.

'성과에서 소명으로' 가는 행로의 핵심은, 성취한 사람들에게 필연적으로 다가오는 제도화의 철창을 벗어날 수 있느냐다. 결국 제도화의 철창이 가져다주는 나쁜 기운을 넘어서는 사람들만이 목적으로의 여행을 완수할 수 있다.

자신만의 진북을 찾아 나서기로 결심했다면, 신화 속 영웅이 아니더라도 똑같이 험난한 여정을 경험하게 된다. 진북을 찾아가는 여행에 대한 믿음이 굳건하면 굳건할수록, 우주든 주위 사람이든 우리에게 다양한 방식으로 표식을 전해줄 것이다.

사람들은 목적에 대한 표식을 잃어버리는 순간 다른 사람들이 만들어놓은 운명의 노예가 된다. 자신의 삶을 잃어버리고 남의 운명을 지배하는 사자의 삶에 몰입하거나 혹은 남의 운명에 종속되는 낙타의 삶에 빠지는 것이다. 자신의 존재이유를 찾아 여행을 떠난다면 우리 같은 평범한 사람들도 초월적 경험을 하게 될 것이다.

**7**

# '제2의 탄생'을 경험했는가 : 소명에서 목적으로

우리 삶에서 가장 중요한 두 날은 세상에 태어난 날과
자신이 왜 태어났는지 알게 된 날이다.

― 마크 트웨인

## 내가 왜 태어났는지 알게 된 날

목적경영을 위한 첫 여정은 '소명에서 목적으로'의 여정이
다. '목적purpose'은 자신의 존재이유에 대한 답이고, '소명calling'은
이 목적을 구현하기 위해서 부름을 받은 상태를 말한다.[1] 목적을
깨닫는다는 것은 생존을 넘어 내가 세상에 태어난 이유를 알게 되
는 또 한 번의 탄생을 의미한다. 내가 세상에 태어난 이유를 깨닫
고 주인공이 되어 목적을 실제로 구현하는 과정은, 삶을 마무리하
는 임종의 순간까지 계속된다. 완성된 목적은 나의 족적에 대한 스
토리가 되어 후세에게 전해진다. 후세 사람들이 이 목적 스토리를

플랫폼으로 삼아 각자의 목적을 추구하며 삶을 진화시켜 나간다면 내 삶의 목적은 지속적인 생명력을 획득한 것과 같다.

'목적'과 '목표goal'는 다르다.[2] 가장 큰 차이는 목표는 시간을 따라가며 더 큰 표적을 만드는 것인 반면, 목적은 시간을 앞서가서 미래를 기다리기 위해 만드는 것이다. 시간과의 관계에서 목표는 시간을 따라가며 '앞을 전망하는looking forward' 방식을 택하는 반면, 목적은 시간보다 먼저 가서 기다렸다가 만나는, 즉 '뒤를 돌아보는looking backward' 방식을 택한다.

진정한 미래는 뒤따라가서 만날 수 있는 것이 아니다. 목적을 가지고 먼저 가서 기다려야 만날 수 있는 것이다. 미래를 제대로 만나기 위해서 필요한 것은 목표가 아니라 목적이다. 어떤 비전이나 큰 목표를 달성했을 때 거기 머물지 않고 그다음 목표나 비전에 도전하는 이유는 더 큰 목표나 더 큰 비전 때문이 아니라, 시간을 앞서가 기다리고 있는 목적에 대한 믿음 때문이다.

목표는 목적을 따라잡기 위한 '중간 기착지'일 뿐이지 '최종 종착지'는 아니다. 사람들이 살면서 가장 크게 혼동하는 것이, 바로 이 중간 기착지인 목표를 달성하고서 최종 종착지인 목적에 도달했다고 생각하는 것이다. 삶의 의미를 상실하고 정신의 아노미를 겪는 사람들은, 이 목표와 목적을 혼동하고 있다.[3]

이러한 혼돈과 무질서는 삶의 방향성, 즉 '목적'이 없어서 생기는 것이다. 살아남기 위해 생계형 목표를 설정해 무작정 열심히 달린다. 목표를 목적으로 착각하고, 목표를 따라가면 언젠가는 목적을 만날 수 있을 거라고 생각한 것이다. 그러다 어느 순간 길을 잃고 혼란에 빠진다. 목표를 목적으로 혼동해 삶을 거꾸로 살고 있는 사람들이 겪는 고통이 아노미이다.

## 갑자기 큰 성공을 거둔 사람들의 비극

시간을 앞서 만들어놓은 '목적'의 가이드 없이, 그저 생계를 위해 하루하루를 살아온 사람들에게 생계 문제가 한 방에 해결되면 어떤 일이 발생할까? 이는 복권당첨자들의 삶을 추적해보면 알 수 있다. 수많은 사람들이 일확천금의 기회, 즉 복권당첨을 꿈꾼다. 돈에 관한 평생의 목표가 한 방에 달성되기 때문이다. 복권당첨자의 여생은 이런 경우에 어떤 결과가 발생하는지 추정해볼 수 있는 이상적인 사례다.

실제로 복권당첨처럼 갑자기 떼돈을 번 사람들은 빈털터리라는 결말을 맞이했다. 이는 많은 언론들이 복권당첨자들의 삶을 추적해 얻은 공통적인 결론이다. 소송에 휘말리거나, 돈을 노리고 접근한 친지들의 음해에 시달리는 것은 보통이고 도박, 약물 등에 빠져 삶을 마감하거나 심지어 자살하는 경우도 많았다.[4]

그들은 왜 이런 파국을 맞이할까? 삶의 중심을 지탱해주는 존재이유, 즉 '목적'이 원래부터 없었기 때문이다. 아니면, 이들은 돈이라는 목표를 끝까지 따라가다 보면 목적이 보일 것이라고 믿었을 것이다. 하지만 어느 정도의 돈을 벌겠다는 것은 목표goal가 될 수 있어도, 그것 자체가 목적purpose일 수는 없다. 앞에서도 말했듯이 '목적'은 시간을 앞서가려는 의도가 개입되어야 발현되기 때문이다. 돈 자체에는 의도가 있을 수 없듯이 목표 자체에는 의도가 없다. 돈을 많이 버는 것이 '목적'이라고 주장한다면, 이는 의도가 아니라 탐욕일 뿐이다.

자신만의 삶의 목적이 없는 상황에서 복권에 당첨되었다는 소문이 돌기 시작하면 기상천외한 스토리를 가진 사람들이 찾아와서 그 스토리를 팔아가면서 "돈 좀 빌려달라."고 요청하기 시작한다. 그리고 이들은 고도의 사기꾼들인 경우가 많아서 쉽게 당해낼 수가 없다. 결과적으로 길을 잃게 되는 것이다.

운동선수, 연예인 등 갑자기 큰 성공을 거머쥔 사람들도 비슷한 운명을 맞이한다. 이들의 성공은 희랍신화에 나오는 이카로스의 날개와 닮았다. 이카로스가 크레타 섬의 미궁을 탈출하기 위해서 만들었던 그 날개 말이다.

이카로스는 아버지 다이달로스와 크레타를 탈출하기로 결심하고 새의 깃털을 모아 실로 엮고 밀랍으로 붙여 날개를 만든다. 다이달로스는 아들 이카로스에게 날개를 달아주며 너무 높게도, 너무 낮게도 날지 말라고 경고한다. 높게 날면 태양의 열에 의해 밀랍이 녹고, 반대로 너무 낮게 날면 깃털이 바다의 물기에 젖는다. 그러면 계속 날 수가 없다. 다이달로스는 이카로스에게 항상 하늘과 바다의 중간으로만 날아야 한다고 단단히 주의를 주었다.

드디어 미궁을 탈출하는 날, 다이달로스와 이카로스는 날개를 달고 하늘로 날아올랐다. 성공적으로 날게 되자 이카로스는 조금 더 높이 날고 싶은 욕망을 이길 수가 없었다. '조금만 더 높이…'를 되뇌면서 태양을 향해 날아오르자 어느 순간 태양의 뜨거운 열에 의해 깃털을 붙였던 밀랍이 녹아내렸고, 이카로스는 바다에 떨어져 죽고 말았다. 이카로스에게 태양은 탐욕과 욕망을 상징한다. 돈을 인생 최고의 목표로 삼고 있는 사람들에게 복권이나 대박은 밀랍으로 만든 날개다.

이와 같은 이카로스의 날개가 적용되는 또 다른 영역이 있다. 바로 유전자 복권당첨자들이다. 내가 어떤 부모 슬하에 태어나는가는 전적으로 운이다. 이런 점에서 모델급 외모를 타고났거나 비상한 머리를 가지고 태어난 것은 유전자은행이 운영하는 복권에 당첨된 것과 같다. 이 은행에서 아무리 써도 마르지 않는 복권당첨금을 타가면서 인생을 편하게 사는, 한마디로 운이 억세게 좋은 사람들인 것이다.

그런데 유전자복권에 당첨된 장본인들은, 자신들의 성공을 스스로 일군 것이라고 주장하고 싶어 한다. 억세게 운이 좋아서 복권에 당첨된 것이 아니라, 자신이 남들과 달리 특별하기 때문에 그런 기회를 얻었다고 믿고 싶어 한다.

자신이 모든 것을 일구었다고 스스로도 믿고 주위 사람들도 믿게 되면, 마치 세상을 다 통제할 수 있을 것 같은 부풀어진 권능감을 가지게 된다. 그리고 어느 순간 이것이 통용되어 주위로부터 '엄친아'니 뭐니 하는 칭찬까지 받게 되면, 그의 자긍심은 탐욕을 통제하지 못해 자만심으로 변한다. 자만과 탐욕이 거인처럼 커지면 결국 그로 인해 추락하는 운명에 처한다. 탐욕과 자만으로 태양을 향해 도전하다 추락하는 이카로스처럼 말이다.

특히 '비상한 머리'라는 복권에 당첨된 사람들이 이런 불운의 당사자가 될 개연성이 높다. 머리 좋은 것은 눈에 쉽게 드러나지도 않고, 아무리 머리가 좋아도 스스로 공부를 해야 좋은 성적을 낼 수 있기 때문이다.

이 점을 이용해 '비상한 머리' 복권당첨자들은 자신의 노력이 가미되었다는 점을 과도하게 포장하고 싶은 욕망에 시달린다. 머리가 좋으면 똑같은 시간을 공부해도 더 좋은 성과를 낼 것이 분명하지만, 일단 성과를 내면 이 모든 것을 자신이 일구어낸 것이라 주장해도 큰 문제가 생기지 않기 때문이다. 게다가 주변 사람들은 공부를 잘하는 아이에게 칭찬만 해준다. 그는 늘 칭찬만 받으며 살아왔기 때문에 어른이 되어서도 탐욕과 자만을 통제하지 못하고 기고만장해지기 쉽다. 그러면 결국 이카로스 신세가 된다.


스스로 빛을 생성하지 못하는 금성이나 화성, 목성, 북극성과 같은 별들 혹은 별자리들이 빛나는 이유를 아는가? 바로 태양이 이런 행성들을 비춰서 그 빛이 반사되기 때문이다. 삶의 존재이유, 즉 목적은 욕망과 탐욕으로 이글거리는 태양과 같은 항성이 아니라 항성이 도와주어 빛나는 행성을 닮았다. 스스로 빛나는 태양을 열망하고 날아오르는 이카로스는 추락하는 운명을 벗어날 수 없다.

이들은 꿈 너머에 있는 목적의 북극성을 찾아 날아가기보다는 자신의 욕망을 실현시키기 위해 태양을 향해 날아오른 사람들이다. 진북을 찾아 길을 떠난 사람들이 길잡이로 삼은 것은 북극성과 같은 행성이다. 이들은 우리가 목적에 대해 길을 잃고 방황할 때 기꺼이 나침반이 되어준다.

목적이 아니라 목표만을 추구하며, 좀 더 큰 목표를 향해 날아오른 기업들도 이카로스처럼 추락하는 운명을 맞았다. 이들은 이카로스처럼 큰 목표에 도달한 후 하나같이 추락했다. 노키아, 엔론, 소니, 코닥 등도 한때는 모든 기업들이 부러워하는 엄친아 기업들이었다.

이들과 달리 지속가능한 성과를 내고 있는 100년 기업들은, 큰 목표들이 모두 목적을 향하고 있고, 처음부터 지금까지 목적에 대한 방향성을 잃지 않았다. 이들은 목적을 먼저 정해놓고 목표를 기다린 사람들이다. 이들은 자신만의 목적인 진북에 대한 강한 믿음을 가지고 있다.

가령, GE는 디지털 혁명으로 치닫고 있는 혼돈의 세상 속에서 스마트 제조업의 표준을 만들어 제조기업들을 다시 부활시키는 일을 자신들의 진북으로 정했다. 코닝Corning은 유리공예의 아름다움을 통해 삶을 윤택하게 만들고자 하는 진북을 가지고 있다. IBM은 ICT 서비스를 통해 기업들이 디지털 정보기업으로 성공적으로 전환하는 것을 돕고 있다. 3M은 창의성으로 세상에 혁신의 표준을 세우는 진북을 가지고 있고, BASF는 사기업으로서 세상 모든 화학의 발상지 역할을 한다는 진북을 가지고 있다. 지멘스Simmens는 제조업에 호기심을 불어넣어 살려내는 목적기업의 역할을 수행한다. 히타치는 제어장치의 조화로움을 구현하는 진북을, 보쉬Bosch는 공구의 명장 역할을, 듀폰Dupont은 행복을 위한 과학적 솔루션을 만드는 기업의 역할을 수행한다.

이런 진북에 대한 믿음이 이들로 하여금 시간을 앞서가게 만들었고, 진북을 나침반으로 삼은 100년 동안 길을 잃지 않고 지속적인 성과를 만들어내게 했다. 100년 기업으로의 도약에 예약번호를 받아둔 SAS, 아마존, 사우스웨스트 항공Southwest Airlines, 구글 같은 회사들도 공통된 행보를 보이고 있다. 목적의 가이드 아래 경영목표를 달성해왔다는 점이다.

## "그게 바로 너답게 사는 거야!"

과학적 진리와 달리 인간에게 진실이란 자신의 본질에 대해서 알고 이 본질에 맞추어 삶을 구성하는 것이다. 철학의 태동기에 그리스 철학자들은 진리를 구하기 위해 우주의 근원에 대한 물음을 주로 던졌는데, 소크라테스는 이와는 반대로 "너 자신의 본질을 알라."는 언명을 남겼다. 우주의 근원이 아닌 자신의 근거에 대한 물음으로 철학의 방향을 바꾼 것이다. 이런 점에서 소크라테스는 내면의 진실을 탐구한 철학의 시조라고 볼 수 있다.

사실 소크라테스는 땅딸막한 키에 튀어나온 눈, 들창코로 묘사된다. 그러나 이런 추한 외모와 달리 그의 내면은 당대의 어느 누구보다 더 아름답고 훌륭하고 곧았다. 소크라테스 자신도 아테네 시민들에게 인간 내면에 대한 근원적 질문을 던짐으로써 이들의 아름다운 심성을 개선·발전시키는 것이 신이 자신에게 부여한 소명이라고 믿었다.

소크라테스 철학의 핵심은, 스스로가 자신의 본질에 대해 무지한 사람임을 깨닫는 순간 인간은 진리에 가까워질 수 있다는 것이다. 소크라테스는 근원에 대한 본질적 물음을 통해서 스스로를 막다른 벽 앞에 몰아넣는 것이 자신을 근원으로부터 조망할 수 있는 유일한 방법이라고 보았다. 이렇듯 소크라테스는 진실한 내면과 다른 모습을 가지고 있는 외면 간의 차이에 대해 성찰했고, 그것을 통해 자신의 본질적인 모습을 찾아가는 철학의 원조가 되었다.

현대에 들어서 인간의 참된 본질에 대한 질문은 '실존철학'에 의해 재조명되기 시작했다. 실존주의란, 실제로 존재하는 인간의 모습은 무엇인가에 대한 물음에 답하기 위한 철학이다. 키에르케고르는 인간의 실존적 모습을 '신 앞에 단독자로 서 있을 때의 모습'으로 이야기했고[5] 니체는 '삶을 가로막고 있는 모든 것으로부터의 우매함을 떨쳐버리고 인간이 주체적이고 창조적인 모습을 회복했을 때의 모습'을 인간 실존의 모습으로 보았다.[6]

하이데거는 인간의 진실한 모습을 이해하기 위해 '현존재'라는 개념을 도입했다.[7] 현존재란 자신의 존재를 성찰하여 이해하고 있고, 이 존재가 다른 것에 대한 관심을 통해서 자신의 존재를 드러내기도 하며, 또한 자신은 필연적으로 죽게 된다는 시간적 유한성 속에서 자신만의 담론을 만들어가는 존재라고 보았다.

사르트르는 실존주의적 휴머니즘에서 인간은 스스로 자유롭게 자신의 운명을 선택하고 개척해가는 존재로 규정했다. 사르트르의 '존재는 본질에 앞선다.'는 언명은 인간의 주체성을 강조하는 실존 철학의 주장을 마지막으로 집대성한 것이다.[8]

사물은 태어날 때 어떤 목적을 염두에 두고 이 세상에 태어난다. 즉 본질에 해당되는 목적이 존재에 앞선다. 하지만 인간이 어머니 뱃속에서 나와 세상에 던져질 때, 어떤 목적, 즉 본질이 정해진 채 던져지는 경우는 없다. 세상에 존재로 먼저 던져지고, 자신이 왜 이 세상에 던져졌는지에 대한 이유이자 본질을 찾아가는 여정이 바로 삶인 것이다. 다시 말하면, 인간은 용도를 가진 사물처럼 어떤 목적을 염두에 두고 만들어진 존재가 아니다. 그보다는 삶이 목적을 주체적으로 선택하도록 만들어진 존재다.

인간은 목적은 행동에 의해 선택되기 때문에 사유보다는 행동이 강조된다. 또한 인간은 각자 자신의 목적을 선택해야 하기 때문에 그 책임도 자신에게 있다. 한마디로 사르트르는 인간의 참모습을, 이미 만들어진 목적에 따른 삶을 살기보다는 자신의 운명을 스스로 선택해서 개척해 나가는 주체적·실천적 인간에서 찾았다.

목적이 정해지지 않은 인간들이 존재를 구현하는 것은, 목적을 찾아서 이 목적이 가이드하는 대로 삶을 성숙시켜가는 것이다. 이는 완전한 존재를 구현하는 신과 인간이 다른 점이다. 인간에게 수월성excellence이란 이 숙성과정에서 '되어감becoming'의 정도를 말하는 것이지 완결된 상태perfection를 말하는 것이 아니다.

소설가 마크 트웨인은 "우리 삶에서 가장 중요한 두 날은 세상에 태어난 날과 자신이 왜 태어났는지 알게 된 날이다."라고 천명했다. 세계 최초로 행복에 대한 연구결과를 집대성한 카를 힐티Carl Hilty는 자신의 저서 《행복론》에서 "인생의 가장 행복하고, 가장 의미 있고, 보람된 날이 언제인가?"라는 질문에 자기의 존재이유인 목적을 깨닫게 되어 "그게 바로 너답게 사는 거야."라고 스스로에게 외친 날이라고 답했다.[9]

대부분의 사람들은 존재로서 세상에 던져졌지만 아직도 자신이 왜 태어났는지 알지 못하고, 삶이 이것을 찾는 과정이라는 사실도 모른 채 살고 있다. '고유명사'로서의 그릇을 가지고 태어났지만 정작 이 그릇에 자신만의 본질을 채우지 못하고 죽는다. 결국 진정한 고유명사로서 자신을 완성하지 못하고 껍데기만 남기는 삶의 사는 것이다. 이들 대부분은 죽는 순간까지도 자신이 이 세상에 왜 다녀갔는지 이유를 찾지 못한다.

존재이유인 목적을 발견하기 위해서 자주 이용되는 시뮬레이션으로 '신 앞에서의 삶의 소명서' 방법이 자주 이용된다. '소명'이란 목적의 부름을 받아서 오두막에 은거하던 위축된 자아를 넘어서는 초월적 경험을 한 상태다.

예를 들어보자. 내가 '홍소명'이라는 사람이라고 상상해보자. 한국에는 1,000명의 홍소명이 존재한다. 어느 날 신께서 1,000명의 홍소명들을 불러놓고 심판을 하기로 작정하셨다. 1,000명의 홍소명이 너무 많아 1명만 남기고 나머지는 없애버리기로 결정한 것이다. 심판의 날에 1,000명의 홍소명들은 신 앞에서 각자 '자신이 왜 이 세상에 살아남아야 하는지'에 대해 소명해야 한다. 이 소명이 먹혀 들어가면 살 수 있지만, 그렇지 못할 경우 다른 사람을 위해 자신의 생명을 양보해야 한다. 이것이 바로 '목적'이다. 다른 999명의 홍소명들을 제치고 내가 굳이 이 세상에 살아남아야만 하는 이유. 그것을 신에게 어필해야 한다.

그런데 이때 살아남아야 할 이유에 대해, 내가 다른 사람과의 경쟁에서 어떻게 이길 수 있는지 혹은 내가 얼마나 잘났는지를 이야기한다면, 신은 굳이 나를 이 세상에 살려두려 하지 않을 것이다. 신의 부름을 받은 사람이라는 생각을 부정하는 것이기 때문이다.

동물과 달리 인간의 '목적'은 생존 자체가 아니다. 인간으로서 살아야 하는 좀 더 고양된 삶의 이유가 바로 '목적'이다. '목적'은 자신이 이 세상에 살아남게 됨으로써 세상이 얼마나 행복해지고 건강해지고 따뜻해지고 아름다워질 수 있는지에 대한 '신성한 이유'다. 오두막에서 나와 더 큰 세상으로의 항해를 위해 몸을 던지도록 결정한 초월적 자아의 모습을 보여주어야 신의 소명에 제대로 응답한 것이다.

조직도 마찬가지다. 예를 들어 한국에서 라면을 생산하는 기업은 30곳이 넘는다. 2017년을 기준으로 우리나라 라면시장의 규모는 2조 원을 돌파했다. 한국 라면시장의 세 강자는 농심, 오뚜기, 삼양이다. 이 세 회사의 회장을 모셔놓고 비슷한 실험을 구상해볼 수 있다.

디지털 혁명이 가속화되면 고객이 기업을 대상으로 어떤 물건이나 서비스를 만들어달라고 개별 주문하는 것이 가능해진다. 하루에도 여러 차례 고객이 특정 상품을 생산하도록 어떤 회사를 고용하고 마음에 안 들면 즉각 해고하는 것이 가능해진다.[10] 이런 고객의 주문들을 담당하는 대표고객이 세 회사의 회장을 불러놓고 '신 앞에서의 소명서' 실험을 주관한다고 상상해보자.

이 상황에서 세 회사의 회장들은 '자신이 한국에서 왜 라면을 생산해야 하는지' 자신들의 존재이유, 즉 목적에 대해 대표고객을 감동시킬 만한 스토리를 들려주어야 한다. 그러지 못한다면 한국에서 라면사업을 접어야 한다. 이와 같은 실험은 모든 산업 영역의 대표이사나 회장들이 주기적으로 해보아야 할 실험이다. 소명감 없이 1조 원 혹은 2조 원짜리 기업을 키우겠다고 주장하는 것은, 회사에 이카로스의 날개를 달겠다는 것과 진배없기 때문이다. 이런 회사들은 자신들이 설정한 목표에 가깝게 도달하는 순간 추락할 운명을 가졌다.

## 영혼의 종소리를 듣다

목적 지향적인 삶의 끈을 유지하다 보면, 어느 순간 목적이 보내는 영혼의 종소리를 듣는 경험을 한다. 영혼의 종소리를 듣고 많은 사람들은 소명을 깨닫는다. 이러한 체험이 바로 '각성체험'이다. 각성체험한 사람들은 살면서 겪었던 수많은 고통에 대해 해결책이 있다는 사실을 깨닫는다. 목적이 제시하는 방향을 찾아가면 그 모든 고통을 해결할 방법이 있다는 것이다.

이런 점에서 각성사건은 영혼의 종소리를 통해 자신의 과거와 목적에 이르는 미래 사이에 숨겨진 다리가 있다는 사실을 알게 된다. 우연처럼 보이는 사건을 통해 사람들은 영혼의 종소리를 듣고, 과거의 초라한 자아가 미래의 목적을 향한 초월적 자아로 다시 태어나는 경험을 한다. 또한 각성사건을 겪은 후에는 운에 좌우되던 삶이 목적과 연결되는 필연의 삶으로 전환된다.

각성사건은 목적과 운명적으로 조우하는 경험이자 자신의 소명에 대한 체험이다. 목적과 만나면 정신적 지평이 확장되고, 선택해야 할 길이 어느 쪽인지를 깨닫는다. 설혹 각성사건을 잊고 지냈다면 지금이라도 다시 찾아내서 목적으로 이어지는 다리를 복원해내야 한다.

변호사였던 간디는 어느 날 고객을 만나기 위해 남아프리카에서 기차를 타고 있었다.[11] 기차가 마리츠버그 역에 정착했을 때, 마침 그 칸에 승차한 백인이 간디가 1등실에 타고 있다는 사실을 역무원에게 항의했다. 역무원들은 간디에게 짐칸으로 자리를 옮기라고 명령했고, 간디가 거부하자 경찰을 동원해서 강제로 기차에서 내리게 했다. 1등실의 기차표를 가지고도 1등실에 타지 못했을 뿐 아니라, 짐짝처럼 역에 버려지는 수모를 당한 것이다.

그날 밤, 간디는 마리츠버그 역 구석에서 추위에 떨며 생각했다. '나 스스로의 권리도 지키지 못하면서 내가 변호사라고 할 수 있나?' 이렇게 자신이 당한 수모에 대해 한숨도 못 자고 고뇌했다. 날이 밝자 간디는 변호사로서 자신의 권리를 지키기로 작정했다. 권리를 지키기 위해 투쟁하는 과정에서 그는 자신의 고통이 개인의 문제가 아니라 영연방 압제에 시달리는 수많은 인도사람들이 공통적으로 겪는 고통이라는 더 큰 깨달음을 얻었다.

마리츠버그 역에서 당한 수모는 간디에게 개인의 영달을 위해 살던 부유한 변호사의 삶을 버리고 압제에 대항해 싸우는 도덕 정치가로서의 소명을 받는 사건이 되었다. 따뜻했던 자신의 오두막에서 나와 도덕적 세상을 향한 근원적 변화여행을 시작한 것이다.

20세기 가장 위대한 혁명가 체 게바라는 그저 평범한 아르헨티나의 의학도였다. 이런 의학도를 혁명가로 바꾼 것은 친구와 떠난 7개월간의 남미대륙 오토바이 여행이었다. 거창한 목적을 가지고 떠난 것은 아니었다. 그냥 고국 아르헨티나를 넘어 세계를 좀 더 알고 싶어서 떠난 평범한 여행이었다. 그런데 여행 중 칠레의 한 노동자 부부 집에서 머문 하룻밤이 체 게바라에게 각성사건이 되었다.[12]

칠레의 노동자 부부는 그 추운 밤에 이불 한 장 없이 부둥켜안고 서로의 체온에 의지해서 잠을 청하고 있었다. 체 게바라는 자신의 담요를 부부에게 건네주고 칠레에서 가장 추운 밤을 보냈다. 그리고 여행 중 여기저기에서 만난 사람들의 삶 역시 이 노동자 부부와 크게 다르지 않음을 깨닫고 충격에 빠졌다. 아르헨티나로 돌아온 후, 그는 세상이 다르게 보이기 시작했다. 모국의 참담한 현실이 비로소 눈에 들어온 것이다.

결국 그는 의사가 되면 누릴 수 있는 안락한 삶을 포기하고 혁명가의 삶을 택한다. 칠레에서 보낸 가장 추운 영혼의 밤은 그에게 삶의 목적을 깨워준 각성사건이 되었다. 각성사건을 계기로 그는 목적이 인도하는 혁명가로서의 소명을 받아들였다.

각성사건을 계기로 완전히 다른 직업을 선택하는 경우도 있지만 같은 직업이나 사업을 유지해가며 지금까지 살아오던 세속적 삶을 확장하는 경우도 있다. 골프 여재로 알려진 신지애 선수에게도 각성사건이 있었다. 신지애 선수의 어머니는 불의의 교통사고로 돌아가셨다. 가난한 개척교회의 목사였던 신 선수의 아버지는 어머니의 교통사고 보상금을 딸의 골프 훈련비로 내놓는다. 아버지는 돈을 주면서 '이 돈은 어머니의 목숨값과 바꾼 것이고, 어머니는 평소에도 훈련비를 마련해주지 못해서 항상 안타까워했다.'는 유지를 들려주었다. 신지애 선수는 그 돈을 어머니의 영혼이 건네준 돈으로 생각하며 골프연습에 매진했다.

어머니의 죽음과 사고 보상금은 신지애 선수에게 각성체험이었다. 어린 나이였지만 신지애 선수는 어머니의 목숨과 바꾼 귀중한 돈이 좀 더 값지게 쓰이려면 자신이 세계적인 골퍼가 되는 길밖에 없음을 깨달았다. 그것을 소명으로 받아들이고 연습에 정진하여 결국 자신만의 골프세계를 구축했다.

가난한 목사의 딸이라는 사실과 어머니가 자신의 훈련비용을 마련하기 위해서 항상 전전긍긍해왔다는 사실은, 이 각성사건을 계기로 숨기고 싶은 고통스런 과거에서 자신이 감내하고 직시해야 할 현재의 모습이 되었다. 신지애 선수는 이런 비극적 사건을 '목적이 이끄는' 자신의 삶에 소명으로 훌륭히 승화시켰다. 덕분에 이제 신지애 선수의 고통스런 과거는 누구에게나 떳떳하게 이야기할 수 있는 신지애 표 영웅 이야기가 되었다.

목적경영을 통해 지속가능한 성장을 구가하는 모든 기업의 총수들 역시 이런 각성체험을 가지고 있다. 스타벅스를 설립한 하워드 슐츠는 의료보험도 없이 한평생 가족을 부양하기 위해 힘들게 살았던 아버지의 죽음을 목격한 순간, 영혼의 종소리를 듣는다.[13] 아버지 같은 처지의 사람들이 마음 편하게 일할 수 있도록 가족보험을 제공하는 회사를 설립해야겠다고 마음먹은 것이다. 또한 아버지처럼 실직당해 갈 곳이 없어진 사람들에게 마음 편히 사무실처럼 쓸 수 있는 공간을 마련해주고 싶었고, 스타벅스의 내부를 디자인할 때 그러한 개념을 고려했다. 지금의 스타벅스가 가진 공간에 대한 개념이 바로 이 각성체험에서 나왔다.

세르게이 브린과 래리 페이지는 1998년 박사과정 재학 시절 구글을 설립하며 '사악하게 사업하지 않아도 돈을 벌 수 있다Don't be evil.'는 것을 증명하고 싶었다. 사악한 기업주가 비싼 광고료를 지불해가며 광고를 집중적으로 노출시키면, 그들의 질 나쁜 서비스나 제품들에 사람들이 현혹될 수밖에 없다. 이 두 사람은 실제로 많은 사람들이 피해를 당하는 것을 목격했다.

특히 돈 많은 제약회사 광고에 현혹되어 주변 사람들이 약물 부작용으로 목숨을 잃는 사례를 보고 큰 충격을 받았다. 이런 피해가 반복됨에도 불구하고 먹고살기 위해 사악한 대형 광고주들에게 의지해 살아야 하는 모습에 회의를 느꼈다. 그들은 이렇게 사악하게 살고 싶지 않았고, 정보의 공정한 노출을 보장한다면 정보사회 민주화가 달성될 것이라고 믿었다. 이러한 믿음이 바로 오늘날 구글을 탄생시킨 소명이 되었다.

구글의 첫 화면은 자신들의 이런 목적경영의 철학을 대변한다. 광고가치로 따지자면 수십조에 해당되는 첫 화면을 여백으로 남겨놓고, 가운데 검색창만 덩그러니 있다. 이용자들이 구글의 본질인 '검색'에만 집중할 수 있도록 구현한 것이다. 구글에서는 검색결과와 광고를 섞지 않는다. 그 흔한 팝업 광고도 띄우지 않는다. 검색이 효과적으로 이루어지면 사용자가 구글 사이트에 머무르는 시간이 짧아져 수익도 줄어든다. 하지만 일반 포털업자들의 생각과 달리 구글 이용자들은 구글에서 원하는 정보를 더 빨리, 더 다양하게 찾을 수 있기 때문에 이후에도 계속 구글을 사용한다.

이렇게 사이트 충성도가 높아지자, '구글링'이라는 신조어가 '검색하다'를 대체하는 일반동사로 정착되었다. 장기적으로 수익도 기하급수적으로 늘었다. 구글의 중심에는 항상 사용자가 있고, 구글은 검색에 대한 이용자들의 체험가치를 혁신하는 것을 '목적'으로 한다. 목적에 집중해 이제는 전 세계 검색시장의 70%를 장악했고, 이것이 플랫폼으로 정착되자 돈이 되는 수많은 비즈니스가 자연스럽게 따라왔다. 사악한 생각을 버리고 목적에 집중해 돈이 따라오게 하는 회사를 성공시킨 것이다.

각성사건은 '줄탁동시啐啄同時'의 경험이기도 하다. 줄탁동시는 송나라 때 불서佛書인《벽암록碧巖錄》에 나오는 고사성어다. 병아리가 알에서 깨어날 때 어미 닭에게 자신의 위치에 대해 신호를 보내면, 어미 닭이 그 신호에 따라서 특정 부위를 콕콕 쪼아서 깨주고, 그러면 병아리가 알껍질을 깨고 밖으로 나올 수 있다. 그것이 바로 줄탁동시다.

삶은 시그널이다. 성장하고 있는 사람은 항상 세상에 시그널을 내보낸다. 줄탁동시가 일어나기 위해서는 알 속 병아리의 성장이 전제되어야 한다. 병아리가 제대로 성장하지도 않았는데 어미가 급한 마음에 먼저 알을 깨버리면 병아리는 안에서 괴사할 수밖에 없다. 과거의 문제를 극복해가며 더 큰 나를 위해 꾸준히 노력하다 보면 미래는 '목적'을 통해서 '소명'이라는 전령사를 보낸다. 결국 줄탁동시는 목적을 통해 받은 소명의 경험이다.

**8**

---

# '왜'를 파는 동사형 조직 :
# 목적에서 사명으로

무엇을 간절하게 소유하기를 갈망한다면 결국 소유하게 될 것이다.
어떤 것을 간절하게 이루고 싶어 하면 결국 성취할 것이다.
그러지 못하는 유일한 이유는 간절함이 잠자는 목적을 깨울 수
없었기 때문이다.
— 링컨

## 명사에서 동사로

앞 장에서 말했듯이, 간디는 도덕적 정치에 대한 목적을 세
웠고, 페이스북의 저커버그는 모두가 연결되어 자유롭게 소통하는
세상을 목적으로 삼았으며, 구글은 사악하게 돈을 좇지 않아도 돈
을 벌 수 있는 회사를 만들어 보여주는 것이 목적이다.

그런데 이들이 아무리 훌륭한 목적을 찾고 정했더라도, 목적은
여행의 방향을 잡아주는 진북일 뿐이지 실제로 최종 목적지에 도
달하고 구현하는 것은 또 다른 문제다. 자신만의 목적을 찾는 것
이 삶의 재탄생을 의미하는 '고유명사화'라면 이것을 구현하기 위

해 도전에 나서는 작업은 '동사화' 작업이다. 아무리 훌륭한 목적을 가지고 있다 하더라도 이것이 실현되는 모습을 체험하지 못한다면 뜬구름 잡는 공상에 불과할 뿐이다. 구체적 행동을 통해 이 목적을 실현해내는 목적경영의 두 번째 과정을 성공시켜야 한다.

사명은 프로젝트를 창안해 명사인 목적을 동사로 실현시키는 과정이다. '소명calling'이 목적으로부터 영혼의 종소리를 듣는 것이라면 '사명mission'은 이 영혼의 종소리가 들려주는 바를 실천해나가는 프로젝트를 성공시키는 것을 말한다. 세속적으로 사는 것을 멈추고 목적을 실현시키기 위한 신성한 도전에 몸을 던지는 것이 바로 사명이다.

나는 다른 사람들과 똑같이 '한국 인천공항에서 미국 뉴욕에 가기 위해서는 비행기를 타야 한다.'는 사실을 믿고 있다. 그런데 이런 일반적이고 상식적인 사실에 대한 객관화된 믿음과, 정작 미국으로 가기 위해서 내가 타야 하는 비행기가 안전할지에 대한 주관적 믿음은 다르다. 내가 타야 하는 비행기에 대한 주관적 믿음이 없다면 반드시 비행기를 타야 한다는 것을 믿어도 나는 절대 비행기에 오르지 않을 것이다. 비행기에 오르는 행동을 하지 않는다면 내가 뉴욕에 가는 것은 불가능해진다. 비행기를 타야 한다는 믿음은 있지만 내가 비행기를 타고 미국에 가는 것은 불가능하다는 뜻이다. 마찬가지로 누구나 공부를 열심히 해야 훌륭한 사람이 된다는 믿음은 가지고 있지만 실제로 공부를 열심히 하지는 않는다. 세상의 모든 지행격차知行隔差의 원인은, 객관적 믿음이 주관적 믿음으로 전환되지 못했기 때문이다.

사명의 성공은, 목적이라는 '명사'를 행동으로 '동사화'해 구현할 수 있느냐에 달려 있다. '동사화'의 핵심은 객관적 믿음을 주관적 믿음으로 바꿔 자연스러운 행동을 이끌어내는 것이다. 객관적인 믿음은 씨앗이고, 주관적 믿음은 이 씨앗이 발아해 뿌리를 내린 것이다. 이 씨앗을 발아시켜 실제로 뿌리내리게 만드는 과정이 동사화의 핵심이다. 씨앗을 발아시키기 위해서는 자기희생이 요구된다. 목적에서 사명에 이르는 전 과정은 자기희생의 과정이기 때문이다. 자연스러운 행동이 가능한 것은 자기희생을 통해 이 행동을 지지해주는 믿음의 뿌리를 만들었다는 뜻이다.

지행격차가 심한 이유는, 아는 대로 행동하는 것이 아니라 믿는 대로 행동하기 때문이다. 많은 사람들이 변화하고자 온갖 처방을 다 해보지만 그것이 쉽사리 행동으로 이어지지 않는다. 이유는 단순하다. 행동을 지지해주는 믿음의 뿌리를 만들지 못했기 때문이다. 행동이 습관화되었다는 것은, 이 행동을 지지하는 믿음이 단단하게 뿌리를 내렸다는 의미다.

아무리 훌륭한 목적이 설정되었다 하더라도 그에 대한 믿음이 없다면, 이 목적은 가설에 불과하다. 그러니 목적을 구현하기 위한 자연스런 행동을 불러일으킬 수 없다. 목적에 대한 믿음이 단단히 뿌리내리게 하기 위해서는, 목적을 위해 스스로 희생할 수 있는지 검증해봐야 한다. 그 과정을 통과해야 목적에 대한 믿음이 생겨난다.

이 검증과정을 거치지 않는 한, 사람들은 믿는다고 말은 해도 실제로는 자신의 목적을 향해 행동하지 않는다. 목적에 대한 주관적 믿음이 생기지 않는다는 말이다. 그러면 자발적 행동 역시 불가능해진다. 씨앗이 발아하지 못해 뿌리가 없는 상태이기 때문이다.

사명이란, 검증과정을 거쳐 목적에 관한 주관적 믿음이 단단히 뿌리내리게 하는 과정이다. 주관적 믿음이라는 뿌리가 단단히 내려지면 우리는 목적을 구현하기 위한 행동을 자연스럽게 할 수 있다. 바로 이 과정이 사명의 핵심이다. 사명의 성공여부는, 목적을 수행하기 위한 이러한 과제를 성공적으로 완수하고, 실제로 목적에 대한 주관적 믿음을 강화시켰는가에 달려 있다.

어떤 과제를 목적이 가이드하는 대로 수행해 성공을 체험했다면, 우리의 내면에 목적에 대해 주관적 믿음의 뿌리가 뻗어나간다. 다른 특별한 방법이 있는 것이 아니다. 목적이 이끄는 대로 일하니 실제로 목적에 가까워지는 체험을 했다는 것이 검증의 핵심이다. 목적을 지지하는 성공체험이 많을수록 가설은 더 확고해지고, 어느 순간 사람들은 검증을 멈춘다. 더 이상 필요를 못 느끼기 때문이다. 목적이 가설에서 믿음으로 바뀌는 순간이다. 사명이란 목적이 주관적 믿음의 뿌리를 생성하도록 검증하는 과정이다.

## 주관적 믿음의 크기가 성공의 크기다

기업이든 개인이든 변화를 열망하는 주체들은 다 목적을 추구한다. 목적을 염두에 두고 '우보천리牛步千里' 하다 보면 장애를 만날 수밖에 없고, 이 장애를 극복하는 방식은 혁신적일 수밖에 없다. 이렇게 혁신이 지속되면 결국 성과도 따라온다.

리더는 변화를 통해 지속적인 성과를 낼 수 있는 사람들이다. 이 모든 것이 가능한 이유는 목적에 대한 주관적 믿음 때문이다. 주관적 믿음을 가지고 목적을 따라가다 보니 성과도 나오고, 매일 변화하는 환경에서도 길을 잃지 않는다.

그런데 사람들이 이해하지 못하는 비밀이 하나 있다. 신은 사람들이 목적을 쉽게 찾지 못하게 항상 벽 뒤에 숨겨놓는다는 점이다. 이런 이유 때문에 사람들은 평소에는 목적을 외치다가도 벽을 만나면 그냥 포기하고 발길을 돌린다. 벽에 가로막혀 목적이 보이지 않기 때문이다. 눈에 보이지 않는다고 포기하는 것은, 결국 목적에 대한 믿음이 부족하다는 증거다.

하지만 목적에 대한 믿음이 강한 사람들은 알고 있다. 지금 내 앞에 놓인 벽은 신이 목적을 보여주기 전에 그것에 대한 믿음이 얼마나 강한지, 나를 검증하기 위한 장치라는 것을 말이다. 믿음이 있는 사람들은 이 벽을 넘어야만 목적을 발견할 수 있다는 것을 안다. 또한 목적에 대한 믿음이 강하기 때문에 혁신적인 방법을 생각해내고 벽을 넘는 고행을 감수한다.

'벽'이라는 검증장치를 통과한 사람들에게만 신은 목적을 내어준다. 목적에 대한 믿음이 강한 사람들을 가려내기 위해서다. 모든 사람들이 볼 수 있는 평원에 목적이 있다면, 누구나 목적을 달성해 훌륭한 사람이 되었을 것이고, 모든 기업들이 목적기업이 되었을 것이다.

성공한 사람들의 공통점으로 자주 인용되는 특성인 '그릿Grit'의 비밀도 여기에 있다. 그릿이란 피드백이 없고 수많은 난관을 겪어야 하는 상황에서도 장기적 목표에 대한 높은 열정과 헌신을 보이는 것을 말한다.[1] 지능과도 상관이 없다. 그런데 그릿으로 장기적인 성공을 예측할 수 있는 이유는, 장기적인 목표가 목적으로 이어져 있고 그릿은 목적에 대한 주관적 믿음의 정도를 지칭하는 것으로 개념화할 수 있기 때문이다. 결국 그릿에 대한 많은 연구가 산출한 결과도, 목적에 대한 주관적 믿음의 정도에 따라 성공의 정도가 달라진다는 목적경영의 명제와 궤를 같이 한다.

2명의 상인이 무거운 짐을 지고 고개 너머 마을에 옷을 팔러 가는 중이었다. 고갯마루에서 휴식을 취하며 둘 사이에서 이런저런 대화가 오갔다. 한 상인은 이 고개가 조금만 더 낮았으면 좋겠다고 푸념했다. 그러자 다른 상인은 자신은 고개가 좀 더 높았으면 좋겠다고 대답했다. 괴상한 답변이라고 생각한 첫 번째 상인이 그 이유를 물어보자 두 번째 상인은 이렇게 대답했다. 고개가 낮으면 누구나 쉽게 고개를 넘어서 옷을 팔러 갈 수 있지만, 고개가 높고 더 험해지면 자신만 유일하게 산을 넘어서 옷을 팔러 갈 수 있기 때문이라고 말이다.

사람들이 현실의 장애를 못 넘는 이유는 편안하게 성공하려는 세속적인 욕심으로 마음의 장애를 높이 세웠기 때문이다. 목적에 대한 사명이 있는 사람들이 장애를 극복하고 혁신을 만들어내는 이유는, 먼저 목적으로 욕심이 세운 마음의 장애를 무너트렸기 때문이다. 만약 목적지에 도달해야만 하는 이유가 개인적 영달을 높이는 것뿐이라면 이들은 쉽게 포기할 수 있다. 자기 자신만 납득하면 포기가 되는 일이기 때문이다. 하지만 자신을 넘어 가족, 공동체, 회사의 명운이 걸린, 즉 운명적 사명과 관련된 일이라면 쉽게 포기하지 못한다. 내가 벽을 성공적으로 넘느냐 못 넘느냐에 내 운명뿐만 아니라 많은 사람들의 운명이 걸려 있기 때문이다.

목적에 대한 사명으로 무장한 사람들만이 세속적 욕망이 세운 마음의 장애를 넘을 수 있고, 혁신적인 아이디어로 현실의 장애도 넘을 수 있다. 이러한 장애를 넘는 것은, 가장 의미 있는 초월적 경험이고 행복의 원천이다.[2] 행복한 삶을 살았다고 고백하는 사람들 역시 신성한 이유로 장애를 넘은 사람들이었다.

신성한 이유로 장애를 극복한 사람 중 대표적인 인물이 레고Lego 설립자 올레 키르크 크리스티얀센Ole Kirk Christiansen이다.[3] 솜씨 좋은 목수였던 크리스티얀센은 경기불황으로 실직을 당한 데다 설상가상으로 아내를 먼저 보내야 했다. 아내 없이 네 아이를 혼자 돌봐가며 생계를 이어나가야 했던 그는, 거의 불가능에 가까운 일이었지만, 어려움을 극복하고 회사를 설립했다. 그런데 어렵사리 회사를 설립하자마자 공장에 불이 나 시제품과 모형이 전부 잿더미가 되었다. 크리스티얀센은 불운을 꿋꿋이 이겨내고 다시 시작했고, 결국 레고를 세계 장난감 시장의 최강자로 키웠다. 레고 장난감을 통해서 어린이들 창의성이 성장해가는, 목적이 이끄는 미래를 보지 못했다면 아마 그는 처음부터 포기했을 것이다.

최악의 상황은, 목적에 대한 믿음이 없는 사람들이 어려움에 직면해서 온갖 수단을 다 써서 운 좋게 살아남는 경우다. 이들은 살아남은 결과로 긍정심리학에서 강조하는 '회복탄력성'을 갖게 될 수는 있겠지만, 오히려 이 회복탄력성이 장기적으로 문제가 될 소지가 많다. 난관을 극복한 과거의 경험을 지나치게 맹신한 나머지, 다른 종류의 어려움이 닥쳤을 때도 과거의 방식을 무조건 고수하는 '경험의 감옥'에 갇히는 것이다.

이처럼 생계유지를 목적으로 삼고 어려움을 극복한 사람들은, 결국 자신의 경험에 대한 믿음 때문에 급격하게 변화한 세상에서 더 큰 실패를 경험할 개연성이 높다. 생계 때문에 어려움을 넘어선 경험은, 자신의 개인적 믿음을 극대화함으로써 목적에 대한 믿음을 무너뜨린다. 회복탄력성도 어떤 과정을 통해서 만들어졌는지에 따라서 삶에 도움이 될 수도 있고 장기적으로 해가 될 수도 있는 것이다. 목적이 이끄는 과정에서 만들어진 것이 아니라면 회복탄력성은 오히려 삶에 장애가 된다.

# 세이렌의 협곡을 무사히 건넌 정반대의 방법

정해진 목적에 대한 믿음을 가지고 목적경영의 여행을 하다 보면 온갖 유혹에 직면한다. 어떤 유혹은 너무 매력적이고 고혹적이어서 거부하기 힘든데, 이런 유혹에 굴복하면 '탈로'가 시작된다. 탈로란 삶의 목적지에 이르는 정해진 길을 벗어나서 유혹이 시키는 대로 엉뚱한 곳으로 치달리는 것을 말한다. 정상적인 궤도를 벗어나 탈선한 기차를 상상해보라. 궤도가 없는 곳을 달리기 때문에 기차는 아마도 미친 듯이 요동치다가 어느 순간 충돌하거나 멈춘다. 니체는 "목적을 잃는 순간 사람들은 온갖 이상한 일에 몰입하기 시작한다."고 했다. 한때 잘나갔던 리더나 기업들이 무너지는 이유는, 이들의 재능이나 경험, 역량이 부족해서가 아니다. 유혹을 만나 목적에 대한 믿음을 버렸기 때문이다. 이러한 비극은 특히 오늘날 대한민국에서 생생하게 목격할 수 있다.

희랍신화에 나오는 세이렌Seiren은 노래로 탈로를 유도해내는 유혹의 신이다.* 세이렌은 여성의 아름다운 머리와 새의 몸을 가진 요정인데, 바위가 많은 협곡에 살면서 항해하는 배들을 침몰시킨다. 자신이 살고 있는 협곡으로 배가 다가오면 세이렌은 아름다운 노랫소리로 선원들을 유혹하고, 바다에 뛰어들고 싶은 충동을 일으킨다. 그녀들이 특히 암초와 여울목이 많은 곳에 거주하는 이유도 노래로 유인한 선박들을 난파시키기 쉬운 장소이기 때문이다.

> * 세이렌은 스타벅스의 로고이기도 하다. 스타벅스가 왜 세이렌을 로고로 정했는지는 모르지만 아마도 커피로 사람들의 영혼을 흔들어보겠다는 야심 때문일 것이다.

세이렌의 노래는 저항할 수 없을 정도로 매혹적이어서 수많은 사람들의 목숨을 앗아갔다. 이런 위험성 때문에 경고음, 경적소리를 뜻하는 '사이렌Siren'도 '세이렌'과 같은 어원을 가지고 있다. 목적경영 여정을 성공적으로 완수하기 위해서는 반드시 세이렌을 만나게 되고, 그 유혹을 이겨내는 시험을 통과해야 한다. 그렇다면 어떻게 이들의 유혹을 이겨낼 수 있을까?

세이렌의 협곡을 통과하려는 많은 시도가 있었지만 대부분이 실패했다. 하지만 천하의 세이렌도 굴복시킬 수 없었던 두 영웅이 있었다. 한 명은 오디세우스이고, 다른 한 명은 음악가이자 시인인 오르페우스다.[4]

오디세우스가 선택한 방식은 '수동적 저항'의 방식이었다. 항해 도중에 세이렌의 유혹이 있을 것을 미리 알고 대비해 부하들에게 자신의 몸을 돛대에 결박하도록 하고, 어떤 일이 있어도 결박을 풀지 말라고 명령했다. 세이렌의 고혹적인 노랫소리가 들려오자 오디세우스는 결박을 풀려고 몸부림쳤다. 그러나 귀마개를 한 부하들은 오디세우스의 명령에 따라 그가 몸부림칠수록 더 단단히 결박했다. 항해는 계속되었고 노랫소리는 점점 약해져서 마침내 세이렌의 유혹으로부터 무사히 벗어나 협곡을 빠져나갈 수 있었다.

다른 한 사람은 뛰어난 음악가이자 시인인 오르페우스다. 오르페우스가 선택한 방식은 좀 더 전향적이었다. 황금 양털을 찾기 위해 아르고라는 선박을 타고 항해하던 도중에 세이렌의 노래를 들게 되는데, 오르페우스는 세이렌보다 더 아름다운 노래를 불러 맞대응한다. 세이렌들은 오르페우스에게 졌음을 알고 바다에 몸을 던져 자살한다.

오르페우스와 오디세우스가 우리에게 은유적으로 가르쳐준 것은, 목적에 대한 진정한 믿음을 지켜주고 항로를 벗어나지 않게 도와주는 '가치라인'의 중요성이다. 세이렌들이 고혹적인 목소리로 '당신이 가려는 곳보다 더 멋진 목적지가 있다.'고 유혹했지만 오르페우스는 넘어가지 않고 오히려 자신의 진북에 대한 노랫소리로 세이렌들을 굴복시켰다. 오르페우스는 결국 자신의 목적지에 대한 믿음을 검증하는 시험을 통과한 것이다.

한편 오디세우스가 성공한 방식은, 진북으로 항해하는 과정에서 수없이 많은 의사결정을 해야 한다는 것을 알고, 그때마다 목에 칼이 들어와도 반드시 지켜내야 할 기준을 확립해놓은 것이다. 자신의 몸을 가치의 기둥에 묶어놓은 것이 주효했다. 이 가치라인이

|그림 4| **진북항해도**

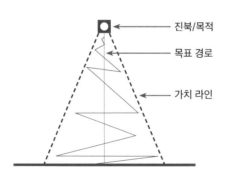

진북/목적

목표 경로

가치 라인

정해주는 범위 내에서 비전의 항로에 대한 의사결정을 했기 때문이다.•

존슨앤드존슨Johnson & Johnson이 목적에 대해 믿음을 가진 회사로 다시 태어난 계기는, 타이레놀 독극물 사건이란 세이렌의 공격에 성공적으로 대항했던 일이다.[5] 1982년 미국 시카고에서 존슨앤드존슨의 타이레놀을 복용한 사람 6명이 사망한 사건이 발생했다. 해열진통제인 타이레놀은 1970년대에 개발돼 당시 존슨앤드존슨 총매출의 7%, 순이익의 17%나 기여하는 주력상품이었다. 시장점유율 역시 38%나 되었다.

경찰 조사결과 사망자들이 복용한 타이레놀에 청산가리가 들어있었다는 사실이 밝혀졌다. 존슨앤드존슨은 즉각 대응방안을 마련했다. 그들은 먼저 목적선언문인 '우리의 신조Our Credo'에 따라 행동했다. 존슨앤드존슨의 신조에는 "우리의 첫째 책임은, 주주보다는 우리 상품과 서비스의 수요자인 의사, 간호사, 환자와 자녀를 가

• 이런 점에서 목적경영은 가치경영과 결정적으로 구별된다. 가치경영을 야심차게 설파했음에도 경영성과가 지지부진한 기업들의 특징은, 회사가 중시하는 가치에 대한 가이드라인이 있어도 이 가치를 통해 도달하고자 하는 목적이 실종되었다는 것이다. 이런 기업들의 경영자들이 좀 더 깨끗하게 돈을 벌려고 하는 시도에는 공감하나, 오히려 목적이 실종된 가치경영은 경영을 경직시킨다. 목적이 분명하지 않으니 구성원들은 가치에 근거해서 돈을 버는 것이 목적이라고 생각한다. 결국 목적에 집중해 돈이 따라오게 하는 것이 아니라 돈을 따라가는 회사로 만든다. 또한 구성원의 입장에서 가치를 수단으로 보는 것이 아니라 목적으로 생각해서 의사결정을 경직되게 만드는 문제에서 벗어나지 못한다. 목적이 실종된 기업에서 가치경영은, 원칙만을 중시하는 꼬장꼬장한 교장 선생님이 경영하는 학교처럼 문화를 경직되게 만드는 경향도 있다. 가치경영의 문제를 해결하려면 이 가치들이 지향하는 목적을 확보하고, 목적에 대한 전략적 의도를 공고하게 만들어야 한다.

진 아버지와 어머니를 비롯한 모든 사람에 대한 것이다."라고 규정되어 있다. 존슨앤드존슨은 이 신조에 따라 미국 주요 미디어의 협조를 받아 자체적으로 소비자에게 경보를 발령하고, 정확한 원인이 규명될 때까지 타이레놀 제품을 절대 먹지 말도록 회사가 먼저 나서서 대대적인 홍보를 전개했다.

얼마 후 경찰조사에 의해 사건의 전모가 드러났다. 정신질환 병력을 가진 사람이 의도적으로 독극물을 주입한 것이었다. 미국 식품의약국FDA은 문제가 된 시카고 지역에 배포된 제품을 회수할 것을 존슨앤드존슨에 권고했다. 그러나 짐 버크Jim Burke 회장은 다른 생각을 가지고 있었다. 혹시 또 다른 모방범죄에 의해 1명의 소비자라도 더 피해를 봐서는 안 된다는 생각에 회사의 이익과는 정반대로 시카고뿐만 아니라 미국 전역에 유통된, 문제가 없는 제품 3,000만 병, 총 1억 달러(약 1,300억 원) 상당의 제품까지도 모두 회수해 폐기처분하도록 지시했다.

미국 전역의 타이레놀을 수거해서 폐기하도록 결정한 것은 존슨앤드존슨의 버크 회장이 오르페우스의 역할을 수행한 것이다. 또한 자신들의 신조Credo에 따라 의사결정한 것은 오디세우스의 역할을 제대로 수행한 것이다. 이 사건은 존슨앤드존슨의 구성원뿐 아니라 미국 국민 모두에게 자신들의 신조에 대한 믿음을 검증하는 사건으로 견고하게 각인되었다.

## 비즈니스 실험의 횟수가 혁신의 성공 여부

세이렌의 협곡을 통과하는 것이 목적에 대한 믿음을 가지고 항해하는지 검증하는 1차 시험이라면 미션 프로젝트는 2차 시험인 셈이다. 목적은 평지 끝에 있는 게 아니다. 산맥이나 강, 절벽을 반드시 넘어야만 목적에 도달할 수 있다. 미션 프로젝트는 장애를 뛰어넘는 프로젝트를 말한다. 목적에 대한 믿음으로 이 장애물을 넘지 못한다면 믿음에 대한 검증 자체가 자동으로 폐기처분된다.

등반가들이 생고생을 해가면서 히말라야에 오르는 이유는 자신을 히말라야로 이끄는 숭고한 목적이 있기 때문이다. 포항제철을 설립한 박태준 회장이나, 삼성의 이병철 회장, LG의 구인회 회장, 현대의 정주영 회장이 '사업보국'이라는 신성한 목적이 없었다면 아무것도 없는 상태에서 지금과 같은 사업기반을 만들어내는 것은 불가능한 일이었을 것이다.

'헝그리 정신'으로 표현되는 목적을 향한 사명의 내재화가 없었다면 지금 우리가 누리는 한강의 기적은 없었다. '연금술'이라는 목적이 있었기 때문에 금을 만들어내기 위한 수많은 혁신적인 실험들이 이루어졌고, 이 실험의 결과로 현대 화학이 탄생했다. 니체가 예언했듯이 목적이 분명하다면 사람들은 어떤 고난도 견디어낸다. 목적이 없는데 험준한 히말라야를 고생스럽게 오를 이유가 없다. 차라리 과거에 기거하던 오두막으로 다시 돌아가 초라하지만 나름대로 안락하게 여생을 마치고 싶다. 미션 프로젝트는 목적에 대한 믿음을 증명하기 위해 반드시 넘어야 할 산이고 장애이다.

기존의 방식으로는 목적여정에서 만나는 장애를 극복할 수 없다. 장애 극복을 위해서는 혁신과 실험이 필요하다. 미션 프로젝트를 수행하는 과정은 혁신과 실험 그 자체다. 목적에 도달하려면 평지가 아니라 험준한 산을 넘거나, 절벽을 올라가거나, 큰 강을 건너야 하기 때문에 기존에 알려진 방식으로는 문제해결이 불가능하다. 따라서 처음에 몇 번 시도하는 것은 자연스럽게 실패로 결론난다.

하지만 목적에 대한 신념이 있는 사람들에게 이 실패는 해결해야 할 문제를 더 날카롭게 정의하는 과정으로 새롭게 프레이밍된다. 혁신적인 아이디어로 첫 번째 난관을 간신히 넘었다 하더라도 그 뒤에는 새로운 실패가 기다리고 있다. 목적에 대한 믿음은 이 새로운 실패를 통해 새로운 차원에서 문제를 정의하도록 가이드한다. 새로운 도전과제가 제시된 것이다.

결국 목적에 대한 믿음이 실패를 학습과 혁신으로 전환시키는 힘이다. 에디슨이 "실패는 성공의 어머니"라고 규정했는데 더 정확하게는 거듭되는 실패 속에서도 포기하지 않게 만든 목적에 대한 믿음이 성공의 어머니이다. 실패를 학습경험으로 바꾸어 성공한 사람들이 가진 공통점은 목적에 대한 믿음이 확고했다는 점이다. 때문에 자신의 도전을 '신성한 도전'으로 규정하고 실패해도 포기하지 않는다. 실제로 이들은 실패한 후에 그 실패를 '문제에 대한 새로운 정의'로 규정하고 혁신적인 방법을 생각해내 문제를 해결한다.

결국 물리적 장애를 만났을 때 사람들이 넘지 못하는 것은 마음의 절벽이다. 체력이 뛰어나도, 근육이 발달했어도, 마음의 절벽을 넘지 못한다면 목적 앞에 가로막힌 장애를 극복할 수 없다. 목적에 대한 믿음이 있는 사람들만이 마음의 절벽 앞에서 혁신을 위한 실험을 포기하지 않는다.

목적에 도달하기 위한 솔루션은 혁신과 실험을 통해서만 도출된다. 혁신적 솔루션을 도출하는 열쇠는 실험이다. 혁신적인 회사들은 빅데이터를 신봉하지 않는다. 빅데이터는 과거에 대한 자료일 뿐이고, 내용도 전혀 인과적이거나 과학적이지 않다. 그래서 알 수 없는 미래에 대해, 알려진 것이 없는 상황에 대해 솔루션을 도출하는 데는 큰 도움이 되지 않는다. 혁신적인 기업들은 이 점을 잘 안다. 또한 이들은 경영진의 과거 경험이나 직감이 변화하는 세상에서는 독약일 뿐이라는 것도 잘 안다.

알려지지 않는 세상에 대한 혁신적 솔루션은 실험을 통해서만 나온다. 제약회사가 혁신적인 신약을 출시할 때 수많은 임상실험을 거치는 것처럼, 비즈니스의 영역에서도 새로운 혁신을 도출하기 위해서는 실험해봐야 한다. 혁신적인 방식으로 비즈니스의 돌파구를 잘 만들어내는 회사들인 아마존, 뱅크오브아메리카Bank of America, BMW, 힐튼Hilton, 크래프트 푸즈Kraft Foods, 펫코Petco, 스테이플스Staples, 서브웨이Subway, 월마트의 공통점은 구성원들이 최고의 실험가 집단이라는 것이다.[6]

제프 베조스는 일일, 주간, 월간, 연간으로 계산한 실험 횟수를 따져 아마존의 혁신 성공 여부를 측정한다. 회사는 이들을 도와주기 위한 실험 플랫폼을 운영하고, 아마존 직원들은 모두 자신의 실험을 위해 회사의 자산을 이용할 권리를 가진다. 이 실험 플랫폼에서는 실험성공을 위한 방법론, 가치제안, 가설, 무작위, 실험처치, 실험통제 등의 방법을 제시해줄 전문가들을 고용했다. 또한 이들은 사명에 대한 돌파구를 마련하기 위한 비즈니스 실험과 단순한 지식을 위한 실험을 철저히 구분해서 결과가 알려진 것에 대해 실험하거나, 답이 나와도 채택되지 않을 실험을 하거나, 원인과 결과가 잘 통제되지 않은 실험들에 사용되는 자원낭비를 줄이고 있다.

지금처럼 변화가 변수가 아닌 상수가 된 디지털 혁명기에 단순히 경영자의 직관에 의존하거나 빅데이터가 주는 낮은 인과성을 추종해서 살아남을 수 있을까? 당연히 불가능하다. 그러한 함정들을 피해가며 사명을 달성할 수 있는 혁신적 솔루션을 도출해야 한다. 그리고 그러기 위한 도구로서 '비즈니스 실험'이 가지는 의미에 대해 우리 기업들도 관심을 가져야 한다.

비즈니스 실험을 통해서 혁신하는 기업들은, 실험을 위해 소총을 만들고, 이 소총을 이용해서 타격점에 대한 정확한 솔루션으로 찾아낸다. 그리고 결과가 좋으면 그 타격점을 대포로 공격하는 전략을 사용한다. 실험은 지금과 같이 답이 알려지지 않은 변화의 시기에 정해진 범위 내에서 위험을 분산시켜가며 창의적 솔루션을 찾아내는 혁신기업들의 대안이다.

타이레놀 사건이 어느 정도 진정된 후, 존슨앤드존슨의 사내에서는 또 다른 논란이 불거졌다. '타이레놀'이라는 브랜드를 포기하자는 주장이 나온 것이다.[7] 이번에도 짐 버크 회장은 다른 생각을 가지고 있었다. 자신들이 강조하는 '신조에 대한 믿음'을 보여주려면 브랜드 신뢰도가 추락한 타이레놀 생산을 중단하는 것이 아니라, 타이레놀에 대한 고객의 신뢰를 회복해야 한다고 생각했다.

버크 회장은 타이레놀 브랜드를 포기하자는 사내 논란을 반드시 넘어야 할 내부의 골리앗으로 규정했다. 골리앗을 물리치기 위해 버크 회장은 구성원 한 사람 한 사람을 모두 만나서 설득했다. "막대한 시간과 노력과 돈이 들어가겠지만 타이레놀의 신뢰를 회복하고 지위를 되찾는 것만이 소비자와의 윤리적 약속을 지키는 일이다."라고 직원들을 설득한 것이다.

결국 시간은 걸렸지만 존슨앤드존슨은 타이레놀에 대한 뼈를 깎는 혁신과 실험을 거듭해 이전의 명성을 회복하고, 더 높은 신뢰를 구축했다. 이 골리앗과의 싸움에서 승리함으로써 소비자들은 존슨앤드존슨의 목적적 가치를 완벽하게 신뢰하기 시작했다. 결과적으로 타이레놀은 현재까지 미국에서 소비자가 가장 신뢰하는 해열진통제로 살아남았고, 사람들은 진통제를 살 때 "진통제 주세요."가 아니라 콕 집어서 "타이레놀 주세요."라고 한다. 세계적으로 연간 15억 달러의 매출을 올리는 효자상품이 됐다.

존슨앤드존슨은 회사가 가진 목적에 대한 간절한 믿음을 기반으로 불가능을 가능으로 바꾸는 혁신을 이룩했다. 이 사례는 다윗의 믿음을 내세워 내부의 골리앗을 무찌른 대표적인 케이스다. 이 미션을 성공시킴으로써 회사의 목적에 대한 믿음이 구성원 개개인의 믿음으로 받아들여졌다. 존슨앤드존슨에서는 회사의 목적을 '신조'라고 부른다. 회사의 목적이 구성원 개개인의 목적으로 받아들여지면 객관적 믿음이 주관적 믿음으로 전환된다. 이러한 전환은 구성원들의 자발적인 행동을 불러일으킨다.

냉전시대 미국과 소련은 과학과 스포츠를 비롯해 모든 분야에서 경쟁했다. 자국이 앞선다는 것을 증명하는 것이 국격을 증명하는 것이라 생각했다.[8] 국격에 대한 자존심 싸움은 달에 누가 먼저 사람을 보내는지에 대한 미션 경쟁으로 번졌다. 달에 사람을 먼저 착륙시키는 것은 나라의 자존심이 걸린 문제이자, 반드시 극복해야 할 골리앗이었다.

선두주자는 소련이었다. 소련은 1957년 10월 4일 스푸트니크 1호를 탑재한 R-7 로켓을 쏘아 세계 최초로 인공위성을 지구 궤도에 보내는 데 성공했다. 당시 미국인들은 미국의 과학기술이 모든 분야에서 세계 최고라고 생각했지만, 스푸트니크 발사 성공으로 자존심이 무너져 내리는 경험을 했다. 케네디 대통령과 존슨 부통령은 스푸트니크에 대항하여 자국의 기술적 우위를 되찾기 위한 미션 수행에 직접 나섰다. 이들은 우주에 첫 번째로 사람을 보내는 미션이야말로 모든 면에서 첫 번째가 되는 반면, 우주에 두 번째는 모든 면에서 패배자가 될 뿐이라고 규정한다.

결국 유인 달 탐사 미션 경쟁에서 최후의 승자는 미국이었다. 소비에트 연방은 루나 계획과 존드 계획으로 미국의 우주선보다 먼저 무인 탐사선을 달 궤도에 올리고 착륙도 성공했지만 달 표면에 발자국을 남긴 최초의 인간은 미국인인 닐 암스트롱이었다. 아폴로 11호가 달에 착륙한 다음 날인 1969년 7월 21일에 닐 암스트롱은 전 세계 5억 명이 지켜보는 가운데 미국의 자부심을 살려내는 첫걸음을 선사했다. 암스트롱이 달 표면에 발을 내딛을 때 했던 말은 오랫동안 사람들의 기억에 남았다. "이것은 1명의 인간에게는 작은 한걸음이지만, 인류에게는 위대한 도약이다." 목적에 대한 믿음이 수많은 실패의 경험 속에서 달 착륙 방식에 대한 실험을 혁신했고 이 혁신이 미국의 존재이유를 살려냈다.

테슬라의 일론 머스크는 이런 미국의 자존심을 이어받아 화성에 처음으로 우주인을 보내겠다는 미션 프로젝트를 진행하고 있다. 화성에 관광객을 보내는 것이 테슬라가 무너뜨리고 싶어 하는 골리앗이다. 디지털 혁명시대에 자신의 존재이유를 선점하려는 기업들 간 미션 프로젝트 경쟁도 불이 붙었다. 구글은 알파고를 중심으로, IBM은 왓슨Watson을 내세워, 아마존은 알렉사Alexa 프로젝트를 미션 프로젝트로 진행하고 있다.

미션에는 목적에 대한 믿음을 획득하기 위해 다윗이 골리앗에 도전했던 것과 같은 담대한 용기가 담겨 있다. 목적을 달성하기 위해 일상적으로 수행하는 과제를 미션이라고 이야기하지는 않는다. 목적에 이르는 계곡에서 기다리는 거대한 골리앗을 무찌르는 다윗의 과제가 미션과제다. 미션 프로젝트를 성공적으로 진행하고 있는 선도적인 기업들은, 디지털 혁명의 표준을 제공해줄 뿐 아니라 참여하는 구성원 개개인에게도 존재이유와 목적에 대한 믿음을 검증하는 계기를 만들어줄 것이다. 미션에 대한 성공체험은 구성원들이 가지고 있던 목적에 대한 객관적 믿음을 주관적 믿음인 자신의 신조로 바꿔준다.

## '무엇'이 아니라 '왜'를 팔아라

세이렌의 유혹을 넘어서고 미션 프로젝트에 성공하면, 목적은 검증되어 믿음의 뿌리를 획득한다. 목적이 믿음의 뿌리를 획득한다는 것은, 구성원들이 주관적 믿음의 상태인 '신조'를 획득했다는 뜻이고, 그래서 이 신조를 구현하기 위한 행동들이 자연스럽게 나온다는 의미다. 목적이 구성원들 사이에 주관적 믿음으로 전개되면 이 목적을 구현하기 위한 과제나 일이 회사의 업業으로 승화된다. 또한 이런 업의 제고提高 과정을 통해 어떤 제품이나 서비스가 고객에게 제공되면, 결국 회사는 서비스와 제품의 상품가치를 파는 것을 넘어서 고객에게 회사의 목적가치를 팔게 된다. 목적가치를 판다는 것은 문화를 파는 회사가 된다는 것이다.

디지털 혁명으로 지금은 모든 산업 영역에서 기술이 포화상태다. 따라서 기술에 의해서 수준이 좌우되는 서비스와 제품만 가지고서는 더 이상 경쟁력을 유지할 수 없게 되었다. 초일류기업과 일류기업의 차이는 바로 거기에서 나온다. 기술의 포화상태를 넘어서서 어떤 새로운 가치를 제공할 수 있느냐가 다른 것이다. 결국 자신의 상품과 서비스를 통해서 '문화'를 팔 수 있는 기업들만 초일류기업으로 도약한다. 문화를 팔아야만 같은 제품과 서비스라도 고객에게 차별화된 체험을 제공할 수 있다.

사명은 목적을 검증해서 목적에 대한 주관적 믿음의 뿌리를 만드는 과제를 수행하는 것을 말한다. 목적에 주관적 믿음의 뿌리가 생기면, 이를 구현하기 위한 프로젝트를 수행하는 것이 아주 자연스러운 업業의 상태다. 이런 업의 상태를 만드는 과정을 앞에서 '동사화'라고 명명했다. 초일류기업들은 동사화 과정을 성공시킨 회사들이다.

레고는 자신의 업을 '장난감을 만드는 제조회사'로 정의했다가 '놀이를 제공하는' 동사형 회사로 탈바꿈해서 시대적 변혁에 성공했다. 마찬가지로 IBM은 '메인 프레임이라는 대형 컴퓨터를 제조하는 제조회사'로 업을 규정했다가 메인프레임보다 더 성능이 좋은 PC가 등장해 회사가 사라질 지경에 이르자 '컴퓨팅 서비스를 제공하는' 동사형 회사로 업을 다시 정의해 살아났다.

전기제품과 항공엔진을 만들던 GE가 돈이 되는 캐피털 등 금융회사를 다 매각해버리고 제조업으로 귀환한 것은 이미 유명한 사

|그림 5| **업의 개념**

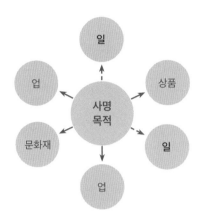

례다. 하지만 이번에는 과거처럼 물건을 만드는 제조업으로 귀환하지 않았다. 공장기계에 센서를 붙여서 데이터를 수집하고 공장을 좀 더 효율적으로 운영하도록 돕는 서비스를 제공하는 '스마트 팩토링' 사업으로 귀환한 것이다.

마찬가지로 나이키는 신발과 운동복을 만드는 회사에서 '운동의 즐거움을 체험하게 하는' 동사형 회사로 업을 재정의해서 다시 살아났다. 아마존은 자신의 업의 개념을 인터넷에서 책을 파는 회사에서 디지털 창고인 클라우딩 서비스를 제공하는 회사로 동사화했다. 디지털 세상에서는 물류창고만큼이나 데이터 창고인 클라우드가 승패를 가를 것이라 믿었기 때문이다.

'구글링하다'와 '네이버하다'의 어감을 비교해보라. 어느 쪽이 더 자연스러운가? 이것을 비교해보면 어느 회사가 더 동사화된 업을 가진 사명 지향적 회사인지 판가름 난다. 회사의 이름을 동사화해서 불렀을 때 어색하다면, 아직 목적과 사명과 업이 불분명한 회사다. 이런 회사라면 목적을 다시 세우고, 검증하고, 이 목적을 구현하기 위한 다윗의 미션 프로젝트를 다시 시작해야 할 것이다. 그러한 기업들은 목적이 있어도 그것에 대한 구성원들의 주관적 믿음의 상태인 '신조'를 발전시키지 못한 곳들이다.

**9**

# 전쟁이 아니라 올림픽이다 : 사명에서 성과로

목적을 발견했다면 사람들은 자발적으로 그곳을 향해 갈 것이다.
목적이 지펴낸 열정이 이끌기 때문이다.
― 로이 T. 베넷Roy T. Bennet

"우리는 설탕물만 파는 회사가 아닙니다."[1]

'목적'을 발견한다는 것은, 내가 이 세상에 태어난 이유를 알게 되는 제2의 탄생이다. 반면 '사명'은 이 목적을 구현하기 위해 세속적 삶을 멈추고 새로운 도전에 나서는 것이다. 이 신성한 도전의 과정은 일상적인 삶의 루틴을 벗어나서 산을 넘고 강을 건너고 절벽을 오르고 불가능을 가능으로 바꾸는 혁신과 실험이 요구된다. 이 혁신을 제도화해 시스템과 문화로 만든 결과가 바로 '성과'다. 여기에서 거두어들인 성과는 세속적으로 살아남기 위해 만들어내야만 하는 생계형 성과와 구별되는 목적성과이다.

2006년 10월, 펩시코에 최초의 여성 CEO 인드라 누이Indra Nooyi
가 임명된다. 누이는 임명되자마자 기업이 장기적으로 살아남기
위해서는 당장 돈이 되는 제품만 팔아서는 안 되고 '목적'을 팔아야
한다고 선언했다. 설탕물을 팔아서 생존해왔던 펩시코를 세상에서
가장 건강한 음료와 스낵을 파는 회사로 만들겠다는 선언이었다.

당시의 주주들이나 종업원들은 그녀의 이런 목적경영의 의도를
제대로 이해하지 못했다. 건강한 음료와 스낵을 팔아 기업의 존재
이유를 살려야 하는 것은 펩시코뿐만 아니라 네슬레, 코카콜라 컴
퍼니 등 모든 식음료 회사가 가진 미션이었다. 설탕·소금·지방에
대한 정부의 규제는 나날이 목을 죄어오고 있는 이슈였다. 실제로
많은 과학적 연구들이 설탕음료 섭취가 비만·당뇨병과 상관관계가
있다고 보고하고, 과도하게 첨가된 설탕·소금·지방을 비만의 주범
으로 겨냥하고 있다. 급기야 블룸버그 뉴욕시장은 극장에서 설탕
음료 판매를 금지하는 법안을 통과시켰다.

누이는 이러한 미션을 달성하기 위해 건강·보건 분야의 전문가
들을 중역자리에 앉혔다.[2] 또한 설탕·소금·지방을 줄이면서 맛을
유지할 수 있는 제품을 생산하는 데 사활을 걸고 많은 인적·물적
투자를 감행했다. 이런 사명을 달성하기 위해 영입된 대표적인 전
문가가 세계보건기구WHO에서 명성이 높았던 의사이자 보건정책
담당관 데렉 야흐Derek Yach다. 야흐에게 영입을 제안하는 자리에서
누이는 펩시코에 들어와서 지금까지 WHO에서 했었던 것과 똑같

은 일을 해달라고 주문했다. 목적경영에 대한 누이의 진실한 호소와 이 목적경영의 미션을 달성하기 위해 세상에서 가장 건강한 식음료를 회사를 만들어달라는 주문에 고무되어 야흐는 글로벌 보건정책 담당의 중역자리를 수락한다.

WHO에서 설탕·소금·지방 소비를 줄이는 정책 입안과 실행을 위해 평생을 보냈던 야흐의 커밍아웃은 글로벌 보건정책 입안자들에게 큰 논란이 되었다. 한마디로 물리쳐야 할 적에게 스스로 백기를 들고 걸어 들어갔다는 것이다. 이런 비난에 대해 야흐는 세계 보건정책은 공공과 민간의 협업 없이는 해결할 수 있는 분야가 아니라고 설명했다. 기업이 사회의 건강에 기여할 수 있는 부분에 대해 자신이 역할을 수행할 것이라고 논평을 내놓았다. 이런 설명의 이면에는 WHO의 관료적 문제들 때문에 보건정책이 생각보다 쉽게 이행되지 못하는 상황에 대한 불만도 포함되었다.

야흐 영입에 대해 회사 내부에서도 브랜드 가치의 추락과 매출 감소를 핑계로 반발이 컸다. 그럴 때마다 누이와 야흐는 회사가 어떻게 비만이라는 사회적 문제를 근본적으로 해결하면서 지속적으로 성과를 낼지에 대해 허심탄회하게 토론했다. 기술의 진보는 누이와 야흐의 편이었다. 나트륨 함량을 낮추면서도 소금 맛을 내는 기술과 설탕을 안 써도 단맛을 내는 기술들이 속속 개발되었다.

결국 사명에 대한 이들의 노력과 기술진보 덕분에 펩시코는 제품군의 포트폴리오를 대대적으로 구조조정하는 데 성공했다. 펩시코는 아직도 펩시콜라와 마운틴듀, 프리토레이, 도리토스, 치토스 등을 팔지만, 다른 건강식품을 개발해서 매출액을 보전해나가는 포트폴리오 구축에 성공했다. 펩시의 핵심 제품군에 아쿠아피나 생수, 트로피카나 오렌지주스, 퀘이커 오트밀 등이 추가되었고, 지금은 요구르트가 들어간 건강식 개발에도 박차를 가하고 있다. 2012년 야흐는 펩시코를 떠나 건강보험회사 바이탈리티 그룹Vitality Group으로 자리를 옮겼지만, 가장 건강한 식음료를 만들어 비만이라는 사회적 문제를 해결할 수 있다는 펩시의 사명을 믿고 있다. 또한 사명을 달성하려던 노력과 성과에 대해서는 아직도 자부심을 표하고 있다.

## 펩시코의 리프레시 프로젝트 실패사례

2010년 펩시코는 '펩시 리프레시 프로젝트Pepsi Refresh Project'를 시작했다. 연간 마케팅 비용의 1/3을 차지하던 슈퍼볼 광고를 중단하고, 그 비용을 리프레시 프로젝트에 투자했다. 리프레시 프로젝트란 세상을 더 참신한 곳으로 만들기 위한 아이디어를 제공하면 펩시가 여기에 투자금을 할당하는 방식이다. 즉 개인이나 비영리단체가 세상을 개선하는 참신한 아이디어를 리프레시 플랫폼에 올리면 보건, 예술, 교육, 지역사회 등 총 6개 영역으로 나눠 일반인들에게 투표하게 한다. 이 투표에서 가장 많은 표를 획득한 팀에게 펩시가 순서대로 매달 25만 달러에서 5,000달러까지 금액을 지원하고, 그들의 아이디어가 실현되도록 돕는다.

예를 들어 동네에 과학도서관을 만들고 싶으면 "우리 동네에 과학도서관이 없다. 지원금을 받으면 과학도서관을 만들어 아이들에게 과학자로 성장하고자 하는 꿈을 길러주겠다."라는 프로젝트를 올리고 주변 사람들에게 광고하여 자신의 아이디어를 지지해달라고 요청하는 방식이다. 많은 지지를 얻게 되면 정해진 상금을 수령해서 프로젝트를 진행할 수 있다.

참가자들은 지원금 경쟁에서 이기기 위해 SNS 유저들에게 자신의 프로젝트를 지지해달라고 대대적인 캠페인을 벌여나갔다. 2010년 한 해 동안 리프레시 프로젝트 페이스북 투표에 참가한 사람만 8,000만 명을 넘어섰고, 펩시코 페이스북에 '좋아요' 역시 350만 개로 증가했다. 트위터 팔로워 숫자는 '6만 명 증가'라는 경이적인 기록을 세웠다. 리프레시 프로젝트의 놀라운 홍보효과는 당시 한창 인기를 끌던 '코즈 마케팅cause marketing'의 성공사례로 보고되기도 했다.

그런데 문제가 있었다. 리프레시 프로젝트는 '세상에서 가장 건강한 음료와 스낵을 만드는 회사'라는 펩시코의 사명과 거리가 멀다는 점이다. 심지어 '세상을 리프레시한다'는 것은 펩시코의 사명이 아니라 코가콜라의 사명이었다. 사실 애초에 리프레시 프로젝트는 펩시의 사명을 구현하기보다는 코카콜라와의 콜라전쟁에서 이겨보겠다는 욕심으로 마케팅 전략가들이 기획한 것이었다. 회사의 사명과 거리가 먼 마케팅 기획은 경영실적에 직격탄을 날렸다.

펩시콜라의 매출은 오히려 떨어졌고 결국 코카콜라의 다이어트 코크Diet Coke에도 밀려났다. 결국 리프레시 프로젝트는 간접적으로 코카콜라 브랜드를 광고해준 꼴이 되었다.

펩시코는 2011년 슈퍼볼 광고를 다시 시작했고, 리프레시 프로젝트는 2012년 3월에 막을 내린다. 리프레시 프로젝트는 목적경영을 변화혁신의 도구가 아니라 회사를 알리는 마케팅 상품으로 전용할 때 어떤 비극을 초래하는지 보여준 사례다. 또한 자신의 사명을 버리고 남의 회사의 사명을 벤치마킹해서 카피하는 것이 얼마나 쓰라린 결과를 초래하는지도 보여주었다.

하지만 펩시코는 이와 같은 마케팅 부문의 실기失機를 인정하고, 자신들의 목적경영의 원래 의도인 '세계에서 가장 건강한 식음료를 만들어 사회적 문제를 해결한다.'는 존재이유에 다시 집중하기 시작했다. 그러자 구성원들은 목적경영에 대해 견고한 믿음을 갖게 되었다. '설탕물만 파는 회사'가 아니라 '사회적 이슈인 비만 문제를 해결하는 회사'의 직원이라는 데에 자부심도 커졌다.

많은 사람들은 펩시코에 대해 이야기할 때 펩시와 코크의 콜라전쟁만 떠올리는데, 이것은 분명히 시대착오적인 접근이다. 설탕음료는 지는 해이고 건강식품은 뜨는 해이다. 펩시는 콜라전쟁에서 코크에 졌지만 이 패배는 펩시코에 목적경영이라는 장기적 승리를 위한 영광스러운 패배일 뿐이다.[3]

펩시코의 장기적 성과를 나스닥에 상장한 다른 회사들과 비교해보면, 펩시는 경이적인 기록을 가지고 있다. 1970년대 펩시의 주

|그림 6|  **펩시코 주식 변동 추이**

■ PEP Price & Change     ■ S&P 500 Level & Change

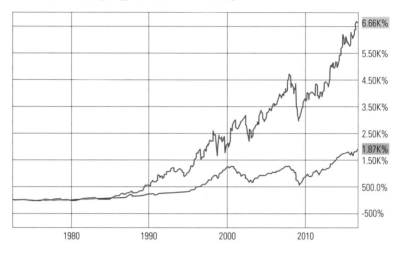

식을 지금까지 가지고 있었다면 1주당 6,600%의 가격상승을 경험했을 것이다. 나스닥에 상장한 일반기업 주식의 가격상승률이 1,800%임을 감안할 때, 4~5배 더 상승한 것이다. 배당금까지 계산하면 1970년대의 가치에 배해 1만 2,000배 정도 상승한 것이다. 누이가 사령탑을 맡은 2006년에 식음료 시장에 불어닥친 비만에 대한 거센 역풍과 설탕에 대한 대대적 규제를 생각하면 경이적인 기록이다.

펩시가 가야 할 길은 아직도 험하지만 누이의 목적경영에 대한 헌신이 없었다면 설탕음료인 콜라를 줄이고 건강스낵을 지향하는 지금의 펩시는 없었을 것이다. 어쩌면 아직도 콜라시장을 놓고 코카콜라와 전쟁을 벌이다 결국 음료시장의 수많은 군소 업체 중 하나로 추락했을 것이다.

펩시코처럼 사명을 목적성과로 연결시키기 위해 착안해야 할 점은, 사명을 달성해서 얻어낸 혁신을 제도화하는 것이다. 혁신을 제도화한다는 것은, 조직을 '목적을 구현하기 위해 모인 전문가들의 놀이터'로 만드는 일이다.

'전문가들의 놀이터'란 회사가 설정한 목적과 구성원들이 수행하는 과제를 접목시켜 혁신을 일상화하는 곳이다. 전문가들의 놀이터에서는 목적이라는 관정에 파이프라인을 연결해 성과의 수도꼭지를 만들어낸다.

한마디로 정렬·배태·맥락화가 조직을 전문가들의 놀이터로 만드는 3가지 핵심원리다.● 이 원리들이 지켜지지 않을 때 조직은 말로만 목적에 대해 이야기하고 구성원들의 행동과 일하는 문화는 목적과 무관해진다. 그러면 조직은 '어린이들의 놀이터'로 전락한다. 이는 '혁신의 제도화'가 실패했음을 보여주는 증거다. 정렬·배태·맥락화를 하나씩 설명해보겠다.

---

● 정렬·배태·맥락화의 3가지 작업은 BCG의 보고서 〈당신의 조직을 변화시키는 목적Purpose with the power to transform your organization(thinkbrighthouse.com)〉에서 제안하고 있는 4단계인 목적의 발견, 목적의 정교화, 목적의 활성화, 목적의 배태화 작업과 비슷하다.

## '목적'을 중심으로 모든 것을 정렬시켜라

혁신을 제도화해 일터를 전문가들의 놀이터로 만드는 첫 번째 원리는 의도를 중심으로 비즈니스를 정렬하는 것이다. 세상의 모든 일들이 일어나기 위한 기본적 구성요소는 '무엇을What, 어떻게How, 왜Why'다. 이 셋 중에서 세상을 바꿀 수 있는 구성요소는 존재이유를 설명해주고 목적에 대한 해답을 주는 '왜'뿐이다. 세상을 제대로 변화시켜 성공을 거두는 사람들의 비결은 '왜'를 중심으로 나머지를 잘 정렬시켰다는 사실이다. '어떻게'나 '무엇을'은 그 자체로 의도를 구성할 수 없기 때문에 변화의 원인이 되지 못한다.

사업을 하는 사람들도 무엇을 중심으로 정렬하는지에 따라 세 부류로 나눠진다. '무엇을'을 중심으로 사업하는 사람, '어떻게'를 중심으로 사업하는 사람, '왜'를 기반으로 사업하는 사람이다. 가장 초보적인 사업가들은 사업 아이템인 '무엇을' 중심으로 사업한다. 이들은 철저히 장사꾼 마인드로 무장해, 어떤 물건이든 돈이 되는 물건을 잘 선정해 최대의 이윤을 남기면 된다고 생각한다. 이들이 고객에게 파는 것은 '가격'이다.

하지만 고객은 이들이 장사꾼에 불과하다는 사실을 금방 안다. 심지어 고객을 봉으로 여기고 돈 벌 궁리만 한다는 사실도 한두 번만 거래해보면 쉽게 알 수 있다. 그런 속마음을 들키는 순간 이들의 장사는 물 건너간 것이 되고 사업을 접을 수밖에 없다. 사업을 시작했는데 단기간에 망했다면, 그런 사람들 중 80~90%는 이 부류다. 이들의 머릿속에는 무슨 장사, 무슨 사업을 해야 돈이 될까 하는 생각만 가득하다. 운 좋게 돈 되는 아이템을 찾아냈다고 해도 이런 수준에서 사업을 시작하면 돈은 조금 만져볼 수 있을지 몰라도 궁극으로는 망하게 되어 있다. 쉽게 돈 버는 사업이라면 누구나 뛰어들 수 있기 때문이다.

두 번째 부류는 '어떻게'를 중심으로 사업하는 사람들이다. 이들은 사업의 노하우know how인 나름의 비즈니스 모델을 가지고 시작한다. 물건이나 서비스가 만들어져서 고객에게 전달되기까지의 단계와 과정을 이해하고, 각각의 단계와 과정에서 창출될 수 있는 차별적 가치의 흐름을 이해하며, 이를 혁신해 고객에게 가치를 전달할 수 있다. 이들이 궁극적으로 고객에게 파는 것은 '가성비'다.

이 방식은 경영학에서 가르쳐주는 사업방식이다. 그런데 이 방법도 문제가 있다. 스마트한 경쟁자가 나타나 내 비즈니스 모델을 통째로 베껴서 똑같은 프로세스를 더 싼 가격에 제공해버리면 나는 망하게 되어 있다. 경영학에서는 이와 같은 경우를 대비해 다른 사람들이 카피할 수 없는 비즈니스 모델을 만들라고 조언하지만, 결국 '가성비'라는 것이 '가격'을 더 멋진 말로 포장한 것에 불과한 것임을 깨닫기도 전에 그 사업은 망한다.

가장 고수인 세 번째 부류는 내가 무슨 의도로 사업을 하는지에 대한 철학인 '왜Why'를 설명해주는 사명과 이 사명을 통해서 '무엇을What' 팔 것인지와 어떤 효율적인 프로세스를 통해 이를 '어떻게

How' 구현할지 정렬해가며 사업하는 사람들이다.

이 세 단계의 중심은 '왜'이고 '왜'를 중심축으로 한 통합과 정렬은 경쟁자가 카피할 수 없는 사업에 대한 패러다임을 제공해준다. 누군가가 내 브랜드인 '왜'에 대한 철학을 베낀다는 것은, 오히려 자신이 나의 아류임을 스스로 인정하는 꼴이다. '왜'를 중심에 놓은 사람들은 상품과 서비스를 통해 자신의 철학과 문화를 판다.

목적을 잃어버리는 순간, 사람들의 삶의 태도는 생존모드로 돌변한다. 생존모드에서 중시되는 것은 비즈니스 모델과 무엇을 통해 먹고살 것인지의 문제다. 즉, '왜'가 사라지고 '무엇을'과 '어떻게'만 남는 것이다. '왜'를 중심으로 '무엇을'과 '어떻게'를 정렬시킬 수 없을 때, 사람들은 역량이나 스펙, 벤치마킹에 목매기 시작한다. 그들이 스펙이나 역량을 쌓는 이유는, 자신의 목적을 달성하기 위해서가 아니라 생존에 대한 불안 때문이다.

살아남기 위해서는 경쟁자를 이겨야 한다. 경쟁자를 이기기 위해서는 경쟁자가 가지고 있는 무기를 나도 가지고 있어야 한다. 경쟁자가 한두 명이 아닌 상황에서 그 모든 경쟁자들을 따라 스펙을 구축하다 보면, 나는 어느새 스펙의 골리앗이 되어 있다. 둔한 몸과 근시안을 가진 골리앗은 다윗에게 덤벼보라고 소리치지만, 다윗이 싸움에 응할 이유가 없다.

다윗은 변해가는 세상이다. 골리앗은 환경을 자신에게 맞추라고 명하는 우를 범하고 있다. 목적에 대한 믿음이 없는 사람들은,

자신이 가진 스펙만을 정답이라고 생각하고 그것에 모든 것을 맞추려고 한다. 그들이 흔히 범하는 오류다. 스펙이나 역량이라는 것은 특정한 환경에서 특정한 변화에 맞게 성공하기 위한 '조건적 자신감'을 제공해주지만, 세상이 조금만 변화해도 근거를 상실한 자신감으로 전락한다. 목적에 대한 믿음을 기반으로 '어떻게'를 정렬한다면 어떤 환경에서도 변화에 적응할 수 있다는 '근원적 자신감'과 민첩성이 탄생한다.

목적에 대한 철학을 잃어버리고 벤치마킹이란 명분으로 일류기업으로부터 모든 것을 카피하는 회사의 운명도 비슷하다. 결국 다른 경쟁사가 다른 관행을 카피하면 불안해서 자신도 카피해야 한다. 이런 회사는 수없이 많은 벤치마킹에 열중해 자신들이 최첨단 유행 옷을 입고 있다고 믿겠지만, 실은 벌거숭이 임금님일 뿐이다. 그들이 불안감을 극복하지 못하는 이유는, 갈아입은 옷들 중에 회사의 목적을 구현하는 데 도움이 되는 옷이 하나도 없기 때문이다.

마찬가지로 목적에 대한 의도를 상실한 상태에서 '무엇을'에 집중할 때는, 적절한 업의 개념을 찾아내지 못하고 명사형 사고에 머물다가 퇴출당한다. 반면 '왜'와 정렬된 '무엇을'은 동사형 사고를 촉진해서 제대로 된 업의 개념을 구성해낸다.

가령 나이키가 '운동화를 만드는 회사'에서 '운동의 체험을 제공하는 회사'로 업을 동사화시켜 변화에 성공한 것도, '경쟁을 통한 수월성 신장'이라는 목적에 대한 믿음이 있었기 때문이다. 또한 레고가 '장난감 블록을 만드는 회사'에서 '놀이체험 회사'로 변신할 수 있었던 것도 '미래의 주인공이 될 어린이들을 창의적으로 자극하고 개발시킨다.'는 사명에 대한 각성이 없었다면 불가능했다. GE가 금융업을 팔아버리고 스마트 팩토링 회사로 탈바꿈할 수 있었던 것도, 결국 자신의 사명인 '제조업의 미래를 만들어 세상을 다시 세우고, 치료하고, 임파워먼트하고, 변화를 선도한다.'는 사명에 대한 믿음 때문이다. 사명을 잃어버린 회사는 생존을 위해 가격과 가성비를 파는 회사일 뿐이지만, 사명과 정렬된 회사는 물건을 통해 철학과 문화를 파는 회사로 거듭나는 것이다.

## '무엇을', '어떻게', '왜'가 겹치는 골드스팟

목적, 비즈니스 모델, 업의 개념이 설정되었다면 다음 페이지의 그림처럼 이들을 일에 배태胚胎시켜 일과 성공적으로 통합시키는 것이 혁신을 제도화해 조직을 전문가들의 놀이터로 만드는 두 번째 비밀이다. 일과 과제를 중심으로 어떤 대상을 다른 대상에 접목시켜 통합하는 작업이 배태화embedding 작업이다. 대부분의 회사들이 회사를 '전문가들의 놀이터'로 만들지 못하고 '어린이 놀이터'로 만드는 이유는 목적, 비즈니스 모델, 업을 일에 배태시키는 데 실패했기 때문이다. 목적을 달성하는 것, 비즈니스 모델을 돌리는 것, 업을 달성하는 것, 일을 통해 성과를 내는 것이 모두 독립적인 일이라고 생각하기 때문에 생긴 문제다. 이 모두는 일을 통해 성

|그림 7| **배태화의 정도**

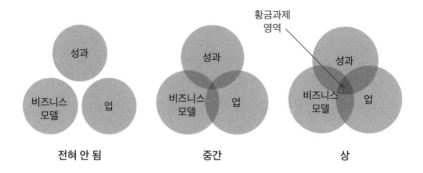

과를 내는 과제에 접목되고 통합되어야 한다. 그래야만 조직은 전문가들의 놀이터로 완성된다.

예를 들어 똑같은 과제를 수행하는데도 이 통합의 수준에 따라 다른 결과가 나올 수 있다. 즉 과제수행의 결과로 성과를 내서 자신의 생존을 도모할 수도 있지만, 똑같은 과제를 수행하면서 성과도 내고 리더도 육성할 수 있다. 더 탁월한 사람들은 똑같은 과제를 통해 성과도 내고, 부하도 육성하며, 그 과정에서 육성된 리더들이 자신의 철학을 공유하게 하여 조직문화를 만들어낸다.

부하육성과 조직문화 만들기가 과제를 통해 성과를 내는 것과 다른 독립적인 일이라고 생각한다면 실패할 수밖에 없다. 어떤 조직에서도 성과에 대한 기본보상만 해줘가며 과외로 그 2가지를 함께 하라고 요구할 수는 없다. 부하육성과 조직문화 만들기를 일을 통해 성과를 내는 것 속에 배태시켜 한 방향으로 통합해야만 가능해진다.

조직에서도 생존을 위해 성과를 냈던 사람들은 팀장까지는 무난히 승진하지만 경력 상으로는 거기까지가 끝이다. 성과도 내고 부하들을 성공적으로 육성한 사람들은 임원까지는 무난하게 승진한다. 성과도 내고, 부하도 육성하고, 이들을 통해 조직문화까지 만든, '일석삼조'를 달성한 사람들이 회사에서는 CEO까지 승진한다.

펩시코에서 리프레시 프로젝트가 실패한 이유도 펩시의 목적Why, 비즈니스 모델How, 업What에 대한 정의가 이 회사의 핵심과제와 분절되어 있었기 때문이다. 이 셋이 겹치는 '골드스팟gold spot'을 중심으로 전략적 과제들을 창안하고 거기에 집중해야 함에도 불구하고, 각각이 분산되어 처리되고 있었다.

리프레시 프로젝트 역시 목적은 있었으나 그것이 펩시코의 사명이나 비즈니스와는 관련이 없었다. SNS을 통해 좀 더 세련되게 홍보도 하고 진행시켰으나, 그 기본적인 골격은 기업의 사회적 책임의 일환으로 수재의연금이나 불우이웃돕기 성금을 내는 것과 별반 다르지 않았다. 조직의 사명과도, 비즈니스 모델을 운용하는 것과도, 조직이 수행해야 할 과제와도 상관이 없었다. 결국 이런 종류의 지출은 밑 빠진 독에 물 붓기와 같다.

기업이 진정으로 사회적 책임을 수행하려면 자신들의 사명과 관련된 일을 통해서, 보유하고 있는 비즈니스 모델이나 핵심역량을 이용해, 소외된 고객들의 사회적 문제를 해결하는 차원에서 수행되어야 한다.

많은 회사에서 조직문화 개선운동으로 '조직개발 프로그램'을 진행한다. 특히 소통에 문제가 생기거나 일하려는 동기에 문제가 생길 때, 조직에 활력을 불어넣어주기 위해 다양한 문화운동 프로그램을 기획한다. 하지만 이런 조직문화 개선 프로그램은 대부분 실패로 끝난다. 그 프로그램이 조직의 과업과 상관없이 독립적으로 수행되기 때문이다.

구성원의 입장에서도 지금 당장 수행해야 할 시급한 과제가 있는데, 이런 과제를 독립적으로 수행해야 한다는 것이, 또한 평가에도 반영되지 않는 문화운동 프로젝트에 시간을 쏟아야 한다는 것이 큰 부담이다. 결국 아무도 책임지지 않는 구조로 진행되어 시작은 요란하지만 용두사미로 끝난다.

이런 프로젝트는 처음부터 끝까지 제대로 수행된 적이 한 번도 없는데, 특히 조직에 활기를 불어넣기 위해 시행하는 GWP 프로그램이나 펀경영 프로그램이 이런 분절화의 주범이다. 이 모든 프로그램들은 일을 통해 성과를 내는 것과는 무관하게 수행되기 때문에, 그저 일 스트레스를 푸는 방편에 머무는 경우가 많다. 기업에서 행해지는 대부분의 교육이 효과가 없는 것도 같은 이유다. 일에 배태된 교육이 아니기 때문에 구성원들은 교육받으러 가는 것을 쉬러 가는 것쯤으로 생각한다. 결국 이런 모든 프로그램들은 구성원들의 전문성 신장은커녕 스트레스 쌓인 어린이들에게 놀이터를 만들어준 셈이다.

회사의 목적을 달성하는 과제와 생계를 위해서 해야 할 과제가 서로 배태되지 못하는 현상을 해결하기 위해, 구성원들에게 다음과 같은 상상실험에 따라 스스로의 일을 다시 디자인하게 할 수도 있다. 첫째, 회사의 목적을 가장 잘 내면화하고 있는 사람이 '사장'이라고 가정하고, 사장의 입장에서 지금 내가 하고 있는 일을 처리한다면 어떻게 다르게 할 것인가를 생각하게 할 수 있다. 둘째, 회사의 존재이유를 구성하는 최종 고객이 지금 내가 하고 있는 일을 보고 있다고 상상할 수 있다. 고객이 지금 내가 하는 일을 지켜본다고 생각할 때 그 일을 어떻게 다르게 처리할 것인지를 생각해보는 것이다. 목적은 사장과 고객을 통한 상상실험을 통해 회사의 목적과 존재이유를 내 일에 배태되게 하는 것이다.

회사에서 새로운 구성원을 충원하는 과정이나, 훈련시키는 과정, 역할을 할당하고, 승진·전배시키고, 유지·관리하는 모든 인사업무들도, 회사가 추구하는 목적구현을 위한 일과 과제로 재편되고 통합되어야 한다. 회사의 목적은 대부분 회사 홈페이지에만 존재하는 것이 현실이다. 구성원의 일과 과제 속에 배태되지 못하는 것이다. 이런 상황 속에서는 회사의 과제를 아무리 잘 수행해도 이 성과가 목적을 구현하는 목적성과로 이어지지 않는다. 한두 번 운이 좋아 성과를 내다 다시 어려움을 겪는 회사에 머무는 이유이다.

## 공동 작가 vs. 비싼 머슴, 누가 더 진심일까?

목적을 기반으로 의도를 정렬하고, 정렬된 요소를 일이나 과제에 통합시키는 것을 성공적으로 해냈다 하더라도, 이 일 혹은 과제를 통해 목적경영을 제대로 실현하는 것은 또 다른 문제다. 우선 구성원들의 적극적 참여와 도움이 필수적이다. 구성원들의 주인의식을 동원할 수 있는지 여부가 조직을 전문가들의 놀이터로 만드는 원리의 마지막 관건이다.

목적경영에 대한 리더와 구성원 간의 지행격차 문제를 해결하지 못한다면 아무리 잘 디자인된 목적경영이라 하더라도 실행되지 못할 것이다. '맥락화contextualizing'는 목적경영에 참여하는 모든 구성원들로부터 주인의식을 어떻게 동원하는지의 문제를 다룬다. 쉽게 말하면 구성원을 회사의 목적과 사명의 주인공 혹은 진정한 파트너로 전환시키는 문제다.

어떻게 하면 구성원들의 주인의식을 높일 수 있을까? 이것은 모든 경영자들의 주요 관심사다. '전략적 인사관리'라는 기법을 운용하는 사람들은, 돈으로 주인의식을 살 수 있다는 믿음을 가지고 있다. '전략적 인사관리'란 회사의 전략에 따라 정해진 일을 해주면 그것에 맞추어 보상을 해준다는 개념이다. 과제를 정하는 것은 회사이고, 이 명령을 수행하는 것은 구성원이다. 전략적 인사관리의 대상이 되는 구성원은 회사가 시키는 일을 하지 않고 자기 생각대로 해보는 것은 절대 금물이다. 회사는 일을 시키는 주인이고, 구성원은 고용된 고용인일 뿐이다.

전략적 인사관리의 문제는, 주인이 고용인에게 시키는 대로 일하라고 주문을 해놓고서 대신 일할 때는 주인의식도 가지라고 신신당부한다는 점이다. 회사는 구성원을 시키는 대로 하는 '어린이'라고 생각하기 때문에, '대리인' 역할을 잘 못할 것이라는 의구심을 갖는다. 이런 주인의 주문은 피그말리온 효과가 되어 대부분의 순진한 구성원들을 은연중에 세뇌시킨다. 시키는 대로 어린이 노릇을 해가면서 주인의식도 가져보려고 노력하는 것이다.

하지만 어린이와 주인의식 간의 이중성 때문에 종업원 어린이는 고민한다. 그러다 주인이 볼 때만 주인의식을 연기하는 연기자가 된다. 또한 주인과 종업원의 지행격차를 해결하는 도구로 보상을 사용했는데, 경기가 어려워지자 충분한 보상도 해줄 수가 없다. 이렇게 되면 지행격차의 문제는 이전보다 더욱 심각해진다.

두 회사의 예를 들어보자. A사는 전략적 인사관리를, B사는 목적경영을 실천하고 있다. 두 회사는 동종업계의 경쟁사다. A사의 김 사장과 B사의 윤 사장은 모두 회사를 크게 키워 글로벌 회사로 만들고자 하는 비전을 가지고 있다. 이 두 사장은 종업원들에게 주인의식을 고취시키는 방법에 다음과 같은 차이가 있었다.

전략적 인적자원관리를 신봉하는 A사 김 사장은 회사를 글로벌 회사로 키우겠다는 자신의 꿈을 실천하기 위한 첫 단계로, 며칠간 혼자 밤을 새워가며 원대한 비전을 만들었다. 그리고 이 비전을 신년 시무식에서 공표해 공식화했다. 구성원들이 비전을 잊어버리지 않도록 주기적으로 시험을 치러 인사고과에 반영했다.

인사에 있어서도, 자신이 만든 비전을 달성할 만한 능력이 있는 사람들을 팀장으로 발탁해 전략적 프로젝트를 할당했고, 성공할 경우 막대한 인센티브와 임원승진을 약속했다. 회사의 모든 역량을 한 방향으로 정렬시키고 집중시켰다. 1명의 천재가 1만 명을 먹여 살릴 수 있다는 생각으로, 대표보다 연봉이 더 높은 핵심인재를 영입하고, 비전달성 프로젝트 성공을 위해 무한경쟁을 할 수 있도록 인사 시스템으로 죄다 바꾸었다. 최신의 경영기법으로 모든 비즈니스 프로세스를 업그레이드시켰다. 일사분란함과 스피드, 불필요한 일을 과감히 포기하는 스마트 워크를 핵심가치로 설정했다.

한편, 목적경영을 실천하고 있는 B사의 윤 사장의 경영방식은 좀 달랐다. 사장인 자신이 회사의 존재이유와 앞으로 나아갈 방향을 잘 알고 있지만, 현업의 문제는 현장 전문가들이 책임져야 한다는 철학을 갖고 있었다. 이런 철학으로 대표이사로서 자신의 임무는 회사의 목적과 사명에 대한 큰 그림과 전략적 골격을 정하는 역할을 수행하는 것이고, 구성원들은 소목의 역할을 수행해야 한다고 생각했다.

윤 사장도 며칠 밤을 새워가며 회사의 비전을 만들었고, 신년사에서 이 큰 그림을 발표했다. 하지만 윤 사장은 여기서 끝내지 않고 구성원들에게 임무를 주었다. 사장인 자신이 만든 것은 큰 그림 초안이니, 구성원들이 직접 방도 예쁘게 꾸미고 화단도 가꿔서 스스로 안락하게 살 수 있는 집을 완성하도록 주문한 것이다. B사의 구성원들은 몇 차례 워크숍을 통해 집을 완성했고, 모두 모인 자리에서 그것을 발표해 구성원 간의 합의를 얻어냈다. B사는 이런 비전 프로젝트는 모든 부서와 구성원의 협업 없이는 불가능하다는 것을 알고 100% 개인보상이던 보상·평가 체계를 개인 70%, 부서 30%의 비율로 바꾸었다.

그 후, 두 회사의 운명은 어떻게 되었을까? 이제 설립한 지 20주년이 되는 두 회사는 아직까지 살아남아서 영업을 하고 있다. 김 사장이 이끄는 A사는 뛰어난 기술력을 바탕으로 초기 6~7년간 업계의 스텔라 플레이어였다. 하지만 한 번 피크에 달한 후 불황이 닥치자 속절없이 무너져 내렸다. 원년 멤버 대부분이 이직했고 핵심인재들도 다 회사를 떠났다.

반면 윤 사장의 B사는 초반에는 지지부진한 영업실적으로 시장의 이목을 끌지 못했다가 경기가 불황으로 돌아서자 서서히 라이징 스타로 등장했다. 이 두 회사의 운명을 가른 것은 바로 구성원의 주인의식이었다.

전략적 인사관리를 신봉했던 김 사장은 '주인'으로서 회사의 비전에 대한 텍스트text를 혼자서 완성하고, 종업원들이 이 텍스트의 내용을 마음대로 바꾸지 못하게 시험까지 봤다. 이 텍스트에 나온 비전 스토리를 일사분란하고 빠르게 실현하기 위해 전략적 인사관리의 기법을 동원했다. 비전을 달성하는 곳에 돈과 승진이 흐르도록 관리한 것이다. 종업원들은 사장이 만든 비전을 달성하기 위해 고용된 비싼 '머슴'이었다.

경기가 어려워졌을 때, 비전을 새롭게 재정비해야 함에도 불구하고 김 사장은 그렇게 하지 못했다. 비전은 아무리 상황이 어려워도 절대 바꾸지 말아야 한다는 철학을 가지고 있었기 때문이다. 결국 비전을 수정하지 못하고 A사는 무너져 내렸다.

반면 B사 직원들은 자신들이 회사의 비전을 만들었다는 생각을 가지고 있었다. 윤 사장이 대목의 역할을 수행해가며 비전 텍스트를 주도했지만, 자신들이 소목으로 공동개입하여 비전 텍스트를 컨텍스트context로 맥락화하는 데 성공했다. 구성원들은 회사의 비전스토리에 작가로 참여한 또 다른 주인공이라는 생각을 가지고 있었다. 경기가 어려워졌을 때 구성원들은 자신들이 공동으로 쓴 비전스토리를 주체적으로 다시 진화시켰다. 회사의 비전스토리에 구성원들을 작가와 주인공으로 참여하게 만든 윤 사장의 노력은, 처음에는 그 차이가 미미했지만 경기가 어려울 때 대단한 힘을 발휘하며 진가를 보여주었다. 비전스토리의 공동작가란 생각이 어려운 상황에서도 구성원들에게 주인의식을 이끌어낸 것이다.

수원 화성을 세운 정조도 화성을 완성한 후 참여한 디자이너들의 이름을 거기에 남기도록 했다. 스티브 잡스는 아이폰 개발에 참여한 디자이너 이름을 핸드폰 안에 프린트했다. 이건희 회장은 신경영의 역사를 만들 때 삼성전자 임원들을 프랑크푸르트에 불러서 신경영 스토리를 같이 쓰도록 삼성전자의 빈 노트를 넘겨주었고, 이러한 역사 함께 쓰기가 현재의 삼성전자를 만들어낸 토대가 되었다.

이 모든 노력이 리더가 가진 '텍스트'를 '컨텍스트'로 바꾸려는 노력이다. 이는 구성원을 스토리의 주인공으로 참여시켜 변화의 맥락, 즉 컨텍스트을 만드는 작업이다. 아무리 뛰어난 텍스트라도 그것만으로는 세상을 변화시킬 수 없다. 탁월한 리더들은 이러한 진리를 알고 있었다.•

사람들은 자신이 주인공으로 참여해 책임져야 하는 프로젝트에만 주인의식을 느낀다. 주인의식은 돈으로 살 수 없다. 고액의 금전적 보상은 만들어진 역사적 성과에 소유권을 주장하지 말라는 묵시적 경고일 뿐이다. 이렇게 묵시적으로 경고해놓고 '돈을 많이 줬으니 주인의식을 가지라.'고 강요하는 것만큼 이율배반적이고 역설적인 것도 없다. 아무리 연봉이 높은 핵심인재라 하더라도 심리적

---

• 실제로 회사에서 이뤄진 모든 프로젝트가 블록체인을 이용해서 가감 없이 기록되고 이 기록을 중심으로 회사의 역사가 실록화되고, 이 실록화된 역사적 사료를 이용해서 구성원들이 직접 큐레이터로 나서서 해석이 만들어지고 이 해석이 다른 구성원들에게 재해석되고 이 공동의 해석을 기반으로 프로젝트가 제안되기도 한다. 또한 이러한 공동의 큐레이션을 통해서 회사의 미래에 대해서 토론이 이뤄지고 이 결과로 구성원들이 회사의 미래 스크립트를 작성하는 작가이자 주인공이 되기도 한다. 이 모든 방식을 이끄는 핵심은 구성원을 회사의 과거, 현재, 미래 스토리를 만들어 나가는 작가이자 주인공으로 여길 때 그들이 피고용인을 넘어서서 진정 회사의 주인으로 다시 탄생한다는 점이다.

으로는 비정규직을 벗어나지 못한다.

인간의 소유의식은 역사적 족적을 만드는 일에 주인공으로 참여해 텍스트에 기여했을 때만 생긴다. 구성원들이 주인의식을 갖길 원한다면 그들에게 텍스트에 기여해 컨텍스트를 만들 수 있는 기회를 부여해야 한다. '맥락'이라는 것은 상황에 의도가 개입된 것을 말한다. 의도가 개입하면 상황은 더 이상 모든 사람들이 똑같은 결론을 내리는 객관적 상황이 아니다.

상황을 구성하는 요소는 여러 가지지만 내부 경영환경의 상황을 구성하는 가장 중요한 요소는 구성원들이다. 구성원들의 마음 속에 회사가 지향하는 목적과 비전이라는 의도가 새겨지는 것이 '맥락화'의 핵심이다. 구성원을 맥락화시키는 데 성공했다면, 제도나 시스템에 조직의 목적과 사명을 끼워넣어 맥락화시키는 일은 식은 죽 먹기다. 구성원이나 시스템을 '목적이 개입한 맥락'으로 바꿀 수 있는가? 성패는 거기 달려 있다.


목적을 중심으로 비즈니스 모델과 업이 정렬되고, 목적·비즈니스 모델·업이 일과 과제에 통합되어 수행되고, 구성원들이 회사의 역사를 써나가는 작가가 된다면, 그 회사는 '전문가들의 즐거운 놀이터'다. 구성원들은 회사가 제공해주는 울타리 안에서 마음껏 자신의 일을 통해서 전문성을 갈고닦을 수 있는 성장체험을 한다.

회사가 성장체험의 공간을 허락해주는 것은 또 다른 의미를 포함한다. 전략을 구성원 간 생존경쟁을 위해 사용하지 말라는 것이다. 이런 점에서 '전문가들의 놀이터' 모형은 전쟁터가 아니라 올림픽 경기장과 비슷하다. 올림픽과 전쟁은 똑같이 경쟁을 강조하지만, 경영전략이 차용하고 있는 전쟁은 상대를 이기는 것이 목적이다. 반면 올림픽은 경쟁을 통해 자신의 역량을 신장시키고 이를 통해 더 숭고한 목적에 기여하도록 한다는 점에서 전쟁과 다르다.

그 '심리적 울타리' 안에서는 강점을 과장하거나, 약점을 숨기거나, 정치적으로 줄을 서거나, 연기를 하거나, 동료를 이기기 위해 전략적으로 경쟁하는 것이 금지된다. 또한 자신의 약점도 용기 있게 드러내서 개선시킬 수 있고, 서로 강점을 기반으로 협업하지만 상대의 강점이 나의 약점일 수도 있다는 것을 인정한다. 그런 식으로 자연스럽게 교차학습이 이뤄진다. 이 심리적 울타리에서 선수들이 일을 통해 조직의 목적도 달성하고, 자신의 전문성도 신장시키는 것은 싸워서 반드시 이겨야 하는 전쟁터의 모형이 아니라 자신의 기량을 신장시키는 올림픽 경기장에서의 경주과정과 닮았다. 이 공간에서 성장체험을 하면서 구성원들은 자신의 약점을 인정하고 실수를 통해 학습해가며 목적을 좀 더 전문성 있게 구현해내는 전문가로 성장한다.

정렬, 배태, 맥락화를 통한 혁신의 제도화를 성공시켜 회사를 전문가들의 놀이터로 만들어야 한다. 그 결과 사명이 성과로 자연스럽게 이어질 때 넷플릭스, 구글, 사우스웨스트, 자포스, SAS처럼 자신의 철학과 문화적 체험을 팔 수 있는 회사로 전환된다. 그렇게 되면 회사의 철학과 문화를 토대로 정체성이 분명한 브랜드 가치를 만들고 향유할 수 있다.

회사의 혁신적 정체성을 획득하면 회사 이름에 '~답다'를 붙여 형용사로 전용하는 것이 아주 자연스러워진다. '~답다'의 형용사로 쓰인다는 것은 혁신의 아이콘이 되었다는 뜻이지만, 반면 '~답다'의 형용사보다 '~스럽다'라는 접미어가 더 자연스럽다면, 이 회사는 자신의 목적을 혁신적으로 구현하지 못한 아류임을 지칭한다. 예를 들어 디자인의 아이콘으로 등장하고 있는 '애플'에 대해 묘사할 때 '애플의', '애플다운'처럼 형용사로 표현하면 디자인 회사 애플의 진실한 속성을 이야기하기 때문에 혁신의 파생어로 사용될 수 있다. 하지만 '애플스러운'으로 사용되는 것이 더 자연스럽다면 애플이 누군가를 모방하는 회사라는 의미를 함축하고 있다. 아니면 애플이 목적이 경도된 나쁜 회사로 찍혀 있는데 이것을 숨겨가며 경영하고 있다면, 사람들은 애플을 묘사할 때 '~스러움'을 붙일 것이다.

애플이 자신의 비즈니스의 방식을 표현할 때 'think differently'라고 표현하지 않고, 문법적으로 논쟁의 여지가 있음에도 불구하고 굳이 형용사형을 사용해 'think different'라고 표현하는 이유가 여기에 숨겨져 있다. 회사명이 형용사로 쉽게 전용되고 있다면 스스로의 문화적 체험을 팔 수 있는, 정체성이 분명한 혁신적인 회사다. 반대로 회사명이 '~스러움'으로 더 많이 회자된다면 목적경영을 처음부터 다시 시작해야 한다는 시그널로 받아들여야 한다.

**10**

# 정체성으로 세상에 울림을 주다 :
# 성과에서 다시 소명으로

유산은 다른 사람들의 마음속에 새겨진 내 이야기다.
— 섀넌 L. 앨더Shannon L. Alder

## 목적성과는 혁신의 결과물

목적경영을 통해 이뤄낸 성과는 생계형 성과와는 구별되는, 지속가능한 목적성과이다. 생계형 성과는 운과 경기에 의해 좌우되는 일회성 성과인 반면, 목적성과는 목적을 달성하기 위해 혁신을 성공적으로 제도화하고 그 결과로 지속적이고 자연스럽게 얻어진 성과다. 또한 목적성과는 스스로 주체가 되어 혁신을 통해 달성한 성과다. 이것은 목적에 대한 믿음이 옳았음을 검증해준다. 검증의 결과로 믿음은 더 단단해지고, 이 믿음에서 파생한 스토리는 더 큰 울림과 반향을 만들어낸다. 이 반향과 울림을 통해 더 큰 목적성과들이 만들어지고, 목적에 대한 믿음은 더욱 튼튼하게 생장해간다.

혁신을 포기해 목적성과를 거두지 못하고 결국 살아남기 위해 다시 생존성과로 되돌아간다면 목적에 대한 믿음은 산성화된 토양에서 성장을 멈추고 죽은 믿음으로 전락한다. 한때 대단한 목적성과로 믿음을 굳힌 경우라 하더라도, 세상과 지속적으로 소통하며 혁신을 거듭하지 못하면 믿음은 죽은 믿음으로 전락하고, 사람들이나 조직을 그 죽은 믿음의 감옥에 가두는 비극을 초래한다. 목적에 대한 믿음을 만드는 것도 중요하고, 이 믿음을 검증하는 것도 중요하지만, 많은 사람들이 의외로 이 어렵게 검증한 믿음을 세상과 공진화시켜가며 생장시키는 일에 실패하여 무너진다.

2017년 디젤엔진 연비조작이 발각되어 독일 국민차이자 세계 1위 자동차 생산자의 지위를 잃어버린 폭스바겐이 대표적인 사례다. 목적에 대한 믿음을 세상의 변화에 맞춰 공진화시키는 데 부담을 느낀 경영진은, 탄소배출에 대한 규제가 심해지는 환경에 대응하기 위해 데이터를 조작하는 쉬운 방식을 택해 1등의 지위를 유지하려 했다.

세상에 변화로 족적을 남긴 사람들이나 100년 기업을 만드는 데 성공한 사람들은, 목적에 대한 믿음을 공진화시키는 데 성공한 경우들이다. 목적성과가 달성되면, 구성원들의 업에 대한 열의가 살아나고 회사의 목적에 대한 비즈니스 스토리가 고객들과 세상에 반향을 일으켜 끊임없이 울림을 창출한다. 회사의 비즈니스 스토리가 구성원뿐 아니라 고객, 주주, 경영진, 이웃들에게도 마음의 울림을 주고, 그 울림은 또 다른 울림을 전파한다. 울림을 창출하는 회사는 세상과의 소통의 끈을 놓지 않으므로 지속적으로 성장한다. 세상이 초연결사회로 급속하게 전환됨에 따라 목적을 구현하는 회사에서 발원된 이와 같은 파장은 종종 파장으로 끝나지 않고 지속적인 파장을 산출하는 플랫폼이 되어, 태평양을 건너고 뉴욕에 태풍을 일으키는 나비효과를 일으키기도 한다.

생계형 성과든 목적성과든, 성과라는 것은 자신이 해왔던 방식을 강화시킨다는 공통점이 있다. 생계형 성과는 목적이 실종된 상태에서 생존을 위해 노력하다 보니 따라온 성과다. 어쩌면 운 좋게 살아남아서 성과를 낸 경우라고 할 수 있다. 여기서 얻어진 성공경험은 성공하기 위해 동원했던 특수한 방법들에 대한 믿음을 강화시킨다. 이러한 성공경험에 맛들이면 상황이 달라져도 과거에 자신이 성공했던 방식만 정답이라고 주장하고 밀고 나간다. 그러한 고집은 상황이 급격하게 변화해 절체절명의 어려움에 빠졌을 때 더 강해진다. 개인적 성공경험의 덫에 빠진 것이다.

반면 목적성과는, 목적달성의 과정에서 장애를 만나고, 그 장애를 극복하는 과정에서 혁신이 일어나고, 이 혁신의 결과로 산출된 성과다. 혁신이라는 열린 시스템의 피드백 과정을 통과해 얻어낸 것이기 때문에, 목적성과는 더 큰 성과를 불러온다. 이와 같은 목적성과는 목적경영을 통해서만 지속가능하게 산출된다.

# 화려한 성과의 덫에 걸려 죽어가는 조직

요즈음 웬만한 회사는 다 KPIKey Performance Indicator를 가지고 전략적으로 성과를 관리한다.[1] KPI는 전략경영의 가장 핵심적인 병기다. 전략경영의 의도와는 달리 세상이 저성장 초연결사회로 급격하게 전환되자 KPI는 회사를 '골육상잔'의 전쟁터로 바꾸는 부메랑이 되어 돌아오고 있다. 필자가 다양한 세미나, 강연을 통해 경영자나 임원들에게 이 KPI가 회사의 비전과 사명을 살해하는 주범이라는 이야기를 들려주면, 대부분 경악을 금치 못한다.

KPI를 만들려면 먼저 회사의 비전과 사명을 잘 설정해야 한다. 사명과 비전을 준거로 삼고 그것들을 달성할 수 있는 과제들이 도출되면, 그 과제들은 팀이나 개인 단위로 할당한다. 이 과제를 성공적으로 달성했느냐 여부를 판단할 수 있는 계량화된 지표가 바로 KPI다. 논리적으로 따지면 KPI는 회사의 비전과 사명 달성을 위한 중요한 전략적 수단이다. 특히 경영자들이 KPI에 환호하는 이유는, 비전 달성 정도를 숫자로 쉽게 알아볼 수 있기 때문이다.

하지만 문제는 그리 간단치 않다. 회사의 비전과 사명에서 논리적으로 도출되어 일단 팀이나 개인에게 KPI가 할당되는 순간, 구성원들은 비전과 사명을 깨끗이 잊어버린다. 할당받은 KPI를 분기 내에 달성할 수 있는가가 최대 현안이 된다.

구성원들이 느끼는 KPI는 경영진의 생각과 많이 다르다. KPI가 회사의 비전과 사명을 달성하는 '수단'이 아니라, 회사생활의 생존을 보장해주는 '목적'이 되어버린다. 구성원 입장에서는 목적과 수단이 바뀌는 현상이 벌어진 것이다. 회사의 비전과 사명을 달성하기 위해 KPI를 달성해야 한다고 생각하는 구성원은 없다. 실제로 KPI를 달성하는 구성원에게는, 더 이상 회사의 비전이 중요한 고려사항이 아니다. 이들에게 중요한 것은 무슨 수를 써서라도 KPI를 달성해 생존을 보장받는 것이다.

생존을 보장해주는 '목적'으로 KPI에 접근하다 보니, 구성원들은 수단과 방법을 가리지 않게 된다. 그런데 이 수단과 방법은 가끔 조직이 설정한 비전과 사명을 침해하는 방식으로 전개된다. 구성원 개개인의 KPI만 달성되면 사명이 구현된다고 믿는 임원들도, KPI가 사명을 방해해도 전혀 괘념치 않는다. 경영진의 평가와 연봉 역시 구성원의 KPI에 연동되어 있기 때문이다.

결국 대부분의 KPI는 조직의 비전과 사명을 죽이는 방식으로 반드시 달성된다. 이와 같은 현상은 조직의 비전과 사명이 죽어 있는 경우에 더욱 심각하게 나타난다. 어차피 허울뿐인 비전, 식물화된 사명이니 KPI 달성 과정에서 조금 손상된다 한들 아무도 신경쓰지 않기 때문이다. 비전과 사명은 원래부터 죽어 있었기 때문에, 한 해의 성과를 평가하는 자리에서도 회사 전체가 KPI 숫자에만 관심을 쏟지 KPI가 비전과 사명을 얼마나 손상시켰는지에 대해서는 관심이 없다. 경영진들도 구성원들도 KPI 숫자만 채우면 사명이나 비전이 자동적으로 살아날 것이라는 착각에 빠져 있다.

이러한 현상은 KPI가 사명을 달성하는 전략지표가 아니라 생계형 성과를 추구하는 회사의 목표관리 도구로 전용되었기 때문에 벌어지는 것이다. 생계형 성과를 추구하는 회사에서 사용하는 전략에는 전략적 의도가 거세되어 있다.[2] 올해 달성한 성과보다 더 많은 성과를 내는 것은 '의도'가 아니다. '의도'란 더 많은 성과를 내야만 하는 '이유'를 말한다. 의도를 상실한 상태에서 더 많은 성과를 내기 위한 숫자상의 도구로 KPI가 전용되기 시작할 때, 회사의 사명과 비전은 활력을 잃어간다. 결국 회사의 운명은 뜨거운 냄비 속에서 천천히 죽어가는 개구리 신세로 전락한다.

KPI가 회사의 사명을 달성하기 위한 혁신과제에 맞추어져 제대로 도출되었다 하더라도 여기에서의 성공이 목적 자체의 실현을 의미하지는 않는다. 회사의 목적이 제대로 설정되어 가동되고 있더라도, 목적이 구현되는 과정에서 필연적으로 그 목적이 '제도화의 감옥'에 갇히는 현상을 인정해야 한다.

문제는 성공의 덫에 취해서 목적이 제도화의 감옥에 갇혀 죽어가는 현실을 인정하지 않을 때 생긴다. 제도화의 감옥에 갇힌 목적을 제대로 인식하고 그것을 감옥으로부터 꺼내는 작업을 통해, 목적이 세상에 지속적으로 울림을 창출하는 공진화를 성공시켜야 한다. 연말에 성과를 나누는 파티에 취해 필연적으로 죽어가는 목적을 외면해서는 안 된다. 경영자들이 큰 성과를 내고 있음에도 불안해하며 위기의식을 부각시키는 이유도 여기에 있다. 성과가 나긴 했지만 목적은 제도화의 감옥에서 죽어가고 있음을 감지하고, 그에 대한 불안감을 은연중에 내비치는 것이다.

전략에 몰두하는 전문 경영인들이야 KPI 달성률만 신경 쓰겠지만, 회사의 미래에 지분을 가지고 있는 사람들의 마음을 불안하게 하는 것은 성과의 덫에 걸려 죽어가는 회사의 목적이다. 이들은 지금의 현란한 성과가 그리 중요하지 않다는 사실을 누구보다 잘 안다. 그래서 회사를 100년 기업으로 안착시키려면 지금의 성과를 넘어, 회사의 목적과 사명을 세상의 변화에 맞춰 지속적으로 공진화시키는 것이 중요하다는 사실을 누구보다 잘 안다.

## 장기적인 가치충격을 줄 수 있는가?

목적경영이 과연 주주들에게도 도움이 되는지는 지속적인 연구대상이다. 아직까지는 일관된 결론이 나오고 있지 않으나, 최근에 방법론을 강화시킨 몇몇 연구들에서는 비교적 일관되게 목적경영을 지지하는 결과가 나오고 있다.[3]

최근 보스턴컨설팅그룹에서 다양한 산업군에 걸쳐 있는 50개 기업을 대상으로 지난 10년간의 장기적 재무성과를 분석했다.[4] 분석대상이 된 기업들은, 철저하게 목적경영을 하는 기업과 목적에 대한 생각 없이 더 나은 성과를 내기 위해 KPI를 전략도구로 사용하는 전략경영 기업으로 분류되었다. 후자의 회사, 즉 KPI를 생계형 성과를 위한 전략도구로 사용하는 회사들의 10년간 투자가치환원률total shareholder return을 조사해보았더니 75%가 평균적인 재무성과를 내는 일반 회사보다 수익률이 떨어졌다. 반면 제대로 된 목

적경영을 하고 있는 회사는 평균보다 좋은 재무성과를 낼 개연성
이 50%나 높았다. 이와 같은 결과는 다른 재무성과 지표를 분석해
도 마찬가지였다.

뉴욕대학교의 클라우딘 가르텐베르크Claudine Gartenberg와 동료들
은 429개 상장사들의 재무성과를 분석했다.[5] 분석대상이 된 회사
들은 2006년부터 2011년까지 〈포춘〉지에 '일하기 좋은 100대 기
업The 100 best companies to work for' 순위 집계를 위해 자료를 제출한 회
사들이다. 분석결과 목적경영에 집중한 회사는, 성과증진을 위해
회사가 하는 모든 혁신활동이나 GWP를 위한 투자가 재무성과를
급신장시킨 것으로 나타났다.

반면 목적보다는 더 나은 성과를 위해 전략에 집중하는 회사는
그렇지 않았다. 그 회사에서 하는 혁신활동이나 GWP 프로그램은
재무성과와의 관계에 있어서 부정적으로 나타난 것이다. 목적경영
이 아닌 전략경영을 추구하는 회사에서 벌어지는 혁신활동은 밑
빠진 독에 물을 채우려고 노력한 결과에 지나지 않았다. 이런 혁신
활동은 오히려 구성원들을 기진맥진하게 만드는 결과를 초래했다.

이 같은 연구결과는 생계형 성과를 지향하는 회사에서 더 나은
성과를 내기 위해 KPI를 전략도구로 사용하는 것이 얼마나 위험한
결과를 초래할 수 있는지를 함축적으로 보여준다. KPI는 생계형 성
과를 지향하는 회사에서 사용될 때 부메랑 효과가 있다. KPI가 제
대로 사용되는 경우는, 목적경영을 하고 있는 회사가 사명달성 여
부를 측정하는 도구로 사용할 때다.

회사가 존재이유로서 목적을 정하고 이 목적을 달성하는 과제로 사명을 정했다는 것은 목적에 도달하기까지 혁신을 통해 돌파해야 할 수많은 장애가 있음을 전제로 한다. 이 장애를 돌파하는 혁신적 과제를 완수하는 것이 바로 사명이다. 이 사명과제에서 혁신을 통해 돌파해야 할 지표를 KPI로 사용해야 한다. 이와 무관한 나머지 일반 성과는, 구성원끼리 합의해 목표를 도출하고 상호 주관적으로 평가하고 보상하는 일반 목표관리 시스템이면 충분하다.

재무성과와 목적경영에 관한 연구결과는, 대부분의 기업들이 관행적으로 사용하듯이 일반 성과관리 지표로 KPI를 사용할 경우 투자자들에게 전혀 울림을 창출하지 못한다는 사실을 지적한다. 목적이 정해지고, 그 목적에 대한 사명과제의 성취 수준을 측정하고 보상하기 위해 KPI를 사용할 때 회사의 모든 노력은 투자자들에게 장기적인 가치충격을 줄 수 있다. 주주에게 임팩트 투자Impact Investment에 소명을 느끼게 하는 원천은, 장기적으로 달성할 수 없는 더 높은 숫자로 약속하는 것이 아니라 목적경영이 성공할 수 있다는 실제 사례를 증명해 보여주는 것이다.


## 소명 없는 CEO는 없다

2010년 그린 피크 파트너스Green Peak Partners와 코넬대학교는 CEO 포지션을 염두에 둔 임원들에 대한 의미 있는 연구결과를 발표했다.[6] 이 연구는 〈포춘〉 선정 500대 기업에 속하는 공기업 혹은 사기업에서 근무하는 72명의 임원을 대상으로 했다. 핵심주제는 이들 중 CEO로 등극할 수 있는 임원이 누구인가 하는 문제였다.

연구결과는 일반적인 상식과 달랐다. 존경받는 CEO가 되기 위해서 가장 중요한 요소는 임원들의 자기이해능력self-awareness이었다. 인터뷰에서 임원들은 공통적으로 이런 의견을 이야기했다. "지식, 역량, 경험은 다른 사람들과 비슷하겠지만, 나는 아무리 시간에 쫓기는 업무를 할당받아도 나 자신이 누구인지를 알아보는 데 시간을 아끼지 않았다."는 것이다.

자신을 안다는 것의 핵심은, 자신의 정체성을 잘 알고 있다는 것이다. 정체성의 핵심은 자신이 어디에서 왔고, 지금은 어디에 서 있고, 어떤 목적지를 향해서 가고 있는 사람인지를 이해하는 것이다. 많은 사람들이 자신의 정체성을 알고 있다고 생각하지만, 이 정체성은 분절되어 있다. 즉 과거에 어떤 일을 했고 지금은 어떤 일을 하고 있는지를 아는 것으로 자신의 정체성을 잘 알고 있다고 규정한 것이다. 정체성은 미래에 자신이 어떤 목적을 향해서 가고 있는지를 제대로 알아야 완결된다. 완결된 정체성을 가진 사람들은 생각보다 많지 않다.

〈포춘〉 선정 500대 기업의 존경받는 CEO들은, 경쟁자들에 비해서 보다 완결된 정체성을 가진 사람들이었다. 이들은 자신의 정체성을 이해하기 위해서 바쁠수록 더 열심히 자신이 어떤 사람인지에 대해 성찰했다. 이들의 정체성은 불투명한 미래의 목적에 대한 나침반 역할을 수행한다.

CEO로 발탁되는 사람들의 개인적 정체성은 상당 부분 회사의 정체성과 일치한다. 즉 회사가 어떤 목적지를 향해서 가고 있는지와 CEO 자신이 어떤 목적지를 향해서 가고 있는지가 중첩된다. 회사와 CEO는 이 목적지를 향한 여행의 동반자인 셈이다. 결국 글로벌 기업의 CEO로 발탁되는 핵심적인 기준은, 자신이 어떤 진북을 향해 가고 있는지, 이 진북에 대한 길을 잃었을 때 되찾을 수 있는 나침반을 가지고 있는지의 문제로 귀결된다.

반대로 CEO의 길에서 탈락하는 임원들은 경험이나 스펙, 역량으로 화려하게 중무장을 하고는 있지만 정작 자신의 정체성에 대해서는 스토리가 텅 빈 사람들이었다. 생계형 성과를 해결하기 위해 너무 바쁘게 쉬지 않고 부지런히 경험, 지식, 역량을 축적했지만, 정작 자신이 누구인지를 잃어버린 사람들이었다.


직장인들을 대상으로 한 임패러티브Imperative와 뉴욕대학교의 공동연구도 비슷한 결과를 보여주었다.[7] 이 연구는 직장인을 세 그룹으로 나누어 여러 가지 측면을 비교했다. A그룹은 사회적 지위를 위해서 일하는 사람, B그룹은 경제적 성취를 위해서 일하는 사람, C그룹은 목적을 위해서 일하는 사람이다. 2015년에 발표된 이 연구의 결과를 보면, 과장급까지는 A, B, C 세 그룹 간에 큰 차이가 없었다. 목적을 염두에 두든, 지위나 돈 때문에 일하든, 비슷비슷했다는 뜻이다. 팀장급으로 올라가면 목적 지향적 성향을 가진 C그룹의 사람들이 5% 정도 더 많은 것으로 나타났다.

그런데 임원급으로 올라가니 상황이 급변했다. 지위나 돈 때문에 일하는 사람보다 목적을 위해 일하는 사람의 비중이, 중역급에는 39%나 더 많았던 것이다. 그리고 CEO로 등극하는 사람들 중에는 목적을 위해 일하는 C그룹의 사람들이 돈이나 지위 때문에 일하는 A, B그룹 사람들보다 무려 50%나 더 많았다.

이 연구결과는 목적 지향적이지 않으면 중역이나 대표로 발탁될 개연성이 떨어진다는, 그린 피크 파트너스의 연구결과와 궤를 같이 한다. 불확실성이 커지고 초연결사회로의 변화가 심화될수록, 회사의 목적이나 삶의 목적에 마음이 동요되지 않는 사람이 CEO로 발탁될 개연성은 점점 낮아진다. 아무리 경험이 많고 역량이 뛰어나도 목적에 대해 소명을 느끼지 못한다면, 미래에는 더더욱 CEO가 될 개연성이 없다. CEO가 회사의 목적을 통해서 세상에 울림을 창출하지 못한다면, 생존을 위한 기본적 자원마저 동원하기 힘든 세상으로 변화했다. 글로벌 회사의 CEO가 된다는 것은 '목적경영의 큐레이터'가 된다는 것을 의미한다.

## 말 잘 듣는 어린이가 아니라
## 업을 따르는 전문가

글로벌 컨설팅 회사 베인앤컴퍼니Bain&Company 소속 파트너인 가튼Garton과 맨킨스Mankins는 300여 명의 글로벌 기업 중역들을 대상으로 '목적경영'이 회사 구성원들에게 어떤 영향을 주고 있는지 연구했다.[8] 연구자들은 중역들이 다니는 회사가 인적자원 전략의 초점을 어디에 두는지에 따라 4가지 범주로 분류했다. 첫 번째 부류의 회사는 경쟁사에 비해 만족스런 임금, 복지, 안정적 직무를 제공함으로써 구성원들을 직무로 만족시키기 위해 최선을 다하는 회사다. 두 번째 부류의 회사는 기본적인 임금과 복지에 대한 경쟁력을 넘어서 종업원들에게 자율권을 주고 직무를 통해 성장할 수 있도록 열의를 제공하는 회사다. 세 번째 부류의 회사는 목적경영을 실천하고 있는 회사이고, 마지막 부류는 이런 모든 수준에 미치지 못하는 회사다.

최근 경영학에서 집중하는 회사는 두 번째 부류의 회사다. 이런 회사들이 공들이고 있는 정책을 '열의engagement'로 규정한다.[9] '열의'란 직무 자율성을 보장하고, 피드백과 코칭을 통해 학습을 극대화시킬 수 있도록 조정함으로써 구성원 개개인이 일에 대해 열정과 의미를 느끼게 해주는 상태다. 목적경영은 개개인의 직무를 통해 열의를 느끼게 하기보다는 회사가 제공하는 '목적에 대한 소명'으로 인해 직무에 몰입하게 한다. 소명의식을 불러일으키는 목적경영은 열의보다 한 단계 위라고 규정할 수 있다.

부류별로 구성원들의 생산성을 비교한 결과, 구성원을 제대로 만족시키는 직장과 비교해 구성원들이 불만을 느끼고 있는 직장은 생산성이 74% 수준이었다. 구성원을 만족시키는 직장의 생산성을 100%라고 했을 때 구성원에게 '열의'를 불러일으키는 직장은 생산성이 144%로 44% 높았다. 마지막으로 구성원들에게 소명의식을

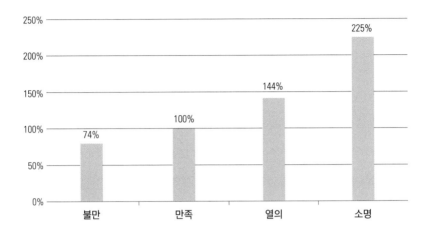

|그림 8| **구성원의 생산성**

불러일으키는 회사는 생산성이 225%로 모든 조건이 만족스러운 회사의 구성원보다는 125%나 높은 생산성을 향유하고 있었다.

　'열의'가 높은 직장에 근무하는 구성원보다 목적에 대한 '소명의식'을 느껴가며 근무하는 구성원들이 81% 정도 더 높은 생산성을 보여주었다. 목적경영을 하는 회사의 가장 큰 특징은 회사의 목적에 대한 단단한 믿음이 구성원들 개개인의 소명을 불러 일으켰고, 이 소명이 직무에 대한 남다른 몰입을 가져왔다는 점이다.

　전략적 인적자원관리는 구성원들의 소명을 죽이는 기제로 작동해왔다. 전략적 인적자원관리의 핵심은, 회사의 경영진이 비즈니스 전략을 만들면 구성원들은 손발이 되어 이 전략을 집행하는 것이었다. 즉 구성원을 도구로, 말 그대로 자원으로 취급한 것이다. 그러므로 구성원은 경영진이 시키는 대로 다른 생각 없이 일사분란하게 움직여주어야 한다. 일사분란하게 몸으로 전략을 실행해주면 경영진은 얼마나 잘 따라왔는지에 대한 성과를 평가해서 인센티브를 제공해준다.

경영진은 구성원들이 시키는 대로 움직여주는 것을 선호하지 경영진의 방식에 대해서 이의를 제기하는 것을 좋아하지 않는다. 구성원들이 말 잘 듣는 어린이라는 생각을 버리지 못한다. 구성원들도 마찬가지다. 어른처럼 한두 번 이의를 제기했다가 철퇴를 맞은 후에는 절대로 자기 생각을 회사로 가져와 일에 섞지 않는다. 그냥 시키는 대로 잘 따라 하는 어린이로 남기로 결심한 것이다.

이처럼 어린이 취급을 받는 상황에서 자신의 생각은 물론이고 진심과 영혼을 회사로 가지고 와서 업무와 섞는다는 것은 상상도 못할 일이다. 대부분의 종업원들은 자신만의 독립적이고 창의적인 생각을 업무에 가져오지 않는다. 그뿐 아니라 자신의 영혼이 손상될까 봐 회사에 출근할 때 영혼을 문밖에 걸어두고 퇴근할 때 찾아서 집으로 돌아가는 일을 반복하고 있다. 그러다 보니 회사에서는 영혼 없이 시키는 대로 일하는 것이 제도화되었다.

2017년 7월 6일, 20개국 정상회의가 열리는 독일 함부르크가 좀비들로 가득 찼다. 무슨 일이 벌어진 것일까? G20 정상회의가 열리는 회의장 앞에서 시민들이 좀비로 분장해서 자본주의와 인류의 불화를 비판하는 행위예술을 선보인 것이다. 자본주의 첨병인 G20 정상들에게 "지옥에 온 것을 환영한다."는 주제를 보여주고자

한 것이었다. 온몸에 회색 페인트와 진흙을 뒤집어쓴 사람들이 좀비처럼 거닐다가 고통을 호소하며 쓰러졌고, 갑자기 옷을 벗어던지며 소리를 질렀다. 시위자들은 더 이상 사람들이 자본주의로부터 파괴당하지 않기를 바란다고 전했다. 또한 전 세계의 자본주의 권력자들이 변화할 때까지 더 이상 기다릴 수 없기 때문에 평범한 사람들이 먼저 나서서 변화를 이끌어야 한다고 촉구했다.

생계를 위해 좀비 취급당해가며 직장생활을 유지했던 구성원들이 근무하는 회사의 경영진들에게는 이와 같은 시위가 남의 이야기가 아니다. 이미 초연결·디지털 혁명의 광풍이 몰아치고 있다. 경영진의 머리에서 나온 아이디어만으로는 문제해결이 불가능한 상황에 이르렀다.

다급한 마음에 구성원들에게 창의적인 생각과 영혼이 있는 아이디어를 내어 문제를 주도적으로 해결하라고 요구하지만, 이렇게 요구할수록 경영진의 언행불일치만 도드라져 보일 뿐이다. 요구가 거세질수록 구성원들은 경영진에게 더 냉소적으로 무언의 항의를 보낼 것이다. 결국 근원적인 변화가 없다면 다 같이 공멸하는 것 외에 회사가 살아날 방법이 없다.

이런 어려운 상황 속에서 점차 활기를 찾아가는 회사는 목적경영을 실천한 회사들이다. 목적경영을 실천한 회사들은 경기가 좋을 때도 나쁠 때도, 변화를 선택하면서 경영할 때도 지금처럼 변화 자체가 상수일 때도, 조건에 상관없이 목적에 대한 믿음을 구축해서 구성원들의 마음을 흔들었다. 그런 회사의 구성원들은 회사의 목적에 대해 소명을 가지고 있다. 또한 이런 목적경영이 제대로 작동하면 경영진이 구성원에 대해 고민하는 모든 인사문제가 한몫에 풀린다. 이러한 점은 수많은 연구결과들이 보여주고 있다.

딜로이트Deloitte는 해마다 목적경영을 하는 회사의 구성원과 전략경영을 하는 회사의 구성원을 비교하고 있다.•¹⁰ 그 결과를 간단히 소개하자면 다음와 같다. 한눈에 보아도 비교가 될 것이다.

|  | 목적경영 | 전략경영 |
| --- | --- | --- |
| 지난 수년간 회사가 재무적으로 성장했는가? | 90% | 65% |
| 경쟁사와 비교해 더 우월한 브랜드 파워를 가지고 있는가? | 91% | 66% |
| 조직문화가 의미가 있는가? | 89% | 38% |
| 고객이 회사에 만족하는가? | 94% | 63% |
| 올해 회사가 성장할 것이라고 생각하는가? | 82% | 48% |
| 회사가 어떤 난관도 극복할 수 있을 것이라고 믿는가? | 83% | 42% |
| 회사가 장기적으로 경쟁력을 유지할 수 있는가? | 79% | 47% |
| 구성원의 몰입도가 높은가? | 73% | 23% |
| 회사가 나의 잠재력을 실현할 수 있는 자원을 제공하는가? | 83% | 43% |
| 회사가 다양성을 존중하는가? | 83% | 43% |
| 구성원들은 혁신적인가? | 80% | 35% |

목적경영을 하는 회사에는, 회사의 목적에 마음을 빼앗겨 자신의 일을 소명으로 생각하고 일하는 사람이 넘쳐난다. 소명의식을 가지고 일을 수행하는 사람들을 업을 따르는 사람, 즉 '종업원從業

• 100명 이상 고용하고 있는 미국 내 회사를 대상으로 한 서베이. 샘플에 포함된 사람은 1,012명의 정규직 직원들과 298명의 임원들이다.

員'이라 칭한다. 종업원은 업의 개념을 각성하고 이 업을 따르는 사람들이다. 종업원으로 일한다는 것은 굳이 돈으로 보상하지 않아도 회사의 목적을 구현하는 일에 자원봉사자로, 파트너로 나선다는 것을 의미한다.

세상의 모든 변화는 자신이 하는 일을 소명으로 생각하고 자발적으로 나선 사람들에 의해서 만들어진다. 회사가 목적을 잃어버리니 직책을 맡아서 돈 준 만큼만 일하는 '직원職員'은 있어도, 이 일을 왜 하는지 아는 사람, 업을 따르는 사람인 '종업원'은 다 사라졌다. 경영에 어려움을 겪고 있는 회사들의 가장 큰 문제는, 업을 따르는 종업원이 사라지고 돈 받은 만큼만 정확하게 계산해서 일하는 직원들만 남았다는 사실이다.


## 왜 할리데이비슨 로고를 문신으로 새기나?

세계 최고의 저가 항공사 사우스웨스트 항공사의 구성원들은 회사에 대한 자부심이 대단하다. 사랑을 전파하자는 회사의 사명에 영혼을 빼앗겨 회사 로고를 문신으로 새기고, 고객을 만나거나 친지를 만날 때마다 회사 자랑을 하기 일쑤다. 그런데 이 사우스웨스트 항공사보다 한 술 더 뜨는 뜨는 회사가 있다. 바로 모터사이클 제조회사 할리데이비슨이다. 할리데이비슨의 로고는 종업원뿐 아니라 고객들, 심지어 고객이 아닌 사람들조차도 몸에 문신으로 새길 정도다. 회사가 추구하는 목적에 영혼을 빼앗겼기 때문이다.

할리데이비슨은 1903년에 창립되었다. 2차 세계대전 중에는 군용 오토바이 수요를 충족하기 위해 민간에는 오토바이를 공급하지 못했다. 1945년 전쟁이 끝나고 다시 민간 오토바이 사업을 시작했는데, 1960년대까지 혼다 등의 공세로 고전을 면치 못하다가 1969년에 레저용품 제작사인 AMF에 합병되었다.

합병 후 회사는 대형 오토바이 제조사로서의 정체성을 박탈당했고, 그 결과 1970년대에는 시장점유율이 25%까지 떨어졌다. 하지만 1981년 할리데이비슨을 복원시키려는 임원진, 경영진, 고객들이 힘을 합쳐서 AMF로부터 다시 회사를 인수해 '제2의 탄생'을 맞이한다. 이들이 복원시키려고 노력했던 것은 할리데이비슨의 존재이유이자 영혼인 '자유에 대한 체험'이었다.

라이더의 마음속에 숨어 있는 자유에 대한 잠재적 갈망을 해방시키자는 것이 이들의 '목적'이었다. 직장인이라는 갑갑한 신분, 가장으로서의 중압감을 버리고 선글라스, 가죽재킷과 부츠로 무장한 채 도심에서 벗어나 야외를 질주하는 그 순간, 라이더들은 자유로움을 만끽한다. 할리데이비슨이 내는 소음은 '감성소음'이다. 둔탁하지만 말발굽소리를 연상시키는 엔진소리만 들어도 고객들은 할리데이비슨이 가까이 오고 있음을 안다. 그들은 100년간 V-트윈 엔진의 형태를 바꾸지 않고 혁신에 혁신을 거듭해 라이더의 자유에 대한 갈망을 흔드는 말발굽소리를 만들어냈다.

여기서 주목할 것은, 모터사이클 클럽인 '할리 오너스 그룹Harley Owners Group', 호그HOG라고 불리는 동호회다. 라이더 클럽 호그에 가입한다는 것은 할리데이비슨 놀이공원에 들어가는 것과 같다. 재미뿐만 아니라 각계각층의 다양한 직업군의 사람들과 만나 교류할 수 있기 때문이다. 호그는 그 자체로 플랫폼이고, 이것을 기반으로 라이더들에게 즐겁게 뛰어놀 수 있는 운동장을 제공한다. 또한 이 운동장에서 만끽하는 체험을 팔아서 더 많은 수익을 창출한다.

이 라이더 클럽은 전 세계적으로 수백만이 넘는 회원수를 자랑하고 있다. 이 모든 것이 가능했던 것은 경영진과 구성원, 고객들이 힘을 합쳐서 할리데이비슨의 목적을 성공적으로 복원했고, 더불어 회사의 영혼을 살려냈기 때문이다. 구성원뿐 아니라 고객도 목적에 소명을 느끼기 때문에 가능했던 일이다.


영혼은 숲속의 동물과 같아서 왁자지껄 시끄러운 소리를 내며 찾아다니면 다 숨어버린다. 하지만 숲과 하나가 되어 조용히 같이 숨 쉬면 동물들은 다시 우리 주변에 모여들기 시작한다. 지금까지 대부분의 한국 기업들은 구성원의 영혼을 포획하기 위해 전략을 짜고, HR 프로그램을 만들고, 인센티브의 그물을 만들었다. 또한 고객에게는 현란하고 감성적인 광고를 빵빵 때려가며 영혼사냥에 나섰다. 나에게 잡히면 잘 사육해주겠다고 사냥에 나섰지만 결국 동물들을 두려움에 떨게 만들고 숲에서 몰아냈던 것이다.

마찬가지로 영혼을 포획해 가두어놓고 잘 길들일 수 있다며 조직화하기 시작하면 태생이 자유로운 영혼들은 상처받을 것이 두려워 숨어버린다. 차라리 자유롭고 안전하게 스스로 뛰어놀 수 있는 울타리를 만들어주고 이 울타리 안에 더 많은 나무를 심어주고 조용히 숲과 함께 호흡하도록 만들어보라. 아마도 우리가 경험하지 못했던 영혼들까지 모여드는 기적을 목격할 것이다. 구성원, 고객, 사회가 기대하는 회사의 모습은 이런 것이다.

## '떨림'이 살아 있는 나침반

회사 경영이든, 개인의 인생이든, 제대로 된 목적지를 찾아가기 위해 꼭 필요한 2가지 도구가 있다. 하나는 길을 잃었을 때 진북을 찾아주는 나침반이고, 다른 하나는 어떤 목표점을 정했을 때 거기까지 가장 빨리 도달하게 도와주는 지도다.

사명에 대한 전략적 의도를 가지고 혁신적인 성과를 거두었다 하더라도, 이 성과가 정해진 목적지를 향하고 있는지, 여전히 세상에 공명을 창출하고 있는지는 또 다른 문제다. 또한 성과를 냈다 하더라도 같은 성과를 내는 더 나은 방법이 있을 수 있다. 그렇다면 목표대비 성과가 만족스럽다 하더라도, 성과를 내는 새로운 길은 지속적으로 지도에 업데이트해두어야 한다.

많은 회사들이 한 해를 마무리할 때 목표에 대비해서 성과를 어느 정도 달성했는지 검토하지만, 목적을 향해 제대로 된 길을 효과적으로 가고 있는지는 검토하지 않는다. 이것은 결국 경영의 관점이 미래가 아닌 과거의 성과에 맞추어져 있고, 시간을 뒤따라가는 데 집중하고 있다는 뜻이다.

세상은 끊임없이 변화하기 때문에 내가 지닌 나침반이 진북을 찾아내려면 '떨림'이 유지되어야 한다. 또한 지도는 최신판으로 지속적으로 업데이트해 세상의 변화에 맞춰 공진화시켜야 한다. 아무리 절대적인 성과를 많이 내는 사람이나 회사라 하더라도, 떨림이 없는 굳어진 나침반을 가졌거나 세상과 공진화하지 못하는 낡은 지도를 가졌다면, 장기적 관점에서 그 사람 혹은 조직은 미래에 대한 안목을 상실한 것이다.

나침반은 회사의 조직문화가 목적에 대한 살아 있는 믿음을 가지고 있는지를, 지도는 회사의 비즈니스 모델을 은유한다. 나침반의 떨림을 확인한다는 것은 미래를 확인하는 작업이고, 지도를 업데이트한다는 것은 미래를 통해 현재를 통찰한다는 의미다. 목적에 대한 믿음이 아무리 강해도 이 목적에 대해 떨림이 없는 나침반을 가지고 있다면 죽은 나침반을 가진 것과 다름없다. 과거를 살고 있는 회사로 전락한 것이다.

지속적으로 성과를 내기 위해서는 일정 부분 제도화의 과정을 거쳐야 하는데 이 제도화 과정을 거치다 보면, 다는 아니지만 종업원의 상당수는 목적에 대한 믿음을 당연한 것으로 받아들이는 '제도화의 덫'에 갇힌다. 목적에 대한 믿음이 제도화의 덫에 갇혀 성장하지 못하면 죽은 믿음으로 전락한다.

성과에서 소명으로 이르는 단계에서 필요한 것은 믿음이 제도화의 덫에 갇혔는지를 점검하는 것이다. 또한 갇혔다면 철창에서 구해내 믿음을 소생시키는 일이다. 목적에 대한 믿음이 나침반처럼 세상이 변화하는 방향에 맞춰 떨림을 유지하며 같이 생장할 수 있도록 공진화시키는 것이 이 단계의 중요과제이다. 아래 민영규 시인의 '지남철'이라는 시는 죽어서 떨림이 멈춘 나침반의 운명을 잘 묘사하고 있다.[11]

北極(북극)을 가리키는
지남철은
무엇이 두려운지
항상 바늘 끝을 떨고 있다.
여윈 바늘 끝이 떨고 있는 한
그 지남철은
자기에게 지니어진 사명을
완수하려는 의사를
잊지 않고 있음이 분명하며
바늘이 가리키는 방향을
믿어도 좋다.
만약 그 바늘 끝이
불안스러워 보이는 전율을 멈추고
어느 한 쪽에 고정될 때
우리는 그것을 버려야 한다.
이미 지남철이 아니기 때문이다.

2018년 1월 11일 페이스북의 창립자 저커버그는 자신의 페이스북에 페이스북의 미래정책에 대한 장편의 글 하나를 포스팅했다.[12] 포스팅 내용은 사용자들의 피드백을 검토해본 결과 광고 콘텐츠가 급증해서 원래 페이스북의 존재이유인 가족, 친구 간 사적인 소통을 방해한다는 것이다. 따라서 페이스북의 원래 목적대로 광고에 의해서 방해받는 것을 줄이고 사용자들 사이에 더욱 의미 있는 사회적 교류가 늘어나도록 개혁하겠다는 내용이다.

이 포스팅에 영향을 받아 페이스북의 주가가 하루 만에 4.4% 급락하면서 저커버그의 재산 가치도 33억 달러(약 3조 5,000억 원)나 줄었다. 전날까지 세계 4위 갑부였던 저커버그는 5위로 한 계단 내려갔다. 많은 증권 분석가들의 부정적인 분석과 달리 저커버그 본인은 이 같은 결정이 페이스북의 나침반이 변화하는 세상에 떨림을 유지할 수 있도록 극성을 살리기 위해 목적투자를 단행한 것이라고 생각한다. 3조 5,000억은 손실이라기보다는 목적투자 비용이다.

페이스북과 같은 플랫폼 사업자들은 일정 기간 무료로 서비스를 제공하고 사용자들이 많아지면 이 네트워크 효과를 이용해서 무자비한 돈벌이에 나서는 비즈니스 모델을 혁신적인 모델이라고 착각하는 경향이 있다. 하지만 이 무자비한 돈벌이가 플랫폼이 애초에 고객에게 약속했던 목적을 침해한다면 여기에 참여했던 사람들도 결국은 떠나버린다.

회사의 존재이유인 목적에 관심을 가진 구성원·경영자·주주·고객·이웃·사회가, 회사가 목적을 향해 계속 진화하는 것을 보고 마음의 떨림을 경험하고 있다면, 미래를 향한 나침반은 제대로 작동하는 것이다. 나침반은 결국 회사를 사랑하는 구성원들의 마음에 내재해 있기 때문이다.

모든 구성원에게 떨림을 창출하는 회사에서 만들어내는 제품이나 서비스는 어느 시점에 이르면 고유명사에서 보통명사로 바뀐다. 타이레놀·코크·스카치테이프·포스트잇·제록스·버버리·앱스토어·아이폰처럼 말이다. 진통제가 필요할 때 "타이레놀 주세요."라고 하는 것처럼 고유명사가 보통명사로 전환된다. 보통명사가 되었다는 것은 이런 서비스나 제품이 일반 사람들에게 삶의 표준으로 자연스럽게 받아들여지기 시작했음을 뜻한다. 이런 회사는 제품이나 서비스를 통해 회사가 가진 목적과 철학을 팔 수 있는 미래 플랫폼을 만든 것이다.

회사가 목적의 부름에 따라 제품과 서비스를 끊임없이 혁신해 사람들에게 울림을 창출한다면, 사람들은 이런 회사를 초일류기업이라고 부른다. 회사의 목적을 세상의 변화에 따라 공진화시키는 데 성공한 회사들이다. 하지만 이들이 궁극의 목적지에 도달했다고 생각하고 혁신을 멈춘다면 제품이나 서비스도 조만간 역사의 뒤안길로 사라진다. 목적은 따라잡을 수 있는 것이 아니다. 큰 성공을 통해 목적을 따라잡았다고 믿는 순간 혁신은 멈추고 목적은 제도화의 덫에 걸려 고사당한다.

목적을 제대로 이해한 기업들은 혁신을 멈추지 않는다. 이런 회사의 제품과 서비스를 만나면 사람들은 영혼의 흔들림인 소명의식을 느낀다. 결국 조직은 세상의 변화에 맞추어 자신들의 목적을 끊임없이 공진화시키는 데 성공한 것이다.

**11**

# 비전 레이더로 숨어 있는
# 시그널을 잡아라

최상의 것이나 아름다운 것들은 눈으로 보거나 만질 수 없다.
그것들은 항상 가슴으로만 느껴질 뿐이다.
— 헬렌 켈러

## 눈에 보이는 대로 보는가?

한 어린이가 같이 놀 친구를 찾으려고 온 동네를 뒤지고 있다. 마지막으로 남은 곳이 동네 사랑방이다. 설레는 마음을 머금고 문을 활짝 열어보니, 실망스럽게도 동네 할아버지, 할머니 몇 분이 담소를 나누고 있다. 실망한 어린이는 혼잣말로 "에이, 아무도 없잖아…." 하고 돌아선다. 무슨 일이 벌어진 것일까? 분명 몇 분이 계셨는데 아이는 사람을 전혀 못 본 것처럼 이야기한다. 아이는 정말 아무도 못 봤을까?

여기에는 2가지 가능성이 존재한다. 같이 놀 친구를 찾겠다는

|그림 9| **비트겐슈타인의 오리토끼**

열망에 온 마음이 집중되어서 할아버지, 할머니들이 정말 레이더에 들어오지 않았을 수도 있고, 레이더에는 들어왔지만 스크린 하는 과정에서 사람들이 지워졌을 수도 있다. 왜 이런 일이 발생하는 것일까? 아이의 시각에 무슨 문제가 있었던 것일까?

위의 그림은 언어철학자 비트겐슈타인이 만들어낸 토끼오리 그림이다. 오리와 토끼를 다 알고 있는 사람은 2가지 모두 보이겠지만, 일단 여기서는 세상 모든 사람이 두 부류로 나눠진다고 상상해보겠다. 한 부류는 토끼 나라에서 온 사람들로 평생 오리를 본 적이 없다. 다른 한 부류는 오리 나라에서 온 사람들로 마찬가지로 토끼를 한 번도 본 적이 없다. 토끼 나라 사람과 오리 나라 사람들이 모여서 '이게 도대체 무엇이지?'에 대해 논쟁을 벌인다고 상상해보자.

아마도 이 논쟁은 밤새 끝나지 않을 것이다. 토끼 나라 사람들은 확신에 차서 토끼라고 주장할 것이고, 오리 나라 사람들은 아무리 봐도 오리라고 주장할 것이기 때문이다. 이처럼 사람들은 눈에 보이는 그대로 세상을 보지 않는다. '정신모형'이라는 '마음지도'에 어떤 상이 맺히느냐에 따라 같은 것도 다르게 본다.[1]

만약 오리도 토끼도 전혀 모르는 사람이 본다면, 이 그림은 그냥

무의미한 점들의 연속일 뿐이다. 하지만 이전에 토끼와 오리를 본 적이 있다면 이런 의미 없는 점들의 연속이 마음지도 속 그림에 따라 토끼나 오리로 의미 있게 구성된다. 마음지도에 토끼가 있는 사람들은 토끼를 볼 것이고 오리가 있는 사람들은 오리만 볼 것이다.

비슷한 예를 하나 더 들어보자. 한 환자가 맹인과 병실을 같이 쓰고 있었다. 맹인은 병실 밖에서 일어나는 일을 항상 궁금해했다. 그래서 아침마다 그에게 바깥세상에 대해 설명해달라고 청했다. 환자는 친절하게 대답해주었다.

"오늘 밖은 어떤 풍경인가요?"

"지금은 봄이어서 꽃들이 만개해 있어요."

다음 날도 맹인은 바깥세상에 대해 물어본다.

"오늘은 봄바람이 산들산들 불고 있어서 사람들이 아이들과 산책을 즐기네요."

이렇게 지내던 어느 날 그 친절한 환자가 퇴원을 하고 새로운 환자가 병실에 들어왔다. 그런데 이 환자는 약삭빠른 장사꾼이었다. 맹인은 새로운 환자에게 반갑게 인사를 하고, 바깥세상에 대해 알려달라고 정중히 부탁했다. 첫날은 이 환자도 바깥 상황을 설명해주었다. 하지만 매일 똑같은 것을 질문해오는 탓에 짜증이 났다. 궁리 끝에 하루는 이런 거짓말을 했다.

"무슨 일인지 병원에서 창문을 다 막아놔서 더 이상 밖을 볼 수가 없어요. 앞으로는 물어보셔도 소용이 없습니다."

맹인은 장사꾼의 말을 그대로 믿고 더 이상 바깥세상에 대해 물어보지 않았다. 얼마 후, 맹인은 상태가 악화되어 중환자실로 이송되었고, 결국 세상을 떠났다.

중국 고전《대학》에서도 "심부재언시이불견心不在焉視而不見"이라고 했다. "마음에 있지 않으면 보아도 보이지 않는다."는 말이다. 목적이 마음지도에 그려져 있지 않다면 눈이 있어도 목적이 이끄는 세상을 보지 못한다. 비전에 대한 이런 본질적인 정의는 동서양을 막론하고 보편적 진리였다.

궁극적으로 정신모형이라는 마음지도 속에 담긴 세상이 아름다운 세상이라면, 마음의 눈은 우리에게 아름다운 세상을 보여준다. 반대로 정신모형에 미래가 구성되어 있지 않으면 우리는 미래에 대해 그냥 눈뜬장님에 불과할 뿐이다. 정신모형이 시키는 대로 세상을 보는 이상, 마음의 눈으로 볼 수 있는 멋진 세상을 마음지도에 그려 사람들과 비전을 나누는 것이 목적경영자들의 임무다.

목적경영자들의 마음지도에 담긴 세상은, 목적의 작용으로 변화가 만들어진 세상이라는 공통점을 가진다. 목적이 있기 때문에 사람들이 더 행복해지고 더 건강해지고 더 깨끗해진 세상을 마음지도에 담는다. 이 정신모형에 담긴 세상이 목적경영자들이 세상에 보여주는 비전을 구성한다.

## 지금까지 없던 세상을 만들어내는 비전

일반적인 사람들은 과거 경험을 토대로 자신의 마음지도를 그린다. 하지만 목적경영자들은 과거 경험을 넘어서 미래 세상에 대해 마음지도를 구성하는 원리를 터득한 사람들이다. 미래에 대해 마음지도를 그리는 원리는 상상임신이 이뤄지는 과정과 같다. 아이에 대한 간절한 소망은 실제로 임신한 여성과 똑같이 몸을 변화시킨다. 간절함이 아이를 임신했다는 상상적 체험을 제공했고, 실제 체험과 상상적 체험을 구분하지 못하는 뇌는 몸의 변화를 일으키는 호르몬 작용을 시작한다. 마찬가지로 어떤 대상에 대한 간절함은 상상적 체험을 일으키고 이 상상적 체험은 마음속에 이 대상에 대한 지도를 그려 넣는다.

일단 마음지도가 생기면 이것은 토끼오리에 대한 마음지도처럼, 우리에게 세상을 볼 수 있는 비전을 제공한다. 미래에 대한 마음지도는 다 상상적 체험의 붓으로 그려낸 것이다. 제대로 된 상상적 체험은 어떤 대상에 대한 간절한 믿음이 만들어낸다. 상상적 체험이 믿음을 만들어내면 실질적 체험과 똑같이 마음지도를 그려낸다. 어떤 방식으로든 마음지도가 그려지지 않았다면 비전이 생긴 것이 아니다.

결국 미래에 대한 간절한 믿음으로 상상적 체험을 만들지 못한다면 우리 눈에 보이는 세상은 모두 과거에 보고 듣고 경험한 것들로만 채워진다. 미래라는 시간은 상상으로 시간을 앞서가는 사람만 만날 수 있다. 뒤따라가서는 절대 만나지 못한다. 시간을 앞서가 정신모형에 미래에 대한 그림을 생생하게 그려내지 못한다면, 미래는 그냥 흘러가는 시간일 뿐이다.

미래를 만나는 사람들은 시간을 따라가는 게 아니라 앞서가 기다린다. 앞서가서 기다리게 해주는 그 도구가 바로 상상적 체험이다. 미래란, 새로운 세상의 도래를 믿고, 그 믿음을 통해 간절하게 상상해낸 결과다.[2] 일단 상상적 체험으로 마음지도가 완성되면 거기 그려진 대로 세상을 보게 되고, 이 비전이 강력하면 세상은 비전대로 구성된다.

스마트폰이 세상에 태어난 이유도 미래에 대한 스티브 잡스의 간절한 믿음과 뛰어난 상상력 때문이었다. 조그만 슈퍼컴퓨터를 손에 들고 다니며 어디서든 사람들과 교신하고 교감을 나눌 수 있다면 어떨까? 스티브 잡스의 마음속에 이러한 상상적 체험이 생겨났고, 이 상상적 체험은 잡스의 마음지도에 스마트폰을 그려 넣었다.

이 마음지도가 스마트폰에 대한 비전으로 작용했고, 비전을 전파하기 위해 스토리가 만들어졌으며, 스토리를 구현할 수 있는 기술이나 자원을 가진 사람들에게 집중적으로 전달되었다. 결국 이 비전에 마음이 움직인 사람들이 모여 협업함으로써 스마트폰이 탄생했다.

상상적 체험을 통해 마음지도에 비전을 그리지 않았다면 스마트폰은 세상에 태어나지 못했다. 이처럼 세상에 없던 것이 태어나고 새로운 미래가 만들어지려면, 누군가 한발 앞서서 그것에 대해 간절한 믿음을 갖고 상상해야 한다. 화폐, 국가, 자동차, 인터넷 등이 이 세상에 존재하게 된 이유도 같다. 누군가가 시간을 앞서가서 이런 것들의 존재에 대해 간절히 상상했기 때문이다. 새로운 미래는 사람들의 마음지도에 그려진 비전에 의해 결정된다.

목적경영자는 '상상임신'과 동일한 체험을 통해 시간을 앞서가 목적이 이끄는 미래를 만들어낸다. 목적이 구현된 세상에 대한 간절한 믿음은, 상상적 체험을 통해 마음지도에 목적의 태동을 알린다. 간절한 상상으로 마음지도에 목적이 실현된 세상을 그리면 이 마음지도는 비로소 다가올 세상을 보여준다. 목적에 대한 '비전'이 탄생하는 것이다.

목적경영자들은 목적에 대한 마음지도가 만들어준 비전으로 세상을 보는 사람들이다. 목적경영자들이 가진 비전은, 대단한 전략적 목표를 비전으로 채색한 것이 아니라, 시간을 앞서가 목적이 달성된 세상을 상상적으로 체험해 만든 것이다. 목적경영자들에게 비전이란 목적에 대한 믿음을 획득해 믿음이 없었을 때는 보지 못하던 것을 보게 되는 것을 말한다. 목적에 대한 믿음 때문에 탄생한 비전이 아니라 경험에 의해서 마음지도가 채워졌다면, 이 사람들이 굳이 새로운 신세계를 찾아서 자신의 오두막을 떠날 이유가 없다.

목적에 대한 믿음이 없다면 사람들은 사명이나 자신의 업을 제대로 보지 못한다. 그래서 목표만 보고 목표 너머의 더 큰 세상을 찾지 못한다. 결국 목적성과가 자신의 비전에 들어오지 않기 때문에 이를 위해 노력해야 할 이유도 없다. 또한 마음을 흔드는 소명을 느낄 수도 없기 때문에 목적을 기반으로 만들어지는 어떠한 변화도 시도하지 못한다.

많은 사람들이 비전을 목적에 대한 믿음을 통해 획득하기보다는, 과거를 통해서 경험적으로 만들어간다. 지금까지 경험적으로 보아온 것을 통해 목표를 만들고, 이 목표를 미래로 투사해 귀납적으로 비전을 만들어낸다. 이들이 비전을 만드는 방식은 미래라는 시간을 뒤따라가는, 즉 '앞을 전망하는looking forward' 방식이다. 하지만 시간을 뒤따라가는 방식으로는 절대 미래를 만날 수 없다.

이런 방식으로 비전을 만든다면 미래는 사막의 신기루에 불과하다. 누군가는 이 신기루에 도달하는 데 결국 성공하지만, 신기루 오아시스의 물을 마시는 순간 더 극심한 갈증에 시달린다. 정신이 혼미해지고 무모한 행동에 몰입하게 된다. 눈에 보이는 큰 목표를 비전이라 주장하는 전략경영에 경도되어 한 번 크게 대박을 친 회사들이 경험하는 현상이다. 경험적 비전은 사막의 신기루와 같아서 가난했던 사람을 복권에 당첨시켜 삶을 붕괴시키기도 한다.

경험적 비전에만 의존해서 살아가는 사람들은 스스로를 지독한 근시안을 가진 골리앗으로 만든다. 미래를 제대로 볼 수 있는 비전은, 목적에 대한 믿음을 가지고 시간을 앞질러가서 기다리는 사람들만이 획득한다. 시간을 앞질러 목적에 대한 상상적 체험을 하고, 이 체험을 통해 미래를 기다리며 '뒤를 돌아보는looking backward' 방식을 택하는 사람들만이 제대로 된 미래의 비전을 볼 수 있다.

## 숨겨진 의미의 시그널을 잡아내다

사람의 눈은 빛을 통해 전달되는 경험적 데이터를 통해 세상을 보지만, 목적에 대한 비전은 마음과 마음을 통해 전달되는 '의미의 시그널'을 통해 세상을 본다. 의미의 시그널은 빛보다 멀리 가고 빛보다 멀리서 우리를 찾아오며, 빛이 통과하지 못하는 곳도 문제없다. 마음과 마음을 통해 전달되기 때문이다. 마음이 레이더가 되어 의미의 시그널을 잡아주어서, 우리는 눈으로 볼 수 없는 것을 본다.

사람들이 시그널을 놓치는 이유는 2가지다. 하나는 대상에 대한 간절한 믿음이 없어서 마음지도에 아직 그 대상이 그려져 있지 않은 경우다. 다른 하나는 '죽은 믿음'이 마음을 장악해 마음이 죽어가는 경우다. 인간이 다른 동식물과 다른 점은 믿음을 만들어낸다는 점이다. 인간만이 믿음을 공유해 그 믿음대로 세상을 변화시킬 수 있다. 결국 믿음을 통해 주체적으로 변화를 만든다는 것은, 존재의 살아 있음을 스스로 증명하는 것이다.

그런데 인간이 가진 믿음 중에 변화를 만들어내지 못하는 믿음은 '죽은 믿음'이다. '믿는다'는 뜻의 영어단어 'believe'의 어원도 'be live'가 아닌가. 즉 변화를 통해 살아 있음을 증명하는 것이 믿음이다. 인간이 살아 있다는 것은 생명이 살아 있음을 넘어 믿음이 생생하게 살아 있다는 뜻이다.

반대로 마음이 죽어가는 이유는 마음에 '죽은 믿음'이 가득 차 있기 때문이다. 죽은 믿음은 마음의 암덩어리다. 암선고를 받은 마음은 서서히 괴멸된다.* 마음이 죽어가면 세상이 보내는 중요한 의미의 시그널을 마음 레이더가 잡아내지 못하고, 결국 비전도 사라진다. 마음이 죽은 믿음으로 가득 차면, 미래에 대한 관심과 호기심은 급격하게 줄어든다. 사무엘 울만Samuel Ullman의 '청춘Youth'이라는 시는 마음이 죽어갈 때 어떻게 의미의 시그널들을 놓치는지 잘 묘사하고 있다.

청춘이란 인생의 어떤 한 시기가 아니라
마음가짐을 뜻하나니
장밋빛 볼, 붉은 입술, 부드러운 무릎이 아니라
풍부한 상상력과 왕성한 감수성과 의지력
그리고 인생의 깊은 샘에서 솟아나는 신선함을 뜻하나니

청춘이란 두려움을 물리치는 용기,
안이함을 뿌리치는 모험심,
그 탁월한 정신력을 뜻하나니
때로는 스무 살 청년보다 예순 살 노인이 더 청춘일 수 있네.
(중략)

• 예를 들어 '지구는 평평하다.'는 믿음은 '지구는 둥글다.'라는 믿음과 비교해 죽은 믿음이다. 마음이 '지구는 평평하다.'는 잘못된 믿음에 갇혀 지내면, 아무리 눈이 좋아도 새로운 세상을 볼 수 있는 비전을 획득하지 못한다. '지구가 둥글다.'는 믿음을 가진 사람들은 지구의 저편에 낭떠러지 폭포가 아니라 신대륙이 있을지도 모른다는 비전을 얻는다. 이 비전을 확인하기 위해 신대륙을 찾아 나서고 결국 신대륙을 발견한다.

그대와 나의 가슴 속에는 이심전심의 안테나가 있어
사람들과 신으로부터 아름다움과 희망,
기쁨, 용기, 힘의 영감을 받는 한
언제까지나 청춘일 수 있네.

영감이 끊기고
정신이 냉소의 눈雪에 덮이고
비탄의 얼음氷에 갇힐 때
그대는 스무 살이라도 늙은이가 되네.
그러나 머리를 높이 들고 희망의 물결을 붙잡는 한,
그대는 여든 살이어도 늘 푸른 청춘이네.

살아 있는 목적에 대한 믿음으로 레이더가 강력해진다면, 보이지 않는 의미의 시그널을 잡아내 새로운 세상을 찾아낼 수 있는 능력도 탁월해진다. 살아 있는 믿음 중에 목적에 대한 믿음이 탑재되었다면, 마음의 레이더는 안테나까지 달게 된다. 목적의 안테나는 목적과 관련된 중요한 의미의 시그널을 더 완벽하게, 더 강력하게 포착해낸다. 맥락 속에 꽁꽁 숨겨진 것을 간파해내는 원리도 여기에 있다. 목적의 안테나가 숨어 있는 의미의 시그널을 세세하게 잡아내기 때문이다. 상황 속에 의미가 숨어 있어도, 시그널은 상황이라는 장애를 뚫고 목적의 안테나에 전달된다.
　사람들 마음속에 숨어 있는, 본인도 잘 모르는 깊은 고통 역시

|그림 10| love or hate

의미의 시그널을 통해 전달된다. 빛과 눈으로만 세상을 보는 사람은 절대 경험할 수 없는 기적이다. 눈으로만 보는 비전은 장애를 뚫고 멀리서도 찾아오는 의미의 시그널을 잡아내지 못한다.

왼쪽 그림을 보면 무엇이 보이는가? 마음의 레이더에 어떤 안테나를 장착하고 있는지에 따라 다르게 보일 것이다. 맥락 속에 숨겨진 의미를 어떻게 잡아내는지 보여주는 그림이다. 삶이 사랑으로 채워져 있고 앞으로도 그래야 된다고 생각하는 사람들은 맥락 속에 숨겨진 사랑의 시그널을 잡아내 'love사랑'를 볼 것이다. 하지만 삶 자체가 증오로 얼룩진 사람들에게는 'hate증오'의 시그널만 포착될 것이다. 서로 다른 마음의 안테나가 맥락 속에 숨겨져 있는 의미의 시그널들을 다르게 잡아내는 것이다.

목적의 안테나는 또 다른 기능이 있다. 바로 죽은 믿음들이 보내는 시그널을 걸러내는 일이다. 목적이란, 내가 이 세상에 다녀감으로 인해 세상이 더 행복해지고, 더 따뜻해지고, 더 건강하게 변화되는 나의 존재이유다. 그 존재이유에는 스토리가 있다. 그런데 죽은 믿음이 단초가 되면 마음에 암세포를 키울 수 있는 탐욕 스토리, 일확천금 스토리, 질투와 음해의 스토리, 전략을 앞세워 남을 짓밟고 승리하는 스토리 등이 만들어질 수 있다. 이런 불순한 스토리들이 목적의 안테나에 의해 다 걸러진다.

나이 들어도 청년 같은 마음으로 건강하게 살고 싶다면, 목적의 안테나를 통해 건강한 시그널들만 받아들여야 한다. 목적의 안테나가 더 나은 세상의 메시지를 교통해가며 가슴 뛰게 만들어주기 때문이다. 그렇게 되면 마음은 죽은 과거에 의해 돌처럼 굳어지는 일이 없어진다.

## 목적의 눈으로 과거·현재·미래를 비저닝하라

마쓰시타 고노스케는 파나소닉을 설립해서 100년 기업으로 키운 경영자다.[3] 마쓰시타는 약골로 태어난 데다 초등학교도 마치지 못했지만, 일본에서 지난 1,000년간 가장 위대한 경영자로 손꼽히는 인물이다. 화로가게의 점원이었던 그가 22세가 되던 해인 1917년 마쓰시타 전기를 설립할 때까지 아무도 그가 일본 최고의 회사를 설립하고 '경영의 신'으로 등극하리라고 예측하지 못했다. 그는 어떻게 100년 기업의 비전을 획득할 수 있었을까? 그는 자서전에서 그 3가지 이유를 밝혔다. 바로 가난, 병약한 몸, 초등학교 중퇴라는 학력이었다.

첫째, 그는 가난 속에서 태어났기 때문에 어릴 때부터 구두닦이, 신문팔이 등 많은 세상 경험을 쌓을 수 있었다. 둘째, 태어날 때부터 몸이 약했기 때문에 건강의 소중함을 일찍이 깨달았고, 덕분에 평생 몸을 아끼고 건강 유지에 힘썼다고 한다. 그래서 늙어서도 건강할 수 있었다. 셋째, 그는 초등학교 4학년 때 중퇴했기 때문에 항상 '이 세상 모든 사람을 나의 스승'으로 받들었고, 배움에 노력을 아끼지 않았다고 한다. 그래서 많은 지식과 상식을 얻을 수 있었다는 것이다. 마쓰시타는 "이러한 불행한 환경은 나를 이만큼 성장시키기 위해 하늘이 준 시련이라 생각해 감사하고 있다."고 말했다.

마쓰시타 고노스케는 목적의 안테나를 세우고 죽는 순간까지 살아 있는 믿음으로 자신의 마음지도를 채우려고 노력했다. 그 결과로 탁월한 비전을 갖게 된 것이다. 과거 속에 꽁꽁 숨겨진 '못 배우고, 허약하고, 가난했던 고통'이 보낸 의미의 시그널을 제대로 이해했기에 가능했을 것이다.

마쓰시타는 고통스러운 과거에 대한 통찰을 기반으로 자신만의 목적의 안테나를 세웠다. 그는 미래를 쫓아가는 방식으로 비전을 정하지 않았다. 즉, 지금까지 달성한 목표에 더 높은 전략적 목표를 덧붙여 비전의 옷을 입히지 않았다는 말이다. 대신 과거의 고통을 용기 있게 받아들이고, 그 고통을 해소시켜줄 목적에서 비전을 찾았다. 그가 회사를 만든 목적은 이것이다. "많은 종업원들이 내가 경험한 고통을 겪지 않고, 스스로를 성숙한 인간으로 성장시킬 수 있는 안정적인 심리적 울타리를 제공해준다."

이처럼 과거의 고통에 굴복하지 않고 마음껏 자신을 성숙시켜가는 종업원들의 모습을 상상해가며 세운 회사가 마쓰시타 전기였다. 물론 처음부터 이런 목적을 가졌던 것은 아니다. 마쓰시타 전기는 1917년에 창업했지만, 마쓰시타 고노스케가 이런 사명을 각성한 것은 14년이 흐른 뒤인 1932년 5월 5일이다. 마쓰시타는 회사의 사명을 깨달은 이 날을 회사 창업기념일로 정했다.

구체적으로 회사가 이 세상에 존재해야 하는 이유에 대해 마쓰시타는 다음과 같이 말한다. "마쓰시타 전기는 사람을 만드는 회사이다. 그리고 동시에 가전제품도 만들고 있다." 또한 마쓰시타라는 회사가 있기 때문에 종업원들은 안정적으로 생계를 유지하고, 일을 통해서 전문가로 성장하며, 또한 자신의 약점을 극복해가며 성숙한 인간으로 성장해 사람들로부터 존경받을 수 있다고 주장한다. 그런 점에서 마쓰시타는 경영의 목적이 돈을 버는 것이 아니라 훌륭한 인간을 길러내는 예술이라고 생각했다.

마쓰시타는 실제로 이런 목적에 대한 강한 믿음을 가지고 어려운 일이 생길 때마다 이 목적에 근거해서 문제를 해결했다. 난관 속에서도 목적이 검증되는 것을 목격한 종업원들과 일본 국민들은 마쓰시타의 사명을 믿음으로 받아들이기 시작했다. 이와 같은 사명을 일반인들에게도 나눠주기 위해 리더 육성기관인 마쓰시타정경숙도 설립했다.

결국 100년 기업의 설립자들에게 비전이란, 전략을 실현하기 위해 큰 목표에 멋진 옷을 입힌 것만이 아니었다. 시간을 앞서가서 목적을 세워놓고 미래를 기다린 결과다. 즉 목적의 눈으로 과거·현재·미래를 성찰하는 관점전환의 결과가 비전이다.* 비전은 목적의 눈으로 자신의 과거·현재·미래를 다 볼 수 있는 통찰력이다. 목적은 존재이유이고, 존재이유를 깨달은 사람은 과거의 아픔을 외면하지 않고 용기 있게 인정한다. 그리고 과거의 고통을 지혜롭게 해결하기 위한 미래의 모습도 볼 수 있는 안목을 갖는다. 이러한 미래는 현재를 혁신해 만드는 것이므로, 현재를 구석구석 살피는 세심함과 다양성 있는 안목도 갖게 된다.

과거의 고통을 숨긴 채 제대로 된 미래를 볼 수 없다. 시간의 검증을 통과한 존경받는 100년 기업이 된다는 것은, 목적에 대한 믿음으로 과거·현재·미래를 통찰할 수 있는 시간여행자들만이 향유할 수 있는 특권이다. 이들은 목적의 눈으로 미래를 제대로 본다. 뿐만 아니라 자유로운 시간여행자가 되어 과거의 눈으로 현재와 미래를 보고, 현재의 눈으로 과거와 미래를 보며, 또한 미래의 눈으로 현재와 과거를 볼 수 있는 '관점의 전환'을 자유롭게 실행한다.

최고의 비전은 미래를 제대로 보는 통찰력에서 얻어지지만, 더 높은 차원의 비전은 목적에 대한 믿음의 눈으로 과거·현재·미래의

---

• "역사에서 배운다는 것은 일방적인 과정이 아니다. 과거에 비추어 현재를 배운다는 것은 또한 현재에 비추어 과거를 배운다는 것을 의미한다. 역사의 기능은 과거와 현재의 상호관계를 통해서 2가지 모두에 대한 보다 깊은 이해를 진전시키는 데 있다." 이 말은 역사학자 카E. H. carr의 《역사란 무엇인가》(2015, 까치글방)에서 인용한 것이다. 카는 살아 있는 역사에 대한 체험은 현재·과거·미래 간의 끊임없는 대화에서 나온다고 주장한다. 역사의 재료를 제공하는 과거의 진실이, 미래나 현재의 입장에서 더 철저하게 평가되고 해석되고 재탄생되지 못할 때 과거는 잊혀진다. 기억하지 못하는 역사는 미래에 그대로 반복된다. 과거가 죽임을 당하면 항상 역사는 진보 없이 처음부터 다시 써져야 한다. 100년 기업들이 시간의 검증을 통과하며 비전을 유지하는 이유도 바로 과거·현재·미래를 같이 볼 수 있는 시각 때문이다.

시간흐름을 이해할 수 있을 때 얻어진다. 이들이 일반인들이 가지지 못한 통찰력을 누리는 이유는, 관점을 한곳에 고정시키지 않고 자유롭게 전환시킬 수 있는 메타인지 능력 때문이다.

마지막으로 비전으로 세상을 변화시킨 사람들의 공통점은, 자기 자신을 제대로 볼 수 있는 비전을 가졌다는 점이다. 목적에 대한 믿음은 목적으로 성숙해져가는 자신을 볼 수 있는 자기인식의 눈을 제공한다. 이처럼 최고의 비전은 이제까지 보지 못했던 자신을 볼 수 있게 만드는 비전이다. 이런 점에서 자신을 제대로 보는 것에서 모든 것을 시작한 소크라테스는 가장 위대한 비저니스트였다.

## 사막의 신기루를 비전으로 믿은 회사들의 운명

100년 기업이란 목적에 대한 믿음으로 자신의 과거·현재·미래를 통찰하는 비전을 획득한 회사들이다. 랜달 콜린스Randall Collins는 목적에 대한 믿음이 없는 상태에서 시간의 흐름에 따라 미래에 크고 장대한 목표에 옷을 입혀 비전이라고 주장해온 회사들의 운명을 분석했다.[4] 이들의 비전은 목적을 앞세워 시간을 기다려가며 설정한 것이 아니라, 과거를 투영해 큰 목표를 설정해 만든 것이었다. 이들이 시간을 따라가며 설정한 큰 목표는 목적으로 연결되어져 있지 않고, 더 많은 성과나 더 많은 돈에 대한 탐욕에 불과했다.

이 범주에 해당하는 회사는 아메스 백화점Ames, 뱅크오브아메리카Bank of America, HP, 머크Merck, 모토롤라Motorola, 스콧 페이퍼Scott

Paper, 소니, 제니스Zenith, 노키아, 폭스바겐, 엔론 등이다. 이 회사들의 공통점은 한때 누구나 부러워하는 대단한 성공을 거두었으나 이 성공에 취해 이카로스가 되어 추락했다는 점이다. 이들은 사막에서 신기루를 만나 길을 잃었음에도 불구하고 나침반을 찾기보다는 경영전략을 동원하여 스스로를 더 어려운 미궁으로 빠트렸다. 목적이 이끄는 비전을 가지지 못한 회사들이 추락하는 과정을 5단계로 설명해보겠다.

### 1단계 : 비전 실종

회사의 성공을 배우기 위해서 다른 회사들이 벤치마킹을 하고 회사를 칭송하기 시작하면 기쁨에 도취된다. 자부심은 자만심으로 바뀌고, 그 순간 미래를 보는 눈을 서서히 실명하기 시작한다. 그러다 보면 그나마 가지고 있던 희미한 비전도 사라지는 것이다.

그러면 조건이나 상황이 바뀌었음에도 불구하고, 과거에 성공했던 방식이 현재에도 똑같이 작동할 것이라고 믿는다. 또한 자신들의 사업방식에 대한 선구안을 '신의 경지'로 생각하기 시작한다. 모토롤라가 대표적인 사례다. 당시 가장 작은 휴대폰 스타택StarTAC이 대단히 성공하자, 이들을 자만심으로 눈이 멀었다. 시대가 디지털로 급변하고 있고 4,300만 고객이 아날로그 휴대폰을 쓰고 있다는 기회를 한마디로 '눈먼 자만심' 때문에 놓친 것이다. 모토롤라는 왜 휴대폰을 만들어야 하는지에 대한 목적을 잃어버리고, 자신들이 만들면 무엇이든 잘 팔린다고 주장하기 시작했다.

### 2단계 : 무모한 확장

길을 잃은 회사들이 비전 상실의 시그널을 받기 시작하면, 이것이 틀렸다는 것을 보여주기 위해서 그동안 축적한 자금을 총동원해 외형상 크고 장대한 사업을 과도하게 벌인다. 자신이 옳다는 것을 증명하기 위해서다. 결국 이런 무모한 행동은 수익성에 치명상을 입힌다. 내실 있는 영업이익률이 아니라 남들에게 자신이 옳다는 것을 증명해 보이기 위한 사업과 그 사업의 성장률에만 치중한다. 이런 무모한 확장이 자신들의 희미한 비전이 옳음을 증명해줄 거라 착각하는 것이다. 크고 장대한 것에 몰입할수록 회사는 점점 장님이 되어간다. 장님이 될수록 회사는 황금 수도꼭지를 치장하는 일에만 주력한다. 그러면 목적과 이어지는 파이프라인은 점점 파괴된다.

### 3단계 : 방어기제

'비전을 상실했고 결국 길을 잃었다.'는 시그널들이 전후좌우에서 쏟아져 들어오기 시작한다. 그러면 그들은 자신이 눈을 멀었다는 것을 감추기 위해 색안경을 낀다. 불리한 데이터는 감추고 유리한 데이터만을 취사선택해서 소통하기 시작한다. 불리한 데이터를 인용하는 내부 구성원들을 단속해 좌천시키거나 정치적으로 사장시킨다. 그리고 자신들에게 불리한 모든 정황은 환경 탓으로 외재화시킨다. 이들이 낀 색안경은 자신들이 비전을 잃었다는 사실을 감추기 위한 방어기제다.

### 4단계 : 마지막 한 방

길을 잃었다는 것이 누구나 다 아는 사실이 되었다. 이처럼 피할 수 없는 상황이 다가오면 이들은 기사회생을 위한 마지막 한 방을 노린다. 심봉사가 눈을 뜨기 위해 딸을 팔아먹은 것처럼 그런 행동이 실제로 조직에서도 일어난다. 자신의 눈을 대체해줄 수 있는 외부 CEO를 메시아로 영입해 국면전환을 시도한다. HP가 자신들의 신념을 버리고 대대적으로 구조조정을 한 후, 황금탄알로 칼리 피오리나Carly Fiorina를 영입했으나, 말도 안 되는 액수인 240억 불에 껍데기만 남은 컴팩Compaq을 인수한다. 맹인이 된 골리앗이 자기 존재를 과시하기 위해 허공에 사방팔방으로 무기를 휘두르는 듯한 참혹한 상황이 벌어진 것이다.

### 5단계 : 날개 없는 추락

마지막에는 모든 것을 포기하고 절망에 빠진다. 심봉사가 사기꾼들에 속아 효녀 딸을 인당수에 재물로 바쳤지만, 결국 눈은 낫지 않고 여전히 맹인임을 깨달은 후 자괴감에 모든 것을 포기하고 주저앉아 있는 상황이다.

사업이든 인생이든, 꼭지만 틀면 모든 문제를 해결해주는 황금 수도꼭지를 얻는 것이 성공이라고 생각하고 목적에 이어지는 파이프라인을 파괴한 사람들이 맞이하는 공통의 운명이다. 목적에 대한 믿음이 비전을 구성한다는 것을 처음부터 믿지 않고, 경영전략이 시키는 대로 장대하고 큰 것에 옷을 덧입힌 것을 비전이라고 주장한 사람들의 운명이다. 이들은 완전히 장님이 되어 추락하는 운명을 벗어날 수 없다. 목적에 대한 믿음의 눈으로 설정한 비전을 잃고 장대한 목표를 비전이라고 오해해 탐욕을 추구하다 추락한 회사들은, 한마디로 이카로스처럼 날개가 없었다.

## 목적을 향한 초월적 자아체험

목적경영이란, 자신이 세상에 존재하는 이유인 '목적'을 찾아내고, 이 목적을 현실로 구현해내기 위해 혁신하고, 이 혁신을 제도화하여, 목적이 세상과 같이 공진화하도록 하는 과정이다. 즉 근원적 변화의 '기승전결'이다. '소명에서 목적으로' 가는 과정은 목적을 찾는 제2의 탄생 경험이고, '목적에서 사명으로'의 과정은 목적을 실현시키기 위해 장애를 제거하는 혁신 체험을 통해 목적에 대한 믿음을 주관적 믿음인 '신조'로 발전시키는 과정이다.

목적실현에 집중하기 때문에 사명은 신성한 도전이다. 신성한 도전을 통해 만들어낸 혁신을 제도화해서 지속적인 목적성과를 만들어내는 과정이 '사명에서 성과로'의 과정이다. 마지막 과정은, 변화하는 세상에 목적이 울림을 창출하는 나침반으로서의 역할을 수행하는지를 점검하고, 목적이 제도화의 감옥에 갇혀 있다면 구해내 변화하는 세상에 맞추어 공진화시키는 과정이다. 목적에 대한 제대로 된 믿음으로 우리가 걸어온 과거·현재·미래를 통찰할 수 있는 눈을 획득한 것이 '비전'이다. 이와 같은 목적경영의 기승전결은 자신의 한계를 넘어서 더 나은 상태로 변화하는 초월적 체험이다.

목적경영을 성공시킨 기업이나 사람들 중에는 세상에 잘 알려지지 않은 경우가 월등하게 많다. 이들이 세상에 잘 드러나지 않는 이유는, 극적인 방법으로 성공을 만들어내기보다는 목적에 집중해 조용한 방식으로 성공을 만들기 때문이다. 그러한 성공은 뉴스거리가 되지 않는다. 목적경영에 눈을 뜬다면 조용히 성공한 많은 사례들이 눈에 들어오기 시작할 것이다.

시장과 위계에 의해서 움직이는 신자유주의 세상과 비교해, 디지털 혁신이 상수가 된 초연결사회의 성공공식은 근본부터 다르다. 시장과 위계에 의해서 움직이는 세상에서는 목적, 소명, 사명, 성과, 비전 중 어느 한 부분이 뛰어나거나 이들 중 몇 가지 요소들의 합이 뛰어나면 성공할 수 있었다. 성공은 이들 요소의 '더하기' 개념이었다.

하지만 변화가 일상화된 초연결사회에서의 목적경영을 통한 근원적 변화는, 이 모든 요소의 '곱하기'로 전환된다. 이 모든 요소가 하나라도 부실해지면 거품이 생기고, 이 거품에 집중하면 결국 모든 성공은 모래성이 된다. 목적을 기반으로 핵심요소를 찾아 정렬하고, 이들의 혁신을 통해 거품이 만들어지는 과정을 해소하고 본질에 집중할 때 성공은 저절로 따라온다.

# Part 3

# 초연결시대,
# 전략경영을 넘어 목적경영으로

목적경영으로 세상에 큰 족적을 남기는 사람들이
근원적 변화를 이루어낸 공통적인 비밀은
바로 '급진적 거북이' 원칙이다. 이들은 자신이
구현하려는 세상의 목적지에 대해 '급진주의자'
같은 강력한 믿음을 가졌다. 다른 사람들이 더 좋은
목적지가 있다고 아무리 유혹해도,
남들이 다 바보짓이라고 손가락질해도,
절대 흔들리지 않는다.
목적과 사명에 대한 믿음을 잃지 않으면서
목적과 현실 사이의 간극을 우보천리로
메워나가다 보면 어느새 영혼을 흔드는
목적성과가 저절로 따라온다.
회전그네에 가속도가 붙으면
그 어떤 혁신의 방법보다 신속하고 견고하게
변화에 성공하고, 그 성공 스토리를 배우기 위해
사람들은 스스로 길을 만들어 찾아온다.
그렇게 되면 우리는 소중한 사람들에게
우리 자신만의 영혼의 종소리를 들려줄 수 있다.

# 12

# 근원적 변화는 어떻게 일어나는가?

인간의 신비로움은 살기 위해 사는 것이 아니라
무언가를 위해 목숨까지 바친다는 점이다.

— 도스토예프스키

## 목적과 성과의 거짓 상관관계

한 연구자가 아이스크림 판매량과 다른 변수들 간의 관계추
이를 분석한 결과, 놀랍게도 아이스크림 판매량과 익사사고 건수
가 상관관계가 있다는 것을 발견했다. 아이스크림 판매가 늘어나
니 익사자 수도 늘어난 것이다. 더 놀라운 것은 아이스크림 판매량
이 감소하면 익사자의 숫자도 줄어든다는 점이었다. 연구자는 놀
라움을 금치 못하고 다음과 같은 결론을 내렸다. "아이스크림 판매
가 사람들을 물에 빠져 죽게 하는 현상을 부추긴다. 그러니 아이스
크림 판매 중단을 권고한다."

황당하게 들리겠지만, 일반인들이 추론을 내릴 때 흔히 빠지는 오류가 '상관관계'가 있으니 '인과관계'도 있을 것이라고 착각하는 것이다. 방금 말한 연구자의 사례를 꼼꼼히 읽었다면 무엇이 문제인지 금세 알아챘을 것이다. 이 연구자는 제3의 변인, 즉 '여름철 평균온도'라는 변인을 전혀 고려하지 않았다.

여름이 되어 날이 더워지면 사람들을 물놀이를 하러 물가에 놀러간다. 물놀이하는 사람들이 늘어나니 자연히 익사자 숫자도 늘어난다. 온도가 높아지면 아이스크림 판매량도 늘지만, 이것은 익사 사고와 전혀 상관없는 변수다. 계절별 '평균온도'라는 요소를 고려해가며 아이스크림 판매량과 익사자 숫자의 상관관계를 다시 계산하자 둘 사이에는 상관관계가 전혀 발견되지 않았다. 소위 '거짓상관spurious correlation'이었다. 정작 인과관계를 규명할 연구는 진행하지 않은 채 상관관계만 보고 인과관계에 대한 결론을 내리면 이런 황당한 일이 벌어진다.

목적과 성과의 관계도 따지고 보면 거짓상관 관계일 개연성이 높다. 목적에 대한 믿음을 가지고 있다고 해서 다 좋은 성과로 이어지는 것은 아니다. 인과관계를 규명해주는 제3의 변수는 혁신이다. 목적에 대한 믿음을 가지고 있어도 목적을 실현시키는 과정에서 마주치는 수많은 장애를 넘어서는 혁신을 하지 못한다면, 목적에 대한 믿음은 성과로 이어지지 않는다.

혁신이 일어난 기업에서는 목적과 성과 사이에 강한 상관관계가 나타나는 반면, 혁신이 일어나지 못한 기업에서는 목적과 성과

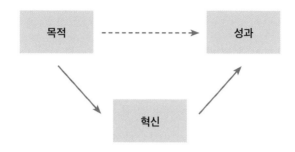
| 그림 11 | **목적과 성과 사이에 혁신이 있다**

사이에 상관관계가 오히려 부정적이다.

결국 혁신을 제외하고 목적과 성과의 관계를 살펴보면 상관관계가 사라진다. 한마디로 목적과 성과의 상관은 거짓상관인 것이다. 위의 그림처럼 제대로 된 인과관계는 목적에 대한 강한 믿음이 장애를 만났을 때, 이 장애를 넘어서는 혁신이 일어나고, 이 혁신은 성과로 이어진다. 목적에 대한 믿음이 혁신에 불씨를 제공했다면, 이 불씨를 이어받아 혁신을 성공시키고 그 결과로 성과가 만들어지는 것이다.

## '착한 기업'을 연기하는 회사

이와 같은 목적과 성과 간의 사이비 상관관계를 잘 이용하는 사람들은 먹고살기 위한 수단으로 믿음을 팔아야 하는 사이비 목회자들이다. 이들은 '삼박자 축복'을 강조한다. 하나님을 믿으면 모든 일이 잘 풀리고, 돈도 잘 벌고, 건강해진다는 것이 삼박자 축복이다. 더 노골적인 목회자들은 십일조를 잘 내면 삼박자 축복을 받는다고 주장하기도 한다. 하나님을 믿는 행위와 삼박자 축복과의 관계는 거짓상관 관계로서 인과성이 완전히 무시된 주장이다. 《성경》에 대한 믿음이 삶의 국면마다 개입되어 변화를 일으키는 데 성공해야 그 결과로 삼박자 축복을 받을 수 있다. 믿음으로 변화를 일으키는 데 성공을 못한다면, 믿는 것과 삼박자 축복의 인과관계는 없다. 실제로 믿음으로 축복을 받은 사람들의 비밀은, 믿음을 이용해 변화에 성공했다는 점이다.

'선데이 크리스천'이라는 말이 있다. 믿음은 있는데 삶의 변화를 일으키지 못하는 사람들을 지칭하는 말이다. 믿음과 삶이 분절된 이들은, 변화를 일으키지 못한 것에 대한 죄책감을 갖고 있지만, 주일에 꼬박꼬박 교회에 가고 헌금을 하면 죄 사함을 받을 수 있다고 생각한다. 그래서 주일마다 자신과 비슷한 선데이 크리스천들과 교류하며 위로받는다. 결국 이들은 사이비 목회자들의 삼박자 축복 이론 덕분에 양산된 셈이다. 왜곡된 이론이 사이비 목회자들과 선데이 크리스천의 공생관계를 제도화한 것이다.

하나님 말씀을 믿음으로 받아들였다면 자기 자신은 물론이고, 이웃, 직장 등 삶의 모든 장면이 변화·혁신의 대상이다. 자신을 내려놓고 변화·혁신에 장애를 제거하는 것이 진정한 크리스천으로서의 삶의 미션이다. 결국 미션을 제대로 수행해 자신과 이웃의 삶을 변화시켰다면, 사이비 목회자들의 주장과 달리, 설사 지금 상황이 어려워 십일조를 못 내도 삼박자 축복은 자연스럽게 따라올 것이다. 혁신을 통해 진짜 삼박자 축복을 경험한 사람들이 십일조와 감사헌금을 안 낼 이유도 없다.

삼박자 축복과 같은 사이비 이론에 대한 믿음이 기업경영이나 인생경영에도 자주 목격된다. 소위 '착한 기업'을 연기하는 회사들이 이 이론의 주된 먹잇감이다. 홈페이지에는 회사의 목적과 사명이 근사하게 나와 있지만, 이 착한 회사들은 이것을 성과와 연결시키지 못한다. 목적에 대한 믿음이 성과를 가져오는 것은, 목적을 개입시켜 장애나 어려움을 넘어서는 변화와 혁신을 일으켰을 때다. 그런데 이 '장애돌파' 미션에 실패하자 이 회사들은 '달성불가'를 기정사실로 제도화하고, 과거의 생존방식인 '생계형 성과'로 되돌아간다. 결국 이들은 회사의 존재이유인 목적에 대한 믿음은 있어도, 이 믿음의 창으로 장애를 뚫고 혁신을 일궈내지 못했다.

결국 이런 회사에서는 '목적'과 '비즈니스 모델'이 분절된다. 생계형 성과에 매달릴수록 목적은 서서히 죽은 믿음으로 변해간다. 이런 사실에 대한 죄책감 때문에 연말 불우이웃돕기나 수재의연금 모금에 거금을 쾌척하고, 봉사활동에 전 직원을 동원한다. 마치 선데이 크리스천들이 믿음과 분절된 자기 삶을 용서받기 위해 거액의 십일조와 헌금을 내는 것과 똑같은 일이다.

목적을 성과와 연결시키지 못하면서 착한 기업 코스프레하는 일이 실제 기업에서도 비일비재하다. 멋진 목적과 사명으로 장식한 홈페이지가 다 무슨 소용인가? 비즈니스 방식이 이런 목적과 상관없이 생계형 성과에 매달리고 있는데 말이다.

## 딥 체인지로 '소명'을 경험하라

많은 사람들이 혁신과 변화를 혼용해서 쓰고 있다. 혁신은 새로운 방법으로 새로운 가치를 창출하는 방법을 터득했을 때 쓰는 말이다. 혁신革新은 말 그대로 자신의 가죽革을 바꾸는新 아픔을 전제로 한다. 새로운 방법을 쓴다는 것은, 자신의 살갗을 바꾸는 아픔을 동반한다. 이 살갗을 바꾸는 아픔을 이기게 해주는 것이 바로 목적에 대한 믿음이다. 타의에 의해 강제로 구조조정당하는 것처럼 자의와 상관없이 살갗이 바뀌는 아픔을 강요당해본 사람은, 처음에야 멋모르고 당했지만 다음부터는 문제가 생겨도 죽으면 죽었지 자발적으로 자신의 살갗을 벗겨내는 고통에 동참하지 않는다.

목적이 이끄는 혁신만이 자발적인 혁신이다. 이 혁신의 대상은, 목적에 이르는 길목에 있는 거대한 산이나 절벽이다. 자발적 혁신은 목적에 대한 믿음이 있기에 누가 강요하지 않아도 산을 넘고 절벽을 기어올라 성과에 도달하는 과정을 말한다.[1] 혁신은 목적을 달성하기 위해 장애를 뚫고 나가는 프로젝트와 관련된 사명수행의 과정이다. 목적이 이끄는 혁신이 창출하는 가치는 순수한 R&D 투자를 통해서 창출하는 가치의 2.5배를 넘는다는 연구결과도 있다.[2]

혁신이 성과에 이르는 길이라면, 변화는 성과의 결과다. 혁신을 통해 목적성과를 만들어냈다면, 이 성과는 목적에 대한 믿음을 더욱 강화시키는 검증사건이 된다. 검증사건들이 축적되어서 믿음이 자라나 구성원 모두가 이 믿음을 공유한다면, 결국 조직에는 근원적 변화가 일어난다. 이러한 근원적 변화가 일어나면 구성원들은 나침반이 목적을 향해 떨리는 것을 느낀다. '소명'을 경험하는 것이다. 목적성과를 통해서 근원적 변화가 일어나면 조직문화가 바뀐다.

조직문화까지 바꾸는 근원적 변화의 선순환 과정도 있지만, 혁신의 실패는 조직을 악순환에 빠뜨리기도 한다. 목적에 대한 믿음이 없어 자발적 혁신을 못해내고, 생존지향형 비즈니스 모델과 전략을 가다듬어 생계형 성과에만 의존할 때 그렇다. 생계형 성과는 목적에 대한 믿음이 자라나는 토양을 산성화시키고, 목적이 뿌리내리지 못하게 하여 결국 고사시킨다.

| 그림 12 | **딥 체인지의 과정**

혁신은 목적에 도달하기 위한 장애극복 프로세스다. 앞 페이지 그림처럼, 변화는 이 프로세스의 결과가 원래 가지고 있던 믿음에 영향을 준 것을 말한다. 믿음에 영향을 주지 못했다면 그것은 변화가 아니다. 예를 들어 회사에서 제거하고자 하는 행동을 인센티브나 평가를 통해서 일시적으로 잘라냈다 하더라도, 이 행동을 지지하는 믿음의 뿌리가 사라지지 않았다면 변화가 일어난 것이 아니다.[3] 이 믿음은 인센티브나 평가시스템이 사라지는 순간 다시 옛날의 행동들을 그대로 재생시키기 때문이다.

목적을 통한 혁신의 결과가 성공적이면 혁신을 지지하는 목적에 대한 믿음이 강화될 것이고, 혁신에 실패한다면 이를 지지하는 믿음이 사라지기 시작할 것이다. 혁신은 목적을 검증해서 믿음으로 바꾸는 과정이다. 혁신이 없다면 목적을 검증할 방법이 없다. 변화란 혁신의 결과로 목적을 지지하는 믿음이 강화되거나 사라지는 것이다. 목적경영의 설파하는 원리도 이런 목적에 대한 믿음이 선순환되어 생장하게 만드는 근원적 변화, 딥 체인지의 메커니즘이다. 근원적 변화에 성공해 목적에 대한 믿음이 강화되면 사람들은 목적에 대한 더 큰 소명의 떨림을 체험한다.


## 지도에 없는 세상에 내던져질 때

근원적 변화는 목적에 대한 믿음으로 미지의 세계에 도달하는 여행이다. 이 여행은 곳곳에 위험과 불확실성이 도사리고 있어

결코 평탄하지 않다. 위험과 불확실성은 두려움을 동반한다. 그래서 두려움을 이기지 못한다면 감히 여행에 나서지도 못한다. 변화에 관한 두려움은 작은 두려움과 큰 두려움이 있는데, 그중 큰 두려움을 이겨낸 사람들만이 근원적 변화를 완성한다.

작은 두려움은 우리가 살아가면서 매일 직면하는 사사로운 두려움이다. 작은 두려움은 지금까지 살아온 방식과 다른 방식으로 살기를 요구하는 변화의 압력 때문에 생긴다. 지금까지 살아온 방식에서 벗어나야 한다고 상상해보면, 불현듯 두려워질 것이다.

지금까지는 변화요구를 외면해가면서 자신을 정신모형에 가두었다. 이 정신모형은 나만의 삶의 방식인데, 거기다 스스로를 가둬놓고 '그래도 감옥이 안전하다.'고 확신하면서 혼자 죄수 겸 간수 노릇을 해온 것이다. 하지만 세상은 감옥에서 벗어나야 살 수 있다고 계속 주장한다. 변화가 상수가 되었기 때문이다.

결국 안전지대에서 나가야 하는데, 그 후에 낯선 세상에서 겪어야 할 고난과 실패를 상상해보니 몰려오는 두려움을 감당할 수가 없다. 작은 두려움은 변화요구에 따라 새로운 일을 시도하다가 실패했을 때 예상치 못한 험악한 상황이 벌어질 수도 있다는 것, 즉 실패에 대한 두려움이다. 감옥에서 나왔을 때 겪을 불확실성과 도처에 도사리는 실패위험이 우리에게는 공포의 대상이다.

이런 공포는 늦은 밤 동네 야산에서 길을 잃은 경험과 비슷하다. 아무 위험도 없는 동네 야산에서 길을 잃었다고 상상해보자. 주위에 아무것도 보이지 않으니 날이 밝을 때까지 비박하는 수밖에 없다. 캄캄한 산속에서 혼자 밤을 지새우게 된 것이다. 이런 상황을 경험해본 사람들은 알겠지만, 살짝 바스락거리는 소리에도 소스라치게 놀란다. 누군가가 나를 헤치는 모습이 떠오르면서, 실체 없는 상상이 밤새 나를 괴롭힌다. 이와 같은 상상의 두려움은 작은 두려움이다. 아침이 되면 아무 탈 없이 산에서 내려오겠지만, 그 후로 이 산은 공포의 대상으로 전락한다.

반치매에 걸렸다고 상상해보면, 작은 두려움이 더 생생하게 다가올 것이다. 어떤 때는 지극히 정상적이다 어떤 때는 치매증상이 나타난다. 내가 겪게 되는 두려움은 길을 가다가 갑자기 증상이 찾아올 때다. 내가 누군지도 모르고 길을 잃어버려 헤매는 경험 말이다. 작은 두려움은 이와 같이 자신의 정신모형에 담겨 있지 않은 세상에서 길을 잃고 헤맬 때 느끼는 두려움이다.

이런 상황이 두려운 이유는, 내 지도에 없는 세상에 던져졌기 때문이다. 변화가 필요하다고 해서 정신모형의 감옥에서 빠져나왔는데, 세상은 내가 알던 곳이 아니다. 치매에 걸린 것처럼 머릿속이 갑자기 하얘지고 생각이 멈춘다. 산속에서 길을 잃은 것처럼 세상 모든 것이 나를 해치려고 달려들 것 같다. 내 편안한 감옥을 벗어나 잘 모르는 세상에 무턱대고 나와 길을 잃고, 이런 불확실성에 속수무책으로 내던져지는 것에 대한 두려움이 작은 두려움이다. 헤매고 실수하며 실패의 소용돌이에 휩싸이는 상황을 상상하는 두려움 말이다.

그런데 이 작은 두려움의 파도는 큰 두려움의 쓰나미를 몰고 온다. 큰 두려움은 알지 못하는 세상에서 실수하고 실패할 것이 두려워서 오랫동안 자신이 만든 감옥에서 나오지 못했을 때 결국 직면하게 될 죽음에 대한 두려움이다. 변화해야 하는 세상의 요구를 오랫동안 묵살하고 살았기에, 결국 어느 순간에는 큰 결심을 하고 나와도 이미 늦어버려서 도저히 적응하지 못하고 강제적으로 세상에 의해 폐기처분당하는 상황을 상상해야 하는 두려움이다.

변화를 거부하다 냄비 속에서 서서히 죽어가는 개구리가 된 자신을 발견하는 두려움이 큰 두려움이다. 지금과 같이 변화가 상수인 세상에서는 2~3년만 은둔하다 세상에 나와도 적응하지 못하고 퇴출당한다. 몸은 살아 있겠지만 존재감이 사라진 것이다. 결국 심리적 죽음을 당한 것과 같다. 심리적 죽음은 생명을 단축시켜 물리적 죽음을 불러온다. 결국 변화를 거부하는 모든 사람이 직면할 큰 두려움의 실체는, 죽은 자신을 바라봐야 하는 두려움이다.

변화의 소용돌이가 거셀수록 당장 큰 두려움의 실체를 생각해야 한다는 주장이 하이데거의 존재에 대한 질문이다. 여러분이 며칠 내로 죽을 운명이라고 상상해보자. 지금 당장 무슨 일에 집중할 것인가? 무엇을 버리고 무엇을 간직할 것인가? 죽음 앞에서는 모든 꾸밈과 본질이 아닌 것들, 연기하는 삶은 의미가 없다. 정말 나라는 존재의 가장 중요한 본질만 남는다. 목적은 내가 세상에 왜 존재하는가에 대한 대답이다. 이 목적의 실체는 죽음에 직면한 사람들이 가장 잘 안다.

변화를 거부함으로써 맞게 될 자신의 죽음을 들춰내고 직면할 수 있는 사람들만이 근원적 변화를 통해 자신을 살려낼 용기를 획득한다. 작은 두려움의 포로가 되어 있을 때는 용기가 찾아오지 않는다. 용기는 죽음에 제대로 직면한 사람들에게만 주어지는 신의 선물이다. 근원적 변화에 대한 용기는 자신의 본질적 존재이유인 목적에 대한 믿음을 가진 사람들만이 경험한다.

## 고유명사에서 보통명사로, 삶의 플랫폼이 되다

사우스웨스트 항공을 설립한 허브 켈러허 회장은 목적경영으로 근원적 변화의 표준을 만들었다.[4] 사우스웨스트 항공은 1973년 설립한 이후 2016년까지 무려 44년간 흑자경영을 한 전무후무한 역사를 만들었다. 인수합병이 활발해서 매일 저가항공사가 새로 탄생하는 복마전 같은 업계에서 단독회사가 이런 성과를 낸다는 것은 기적에 가까운 일이다. 심지어 9·11 테러 이후 모든 사람들이 비행기 타기를 꺼릴 때도 흑자를 냈다.

혹자는 "신이 내려와 경영을 한다고 하더라도 켈러허 회장만큼 해내지는 못할 것"이라 평할 정도다. 해마다 〈포춘〉 지가 선정하는 '일하기 좋은 기업' 상위권에 오를 뿐만 아니라, 30년 평균 주가수익률 1위, 세계에서 가장 존경받는 기업 2위, 편경영의 표준을 만든 회사 등 찬사가 셀 수 없이 많다.

사우스웨스트 항공의 존재이유는 '사랑을 퍼트리는 것'이다. 로고도 러브 마크다. 종업원들 중에는 이 마크를 문신으로 새기고 고객이나 친구들에게 자랑하는 사람도 있다. 이 회사는 비행기 탑승을 통해 가족에게서 느낄 수 있는 사랑이라는 체험을 판다.

이들은 사랑을 전파하는 혁신 프로젝트를 위해 저가항공이라는 비즈니스 모델을 택했다. 경제적인 문제 때문에 멀리 떨어져 있는 가족을 자주 만나지 못하는 사람들에게 가족 간의 따뜻한 사랑을 채워주자는 것이었다. 사우스웨스트는 이 문제를 해결하기 위해 기존 항공사와는 다른 일련의 혁신에 돌입했다. 불필요한 서비스를 줄이고, 여행사를 통하지 않은 직접 예약 제도를 실시했으며, 비즈니스 석을 없앴다. 기내 서비스도 없애고, 보잉 737 단일기종만 운행해서 유지관리 비용도 줄였다. 또한 탑승권 자동발매기를 이용해 탑승수속에 걸리는 시간을 줄였다.

공항을 허브로 사용하여 승객을 나르는 비싼 방법이 아니라, 사용료가 적은 지점에서 지점으로 운송하는 방법을 사용했다. 비행기의 회전율을 높이기 위해 조종사를 비롯해 모든 직원들이 일손이 필요한 곳에 달려갔다. 장거리 운항을 통해서 돈을 버는 일반적 방식을 버리고 단거리만을 고집했다. 결국 이들은 500마일(약 800km) 이하 단거리 수송으로는 어떤 교통수단보다도 싸고 빠른 운송수단으로 정착했다.

게다가 이들은 '저가항공은 서비스도 그저 그렇겠지.' 하는 승객들의 걱정을 불식시키고, 가족 간에 느낄 수 있는 친근하고 유머러스한 안내, 사랑이 듬뿍 담긴 서비스를 제공했다. 예를 들어 '흡연금지' 규정을 설명할 때도 그냥 안내문을 딱딱하게 읽는 것이 아니라, "사라진 비즈니스 석을 양 날개에 달아놓았으니 정 담배를 피우고 싶으면 나가서 피우고 오세요."라고 전달하는 식이다.

이들은 가족 간에 느낄 수 있는 사랑을 고객과 접촉하는 모든 지점에 성공적으로 끼워 넣었다. 그러다 보니 출발이 지연되어도 고객들은 짜증 낼 틈이 없었다. 더 신나는 이벤트가 시작되기 때문이다. 이런 식이다. "출발 지연에 대한 사과의 의미로 보물찾기를 준비했습니다. 표식이 있는 1달러짜리 지폐 몇 장을 여러분 주변에 숨겨 놓았습니다. 지폐를 찾아낸 행운의 고객께는 200달러의 상금과 공짜 비행기표 1장을 선물로 드립니다." 이런 유쾌한 환대에 고객들이 불만을 가질 리가 없다.

사우스웨스트 항공의 목적경영의 정수는 2001년 켈러허 회장의 대표이사직을 승계할 때도 고스란히 드러났다. 켈러허 회장은 대표이사 자리를 자신의 개인 법률비서였던 콜린 바렛Colleen Barrett에게 물려주었다. 많은 논란이 있었지만 켈러허 회장은 이사회를 설득했다. 설득한 이유는 사우스웨스트 항공은 사랑을 전파하는 목적을 가진 회사인데, 창업 당시부터 자신의 비서로 일해온 바렛이야말로 자신에게 헌신적으로 사랑을 베풀어주는 사람이었다는 것이다. 지금부터는 그 사랑을 구성원과 고객들도 체험해보게 해야 할 시점이라고 역설했다.

바렛은 켈러허의 바람대로 자신의 사랑을 고객과 종업원에게 헌신적으로 나눠주는 서번트 리더십의 롤모델이 되었다. 켈러허 회장이 가진 회사에 대한 믿음과 바렛의 헌신은, 사우스웨스트 항공의 존재이유인 사랑을 향해 있는 구성원들과 고객의 나침반을 더욱 강하게 떨리도록 만들었다. 바렛이 재임한 8년 동안 회사는 흑자행진을 지속했고, 종업원들 역시 온몸으로 회사의 사랑을 표현했다.

이처럼 목적은 다양한 혁신을 만들어냈고, 혁신으로 만들어진 목적성과는 목적에 대한 믿음을 더욱 강화시켰다. 목적에 대한 믿음이 공유되어 구성원들의 마음에도 뿌리를 내리자 직원들은 회사의 정체성을 자신의 정체성으로 받아들여 문신까지도 서슴지 않는 종교적 회사로 변한 것이다. 사우스웨스트 항공은 근원적 변화가 일어나는 전 과정을 잘 보여준 사례다.

경쟁에서 이기는 전략경영으로 승부하던 시대가 저물고 초연결시대로의 전환이 가속화되었다. 이처럼 세상이 변화하자 목적경영을 기반으로 근원적 변화에 성공한 회사들이 점점 부각되고 있다. 이중에서도 뉴발란스New Balance, BMW, 스타벅스, IDEO, REI, L. L. 빈L. L. Bean, 웨그먼스Wegmans, UPS, IKEA, 제트블루항공JetBlue, 조던스퍼니처Jordan's Furniture, 존슨앤드존슨, 카맥스CarMax, 캐터필러Caterpillar, 커머스뱅크Commerce Bank, 더컨테이너스토어The Container

Store, 코스트코Costco, 트레이더조Trader Joe's, 팀버랜드Timberland, 파타고니아Patagonia, 레고, 할리데이비슨, 홀푸드마켓Whole Foods Market, 메르카도나Mercadona, 구글, 3M, 넷플릭스, SAS, IBM, GE, 펩시코, 피치북 데이터PitchBook Data, 자포스, 노보노디스크Novo Nordisk, 인디텍스Inditex, 발레오Valeo, 라스무센레포츠Rasmussen Reports, 헨켈Henkel, 아디다스Adidas, 아틀라스콥코Atlas Copco, 랜드골드리소시즈Randgold Resources, 나투라Natura, 버진그룹Virgin Group, 유니레버Unilever 등이 각 산업군을 대표하는 회사들이다.

이 회사들의 공통점은, 구성원·고객·공동체가 회사의 목적에 대한 믿음을 공유하고 있다는 점이다. 이들은 모두 목적에 대한 간절한 소망에서 시작해, 끝없는 혁신을 통해 목적에 대한 믿음을 검증해왔으며, 이 믿음을 진화시켜 더 많은 사람들의 마음에 뿌리내리게 했다. 이 회사들이 제공하는 제품이나 서비스는 가치의 표준으로 빠르게 자리 잡았다. 자신만의 목적에 대한 믿음을 가진 고유명사의 회사를 모든 사람들이 필요로 하는 가치를 제공하는 보통명사의 회사로 바꾸어 우리 삶의 플랫폼이 된 것이다. 한마디로 목적경영으로 근원적 변화에 성공한 회사들이다.

# 13

## 진흙탕 속에서도 별을 보는 능력

모두가 진흙탕 속을 헤매고 있어도 누군가는 별을 보고 있다.
— 오스카 와일드

### 창조적 긴장을 즐기는 현실적 낙관주의자들

목적이 이끄는 대로 혁신하다 보면 거대한 장애 앞에서 좌절을 경험한다. 목적경영자들은 이런 장애를 어떻게 극복해가며 근원적 변화를 완성하는 것일까? 목적경영으로 세상에 근원적 변화를 만드는 데 성공한 사람들은 대부분 '현실적 낙관주의자'들이다.[1] 현실적 낙관주의 태도는, 지금 당장 해결해야 할 문제를 더 심층적인 수준에서 이해하고, 또한 최적화된 솔루션을 마련해 근원적 변화의 물꼬를 트는 데도 결정적인 도움을 준다.

나치 수용소에 관한 연구를 진행한 빅터 프랭클은 실제로 나치 수용소에 수감되었다가 살아남은 몇 안 되는 사람 중 하나다. 빅터는 수용소 생활을 관찰해 《영혼을 치유하는 의사》[2], 《삶의 의미를 찾아서》라는 저서를[3] 출간했다. 빅터와 아내 틸리, 부모는 모두 나치 수용소에 수감되었다. 여러 수용소 생활을 거치면서 빅터는 몇 번의 죽을 고비를 넘기다가 어느 날 자신이 어려움을 견딜 수 있는 이유가 자질구레한 일보다 미래의 목적에 대한 견고한 믿음을 가졌기 때문임을 깨달았다.

또한 시간이 지나면서 빅터는 육체적으로 강한 사람들 혹은 맹목적인 낙관주의자가 아니라 살아야 할 이유 즉, 삶의 의미를 가진 사람들이 살아남았다는 사실을 알게 된다. 그는 크리스마스가 다가오면 사망자 숫자가 현격하게 줄었다가 크리스마스가 지나면 다시 원래의 숫자로 돌아오는 것에 관심을 가졌다. 그 이유가 무엇일까? 크리스마스가 다가오면 수감자들이 석방에 대한 긍정적 기대를 갖고 삶의 생기를 되찾지만, 크리스마스가 지나면 여전히 전쟁은 계속되고 포로들은 풀려나지 못할 것이라는 비관이 커지기 때문이다. 그래서 다시 사망자 수가 늘어난다.

현실에 대한 깊은 성찰을 바탕으로 미래에 대한 희망을 꿈꾸는 사람들이 '현실적 낙관주의자'다. 현실적 낙관주의자는 해결해야 할 문제와 그 문제의 솔루션에 관한 창조적 긴장관계를 인식한다. 마치 양손가락에 고무밴드를 걸고 고무줄이 끊어지지 않게 최대한 늘려 긴장감을 즐기는 것과 같다. 한쪽 손가락에 걸린 고무밴드는 지금 직면한 문제이고, 다른 손가락에 걸린 고무밴드는 문제에 대한 솔루션을 은유한다.

현재 키가 150cm이고 바람직하게 성장한 키가 180cm라고 가정해보자. 미래에 180cm까지 성장할 것이라는 비전이 없다면 150cm인 현재 키를 작은 키로 인식하지 않는다. 180cm라는 벤치마킹 포인트가 있어야 30cm만큼의 차이가 보이고, 그때 비로소 현재 키가 작다는 것을 성찰할 수 있다.

한편 150cm라는 현실만 인식할 경우, 세상의 모든 사안을 문제로만 인식하는 염세주의에 빠질 수 있다. 반대로 180cm에 대한 그림만 있고 현재 키가 150cm라는 것을 모를 경우, 180cm에 대한 열망은 허황된 꿈으로 끝날 개연성이 높다. 현재의 문제를 인식하지 못한 채 미래 성장의 그림만 믿는다면, 맹목적 낙관주의의 함정에 빠질 수 있다.


현실적 낙관주의자들은 문제와 솔루션, 두 상태에 대한 창조적 긴장을 즐긴다. 이들은 현재 상태가 아무리 암울해도 현재에 대한 정확한 인식을 바탕으로 미래 솔루션을 도출한다. 이들은 설사 현재 상태가 썩어서 구더기가 생겼고 이것을 숨기기 위해 거적을 덮어놓았다고 하더라도 이 거적을 들춰내서 구더기를 직시하는 용기를 가졌다.

맹목적 낙관주의자는 구더기가 무서워 거적을 피해 다니면서, 자신은 엄청나게 재수가 좋은 사람이어서 세상의 모든 불행이 자신을 비켜갈 것이라고 믿는다. 하지만 이러한 근거 없는 믿음과는 달리 실제로 불행이 들이 닥치면 이들은 어쩔 줄 모르고 쉽게 절망에 빠져 헤어나오지 못한다.

현실적 낙관주의자들은 솔루션을 도출할 때도 고무밴드가 끊어지지 않는 범위에서 할 수 있는 한 가장 최적화된 솔루션을 탐색한다.

## 긍휼감이 있어야 문제의 뿌리가 보인다

우리가 직면한 모든 문제는, 누군가의 보이지 않는 고통을 해결하지 않고 오랫동안 돌보지 않은 결과다. 돌봄 받지 못한 고통이 문제로 터져 나오면, 대부분의 사람들은 원인인 '고통'을 해결하지 않고, 문제가 밖으로 드러난 '결과'를 봉합하려고 시도한다. 일단 문제를 덮고 시작하기 때문에 근원적 해결이 불가능하고 계속 반복된다. 원인을 고치지 않고 황금 수도꼭지만 찾는 식이다.

목적경영자들이 일반인보다 뛰어난 솔루션을 제시하는 이유는, 문제를 결과가 아닌 원인에 대한 '긍휼감compassion'을 가지고 접근하기 때문이다. 긍휼감이란 자신과 남들이 겪는 고통에 대해 판단을 내리고 본능적으로 절연시키기보다는 심층적으로 이해하고 이것을 풀기 위해 직접 행동에 나서는 성향을 말한다.[4] 긍휼감을 가진 사람은 자신의 고통뿐 아니라 남들의 고통도 자신의 것으로 내재화해 함께 풀어나가려 한다.

긍휼감은 '공감empathy'과 다르다. 공감은 상대의 마음을 이해하는 능력이다. 슬픈 드라마를 보면서 눈물 흘리고, 코미디를 보면서 마음껏 웃는 것, 그게 공감능력이다. 광고나 마케팅에서 고객을 정서적으로 붙잡기 위해 이용하기도 한다. 그래서 공감능력이 과하게 뛰어난 사람은 광고나 마케팅의 타깃이 된다.

공감보다 깊은 능력이 '연민sympathy'이다. 연민은 고통받는 사람을 찾아가 진심으로 위로해줄 수 있는 능력이다. 그런데 연민에는 문제가 있다. 연민을 느껴 동정하고 위로했던 상대에게 본의 아니게 도덕적 열등감을 줄 개연성이 높다. 연민이 잘못 사용되면 상대방에게 상처를 남긴다. 연민과 긍휼감의 차이는, 고통해결을 위해 행동으로 나서는가에 달려 있다.

긍휼감은 공감이나 연민을 넘어서는 행동지향의 도덕적 정서이다. 긍휼감을 가진 사람은 고통을 느끼는 상대방에게 자신도 비슷한 고통을 가졌음을 알린다. 상대의 고통을 이해하기 위해 나의 고통을 먼저 상대에게 열어 보이는 것이다. 서로의 고통에 대해 교감을 나눈 후 상대방의 손을 잡고 같이 벗어나는 행동을 한다. 행동이 있어야 긍휼감이다. 이런 과정을 통해 고통을 당하는 사람이 자발적으로 빠져나오게 한다.

긍휼감은 사명을 가진 사람들만이 행사할 수 있는 도덕적 감정이다. 예수는 세상을 위해 십자가를 지고 골고다를 오르는 고통을 감수했고, 부처는 자비심으로, 공자는 측은지심으로 긍휼감이 세상의 문제를 해결하는 가장 근원적인 도덕적 감정이라는 것을 주창했다. 마찬가지로 세종대왕은 불쌍한 백성들의 삶에 긍휼감을 느껴 한글을 창조했다. 이처럼 사회적으로 존경받는 리더들은 대부분 공감이나 연민을 넘어 긍휼감을 가졌다. 이들이 사회의 근원적 변화를 이끌어내는 것도, 결국은 사람들의 고통을 이해하고 그것을 자신의 문제로 내재화시켜서 행동으로 풀기 때문이다.

긍휼감은 상대의 고통을 객관적으로 바라보고 판단을 내리는 것이 아니라 상대의 입장이 되어서 행동에 나서는 것이다. 때문에 긍휼감이 있는 사람들만이 문제의 근원을 볼 수 있다. 이들이 세상을 혁신적인 방법으로 바꿀 수 있는 이유는, 사람들의 마음 깊은 곳에 숨은 문제의 뿌리에 대해 긍휼감을 가지고 과제를 정의하는 능력이 있기에 가능한 것이다.

크리스티나 하브리지Christina harbridge가 브리지포트 파이낸셜bridgeport Financial이라는 수금대행 회사를 직접 설립한 계기는, 대학교 1학년 때 미수금을 독촉하는 한 회사에 아르바이트생으로 일한 경험 때문이다.[5] 누구나 예상할 수 있듯이 추심회사에서 일하는 동료직원들은 미수금을 독촉할 때 마치 먹잇감을 쫓는 사냥개와 같았다. 설정된 추심목표를 달성하기 위해 거친 말을 서슴없이 내뱉어가며 거의 매일 협박조로 무례하게 빚쟁이들을 몰아세웠다. 크리스티나는 처음에는 그런 그들이 무섭고 싫었지만, 시간이 지남에 따라 자신도 동료들과 똑같이 행동하는 것을 발견하고 깜짝 놀랐다.

그리고 어느 날 크리스티나는 더 놀라운 사실을 깨달았다. 동료들과 같이 점심을 먹는데 이들이 직장에서 빚쟁이들을 괴롭히던 사람이라고는 도무지 상상할 수 없을 정도로 친절하고 상냥했던 것이다. 그런 사실에 충격을 받은 크리스티나는, 다른 개념의 추심회사를 설립해서 운영해보기로 결심한다.

1993년 설립한 브리지포트 파이낸셜은 다른 추심회사처럼 먹잇감을 쫓지 않고, 빚진 사람들의 고통을 이해하고 그들을 인간적으로 존중함으로써 더 성공적으로 수금을 할 수 있다는 사명을 세웠다. 긍휼감을 가지고 이들의 고통을 이해하고 그 고통을 해소하기 위해 도와주는 회사를 만들면, 사람들은 자신의 빚에 대해서 더 심각하게 생각하고 될 수 있으면 빨리 빚을 갚으려고 노력할 것이라는 믿음 때문이었다.

그녀는 이런 사명에 따라 빚을 진 사람에 대한 개념도 다시 정립했다. 따지고 보면 우리는 모두 빚쟁이라는 것이다. 왜냐하면 살아가면서 필연적으로 누군가에게 빚을 지게 마련이고, 다만 그 빚을 시급하게 갚아야 하는지 아닌지만 다를 뿐이기 때문이다. 이런 개념에 따라서 회사는 업무의 가이드라인을 새롭게 설정했다. 먼저 채무자를 몰아세우기보다는 채무자의 상황을 정확하게 이해하기 위해서 그의 처지를 들어주는 데 충분히 시간을 보내는 것이다. 채무자가 빚을 갚을 방법이 있는지, 그럴 마음이 있는지, 단지 어쩔 수 없는 이유 때문에 변제를 못하는지 등 상대의 고통을 먼저 이해하고자 하는 긍휼감을 보이기로 했다.

이런 업무 가이드라인에 따라 직원들에게 지급하는 보너스는 수금한 금액이 아니라 고객으로부터 얼마나 많은 감사편지를 받았는가를 기준으로 정했다. 한마디로 고객의 고통을 얼마나 이해하고 그것을 해소시켜주었는지가 보너스의 기준이다. 그리고 직원을 채용할 때도 이와 같은 신념을 공유하는 직원을 채용했다.

결과적으로 브리지포트 파이낼셜의 수금성과는 업계 평균보다 3배 이상이었다. 뿐만 아니라 한 번 이 회사와 거래를 튼 고객은 평생고객으로 남았다. 이 회사의 홈페이지에 보면 "인간관계가 진짜 돈이다."라는 문구가 나온다. 이 문구는 고객을 현혹시키기 위해서 광고용으로 달아놓은 것이 아니라 회사의 사명과 경영방식을 천명한 것이다. 크리스티나 하브리지가 수금업계 최고의 회사를 세울 수 있었던 것은, 남의 고통을 자신의 고통으로 이해하고 풀어보려는 남다른 긍휼감 덕택이다. 문제를 뿌리 수준에서 정의할 수 있는 긍휼감이 없었다면 불가능한 일이었다.

탐스슈즈Toms Shoes는 2006년 6월 블레이크 마이코스키Blake Mycoskie가 '내일을 위한 신발'이라는 이념을 가지고 창립했다.[6] 그는 CBS의 리얼리티 쇼 '디 어메이징 레이스The Amazing Race'에 참가한 후 휴가차 아르헨티나로 여행을 떠난다. 여행 중에 그가 만난 것은 신발이 없어서 맨발로 돌아다니는 어린이들이었다. 거친 땅을 맨발로 걸어 다니다가 발에 상처가 나 기생충에 감염된 어린이들도 있었다. 게다가 신발이 없으면 학교에도 갈 수가 없다는 사실에 그는 더욱 경악했다. 휴가차 왔던 아르헨티나에서 그런 어린이들의 상황을 목격하고 블레이크는 고통을 느꼈다. 이 고통을 해소하기 위해 미국으로 돌아와서 만든 회사가 '내일을 위한 신발' 탐스슈즈다. 탐스슈즈는 소비자에게 신발 1켤레를 팔 때마다 신발 1켤레를 제3세계 어린이들에게 기부한다. 이른바 1대1 기부원칙을 실행하는 것이다. 탐스슈즈는 창업 초기인 2006년 기부목표량이 200켤레였다. 하지만 2010년에 이미 100만 켤레를 돌파했고 2014년 7월에는 3,500만 켤레 이상을 기부했다.

가격이 다른 신발보다 다소 비싸지만 자신이 신발 1켤레를 사면 어린이들에게 신발 1켤레를 신길 수 있다는 생각에 공감하는 고객들이 점점 늘어났고 탐스슈즈는 날개 돋친 듯 팔린다. 탐스는 이와 같은 비즈니스 모델을 안경과 물을 제공하는 것으로 확장했다. 안경을 사면 안경을 기부하거나 물을 사면 물을 기부하는 형태로 지금까지 27만 5,000명의 사람들에게 안경을 제공했고, 6만 7,000주 분량의 깨끗한 물을 제공했다.

세상의 모든 문제는 사람들이 외면하고 제대로 돌보지 않은 고통이 원인이다. 오랫동안 외면당한 고통은 사회문제로 발현된다. 일반적인 회사는 사회적으로 특권을 가진 사람들의 고통을 해결하는 데 집중한다. 하지만 한 사회가 겪는 모든 사회적 문제의 가장 뿌리 깊은 원인은, 결국 '사회적 약자'로 규정된 사람들이 감내해왔던 문제를 해결하지 않고 덮어놓기만 한 데 있다. 이들의 숨겨진 고통을 이해하는 긍휼감을 가진 사람들만 문제를 제대로 정의하고 제대로 된 솔루션을 찾아낼 수 있다. 그렇게 찾아낸 솔루션만이 근원적 변화를 만들어낸다.

결국 사회변화를 선도하는 혁신적 비즈니스는 인간의 문제를 고통의 뿌리부터 이해하는 사람들이 이끌어나간다. 긍휼감이 없는 사람은 문제를 뿌리부터 이해하기보다는 곪아터진 결과만 보고 처방하는 데 골몰한다. 이들은 황금 수도꼭지만 찾는다.

기업은 어떤 문제이든 문제가 정의되기만 하면 이를 가장 체계적으로 해결할 수 있는 최고의 역량을 보유한 집단이다.[7] 이들은 문제를 제대로 정의하고 그에 대한 솔루션을 비즈니스로 연결시키는 개념화 능력이 있다. 사람들이 느끼는 고통 수준에서, 즉 문제의 뿌리를 이해하는 기업들만이 초연결시대에 변화를 선도할 수 있다.

천박하게 돈만 추구하는 기업들에게 고통 받는 사람들의 문제를 해결하기 위해 플랫폼 비즈니스를 시작한 구글, 서버에 대한 무한독점권으로 횡포를 부리던 기업들에게 고통받던 사람들을 구해내기 위해 클라우드의 새 표준을 설정한 아마존, 소통으로 고통받는 사람들의 문제를 해결하기 위해 스마트폰을 만든 애플, 기본 의료보험도 없이 여러 개의 파트타임 일자리를 전전하는 사람들의 고통을 본 스타벅스, 발에 장애가 있는 사람들에게 고통 없이 최고의 편안함과 균형을 누리게 해준 뉴발란스, GMO 등 변형된 농산물로 고통받는 사람들을 위해 유기농 농산물을 선별해 판매하는 홀푸드마켓,* 뛰어난 아이디어는 있지만 이를 실현시킬 비즈니스 모델이나 자금이 없는 사람들에게 창업의 새로운 개념을 제시한 피치북데이터, 친환경생활을 널리 보급하고 지속가능한 삶의 체험을 파는 유니레버, 고통받는 자연을 보존하기 위해 자사 제품을 사지 말라고 광고하는 파타고니아 등을 보면 알 수 있다. 이들의 뛰어난 사업적 통찰력은, 모든 문제를 고통의 뿌리 수준에서 이해하고 개념화하고 행동으로 풀어낸 긍휼감에서 나왔다. 긍휼감은 근원적 변화를 이끌 미래 사업을 찾아낼 수 있는 특수 안경인 셈이다.

하지만 현실은 빅데이터의 홍수가 만들어놓은 두꺼운 토사 밑에 인간의 근원적 고통이 점점 가라앉고 있는 듯하다. 이러한 상황에서 고통을 뿌리부터 이해해 미래 비즈니스로 개념화시키는 능력은 긍휼감이 없는 사람들에게는 남의 나라 이야기일 뿐이다. 인간의 심연에 흐르는 고통은, 마케팅이 주장하듯이 포커스그룹 인터뷰를 진행하거나 소비자 조사를 하거나 빅데이터 분석을 통해 잡히는 대상이 아니다. 디지털 혁명과 초연결시대로의 변화는 사명감과 긍휼감을 가진 사람들에게만 사회적 혁신을 주도할 수 있는 기회를 준다.

● 홀푸드마켓 창업자 존 맥키John Mackey가 2005년 한 토론회에서 경제학자 밀턴 프리드먼Milton Friedman과 벌인 논쟁은 널리 알려진 일화다. 프리드먼은 "자본주의 사회에서 기업의 책임은 어디까지나 주주이익극대화"라고 선을 긋자 맥키는 다음과 같이 응수했다. "사람은 먹지 않으면 살 수 없고, 기업도 이익이 나지 않으면 존재할 수 없다. 하지만 사람이 먹기 위해 사는 게 아니듯이 기업도 이익을 내기 위해 존재해서는 안 된다."

## 상자 밖으로 나오다

현실적 낙관주의의 한 축이 문제가 시작되는 고통을 뿌리 수준에서 이해하고 해결하기 위해 행동하는 긍휼감이라면, 다른 한축은 이렇게 개념화된 문제에 대한 다양한 솔루션을 최적화하려는 시도다. 이들은 만족스런 수준으로 해결책이 나와 사람들이 모두손을 털고 떠나려는 마지막 순간에도 다시 한 차원 높은 솔루션으로 최적화하기 위해 손을 뻗어 잡는 태도를 가졌다. 영어로 '낙관주의optimism'는 '최적화optimization'와 어원이 같다. 목적경영자들은 마지막 순간까지도 낙관주의자가 되어 최적화된 창의적 솔루션을 마련하여 근원적 변화의 물꼬를 트는 사람들이다.

동생 철수와 누나 순이가 귤 1개를 놓고 서로 눈치를 보고 있다. 순이의 머릿속은 복잡하다. '내가 누나니까 그냥 귤을 통째로 동생에게 양보해야 할까?' 싶기도 하다. 철수는 생각이 다르다. '내가 누나보다 힘이 세니까 귤을 확 빼앗아볼까?' 한다. 하지만 대판 싸움이 일어날까 봐 두려워 서로 눈치만 보고 있다.

그러다 순이가 먼저 "우리 둘 다 배운 사람답게, 반씩 공평하게 나눠 갖자."고 제안한다. 철수도 동의하려는 순간, 궁금증이 들어서 순이에게 물었다. "누나는 요즈음에 다이어트 중이라며 왜 그렇게 결사적으로 귤을 먹으려는 거야?" 순이의 답변은 철수에게 충격이었다. 순이는 사실 귤의 알맹이에는 관심이 없고 미용을 위해 얼굴에 붙일 귤껍질만 필요하다는 것이었다. 그때 순이도 철수가 배가

고파서 귤 알맹이를 원한다는 것을 알게 되었다. 똑같은 귤에 대해서 서로 관심사가 다르다는 것을 발견한 남매는, 사이좋게 껍질과 알맹이를 나누어 가졌다. 이렇게 갈등상황은 양자가 만족하는 해피엔딩으로 끝난다.

이 갈등상황을 푸는 방법은 4가지가 있다. 순이가 동생을 생각해서 양보하거나, 철수가 완력으로 귤을 빼앗거나, 공평하게 반씩 나누거나, 서로 계속 눈치만 보고 있거나 등. 이 모든 것이 최적화된 솔루션은 아니다. 최적화된 솔루션은 철수는 알맹이를, 순이는 껍질을 전부 가져가는 것이다. 둘 다 윈윈하는 방안이다.

이야기에서는 아주 쉬워 보이지만 사람들은 일상생활에서 이런 상황에 직면하면 대부분 최적화된 솔루션을 찾지 못하고, '타협이 최선'이라는 결론을 내린다. 왜 그런 결론을 내릴까? 가장 큰 원인은 입장position에 대한 몰입 때문이다. 사람들은 '역지사지'를 상대방도 나와 똑같은 고통을 가지고 있다는 말로 이해하기보다는 상대도 '나와 같은 입장'을 가지고 있다고 이해한다. 따라서 상대방이 내 입장을 잘 이해할 것이라고 가정하고 내 입장만 주장한다.

이때부터 둘 사이의 문제는 '최적의 솔루션'이 아닌 서로 간의 '입장차position differences를 줄이는 것'으로 바뀐다. 제로섬 게임이 되는 것이다. '역지사지'의 원래 뜻대로 상대방도 나와 비슷한 고통을 가지고 있을 거라 가정하고, 그 고통의 내용이 무엇인지를 묻기만 해도 최적의 솔루션은 쉽게 도출된다.

최적화 문제의 최대의 적은 '이원론'에 대한 신봉이다. 한쪽 입장에 서서 반대쪽 사람들과 솔루션을 이야기하기 시작하면, 창의적이고 최적화된 솔루션을 도출하는 것은 물 건너간다. 철수와 순이가 초기에 겪었던 문제처럼 입장차를 부각시키면 솔루션은 상대와 나의 입장 차이를 시급하게 줄여야 하는 제로섬과 타협의 문제로 재구성된다.

이원론은 세상을 좀 더 쉽게 이해하기 위해 한쪽을 극대화시킨 개념이다. 자연히 현실과는 동떨어진 이야기이다. 그런데도 이것이 현실을 잘 대변하는 것처럼 이원론의 한쪽 입장에 서서 주장하기 시작하면 관점이 고정되어 현실은 왜곡된다. 아무리 세련된 전략도 변화한 현실을 반영하지 못했다면 그것으로 현실의 문제를 해결할 수는 없다. 이는 현실의 본질을 잘못된 개념으로 이해하고, 이 잘못된 개념을 기반으로 현실 속에서 진실의 신기루를 찾아다니는 현상인 '물상화reification의 오류'다. 현실의 한쪽 개념에 불과한 이원론의 한쪽 입장을 현실이라고 고집하면 물상화의 오류에 빠진다. 결국 창의적 솔루션은 물 건너간다.

사람들은 논리세계와 실제세계를 혼동한다. 그래서 실제에서도 '이것 아니면 저것이 맞다.'는 이원론적 입장을 견지한다. 이원론은 논리세계의 도구일 뿐이지 현실은 아니다. 실제세계에서 최적화된 솔루션이 창출되는 방식은, 논리적으로 이율배반적인 것이 결합해 새로운 본질을 발견할 때다. 가령 동양에서 음과 양이 서로 결합하여 조화와 질서를 창출하는 것도 같은 원리다. 서양에서는 변증법적으로 정반합의 과정을 통해서 새로운 질서를 만들어내는데, 이것 역시 이원론이 제기하는 물상화의 오류에서 벗어나기 위함이다.

마찬가지로 변화 대 질서, 보수 대 진보, 비용우위 대 고품질, 자율 대 통제, 미래를 위한 투자 대 단기적 성과 등은 서로 양립할 수 없는 것들이 아니다. 최적의 솔루션을 찾아내려면 이원론의 한쪽을 지지함으로써 생긴 고정관념에서 벗어나 전체의 입장에서 각각의 관점들이 가진 한계를 인식시켜줄 메타인지를 동원해야 한다.[8]

'블루오션 전략'이 만들어진 것도 이런 물상화의 오류에서 벗어나기 위함이다. 이원론적으로 가격우위를 주장해야 하는지, 품질에 대한 차별화 전략을 택해야 하는지의 양면적 입장을 포기하고 메

| 그림 13 | **창의적 솔루션**

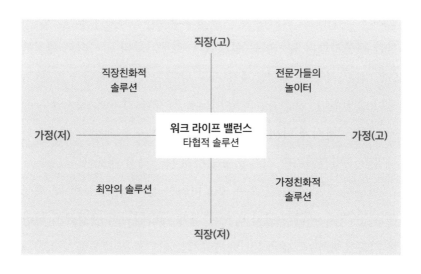

타인지를 이용하여 둘을 더 높은 차원에서 통합한 것이다.[9] 창의적으로 최적화된 솔루션을 만들어내기 위해서는, 앞 페이지의 그림처럼 이원론에서 주장하는 차원을 2개의 독립적 차원으로 놓고, 이 차원들이 둘 다 높은 영역에 해당하는 사례를 찾아보는 방식을 사용한다.

최근 논란이 되고 있는 일과 가정의 양립, 즉 워크 라이프 밸런스work life balance의 문제도 마찬가지다. 이원론적 입장에서 풀면, 요즘 일반적인 회사에서 논의되는 것처럼, 회사 업무를 줄이고 가정에서 보내는 시간을 늘려야 한다는 식의 '타협'을 최적의 솔루션으로 도출할 것이다. 당연히 회사는 비난의 대상이 된다. 하지만 앞 페이지의 그림처럼 직장과 가정을 독립적인 차원으로 생각하고 최적의 솔루션을 찾아내면 이야기는 달라진다.

앞에서도 말했지만 구글, SAS, 자포스, 사우스웨스트 항공 등 〈포춘〉지가 매년 '일하기 좋은 직장'으로 꼽는 최고의 회사들은 회사를 전문가들의 놀이터로 설계했다. 전문가들의 놀이터로 설계해야만 일과 가정의 양립문제가 가장 창의적으로 풀린다는 것을 이들이 증명한다. 전문가들의 놀이터를 구축한 회사에서는 업무 중에 시간을 헛되게 낭비할 일이 없다. 주체적으로 자신의 전문성과 사명을 정렬시켜가며 시간을 유연하게 사용하기 때문이다.

이러한 솔루션은 일 혹은 가정이라는 상자 안에 갇힌 채 세상을 보는 것이 아니라 상자 밖으로 나와 메타인지적 관점에서 관찰한 결과로 찾아낸 것이다.[10] 메타인지로 이원론을 극복한 조직이나 사람들만이 다른 사람들이 상상할 수 없는 가치영역인 블루오션을 창출한다. 세상의 모든 블루오션은 이원론 신봉자들이 관점의 상자 속에 갇혀 있을 때 메타인지로 그것을 깨고 나오는 과정에서 만들어졌다.

이원론의 두 차원을 독립적인 것으로 결합하는 방식인 '양수겸장兩手兼將, genius of both'은 타협이나 평균과는 다른 개념이다. 타협이나 평균은 단일차원을 이야기하지만, 이율배반적인 것을 결합하는 방식은 2개의 독립된 차원을 가정하고 두 차원이 다 높을 수도, 다 낮을 수도, 하나만 높고 하나는 낮을 수도 있는 상황을 모두 상정한다. 메타인지나 상자 밖으로 나와서 문제를 해결하는 방식은, 흑과 백을 합해서 회색으로 만드는 것이 아니라, 흑은 흑으로 인정해주고 백은 백으로 인정해줌으로써 새로운 차원을 만드는 것이다. 소설가 피츠제럴드F. Scott Fitzgerald도 지적했듯이 "인간으로 최고의 지능 수준을 보이는 것은, 반대되는 두 극단의 생각을 마음속에 담고 정상적인 생활을 영위해 나가는 것이다."

## 다양성을 통한 최적화

조직이 보유하고 있는 다양성을 이용한다면 이원론 극복 과정에서 만들어낸 최적화 솔루션보다 훨씬 더 창의적인 솔루션도 가능하다. 다양성을 고려하면 두 차원만 존재하는 것이 아니라 N개의 독립적인 차원이 존재한다. 메타인지를 동원해 N개의 독립적인 차원을 최적화해 솔루션을 도출해낼 수 있다면 상상조차 하기 어려운 블루오션의 가치들이 개발될 것이다. 근원적 변화를 주도하고 있는 초일류 회사들이 한결같이 '다양성 최적화'에 회사의 명운을 거는 이유도 바로 이것이다.

하지만 대부분 회사에서 다양성 관리는 실패로 끝난다. 성과와 다양성의 상관관계를 연구한 결과들도, 대부분 부적관계로 결론 내는 경우가 많다.[11] 회사가 다양한 자원을 가지고도 창의적인 솔루션을 만들어내지 못하는 이유가 뭘까? 이원론의 결론이 타협인 것처럼, 서로 다른 입장 간의 정치적 타협을 지향하기 때문이다. 정치적으로 가장 힘센 집단의 관점을 중심으로 나머지 관점을 타협시킨다. 이원론의 한쪽 입장을 취할 때 관점이 고착되는 물상화의 오류가 다양성 관리에서도 똑같이 나타난다.

물상화의 오류에 빠져 관점이 고정되기 시작하면, 다양한 배경을 가진 사람들이 협업해 최적의 솔루션을 찾는 것이 아니라 정치적으로 타협하여 문제를 해결하기 시작한다. 다양성 문제로 갈등이 생기면 회사는 이 갈등을 타협으로 봉합하려 한다. 심지어 각각의 입장을 상대편에 전달해 타협을 이끌어내려고 노력하는 것을 '다양성 관리'라고 착각한다.

회사는 다양성을 창의적 솔루션을 내기 위한 자원이 아니라 업무진행을 위해 시급하게 해결해야 할 일종의 숙제로 생각한다. 하지만 정치적 타협으로 입장을 조율해 다양성 문제를 해결하려 한다면, 자신의 입장과 관점에 갇혀 다양성이 결여된 조직보다 더 나쁜 솔루션을 내놓게 된다. 성과와 다양성 간의 관계를 연구한 결과들이 일관되게 부정적으로 흐르는 숨은 이유이다.

다양성을 창의적 솔루션으로 연결시키지 못하는 회사들을 관찰해보면, 대개 목적이나 사명에 대한 믿음이 없는 생계형 성과를 지향하는 회사들이다. 사명과 목적이 분명한 회사는 구성원들이 가진 다양한 배경을 회사의 목적을 달성하기 위해 반드시 동원해야 하는 차별적 자원으로 인식한다. 사명달성을 위한 과제는 다양한 배경을 가진 사람들이 합심하고 협업해야 도달할 수 있는 과제로 전환된다. 목적이 정치적 타협을 넘어서 다양성을 메타인지의 관점으로 전환시켜주는 것이다.

반대로 사명이 없는 회사의 경우, 다양성은 생계를 위한 정치적 타협의 대상으로 인식되어 메타인지 관점으로 확장시키지 못한다. 목적에 대한 믿음을 공유한 회사들만이 구성원들이 목적을 위한 협업의 필요성에 공감하고, 이 협업을 통해 다양성이 메타인지의 관점으로 확장된다. 목적에 대한 믿음 때문에 사람들은 자신의 관점의 상자 밖으로 나올 수 있고, 메타인지 관점에서 문제를 바라본다. 목적이 없었다면 다양성은 조직이 성과를 내기 위해 갖고 시작해야 할 부채가 된다.

## 거인의 어깨 위에서 찾는 솔루션

과학적인 근거에 의해 만들어진 이론은, 답을 찾기 위해 길을 나선 사람들에게 거인의 어깨다.[12] 거인의 어깨에 올라가서 세상을 볼 수 있는 사람들은 땅에서 답을 찾는 사람들과 차원이 다르다. 그들이 찾아낸 답의 수준과 질은 비교할 수조차 없다. 아인슈타인의 상대성 원리가 정립되지 못했다면, 사람들을 달로 보내는 일은 아직도 성공하지 못했을 것이다. 상대성 원리가 행성이나 지구에서 일어나는 모든 일을 정확하게 예측할 수는 없어도, 가장 근접한 초기값을 제시해 이 값을 시작점으로 과학자들이 보다 정확한 예측값을 찾아낼 수 있었기 때문이다.

이런 점에서 쿠르트 레빈Kurt Lewin은 '가장 이론적인 것이 가장 실용적'이라는 결론을 내렸다.[13] 이론 자체가 최적의 답은 아니지만 이론이 없다면 최적의 초기값을 찾아낼 수 없기 때문이다. 최적화된 솔루션을 찾는다는 것도 과학적으로 검증된 이론에서 시작하지 못한다면 답이 숨겨져 있는 비밀창고의 문지방도 넘지 못하고 끝날 개연성이 높다.

이론으로 예측하는 것이 현실과 차이가 있다는 것을 아는 것도, 바로 이론이 예측한 초기값이 존재하기 때문이다. 목적경영자들의 과제는 이 이론으로 초기값을 예측해내고, 이 초기값으로 현실과의 차이를 찾아내, 이 차이를 줄일 자신만의 이론을 진화시켜서 결국 최적값을 찾아내는 것이다. 또한 상황이 변화하면 지금까지 사용했던 이론을 거인의 어깨로 삼아 다시 최적값을 추적해서 최고의 이론을 후세에 남긴다. 이론을 남겨 거인의 어깨를 만들어주는 것은 목적경영자들의 의무다. 초기값을 도출할 수 있는 이론의 도움이 없다면 누구도 실용적인 방식으로 최적치를 찾아내지 못하기 때문이다.

연말이나 연초가 되면 기업들은 전략수립에 많은 시간을 쏟는다. 그러나 이렇게 공들여 만들어놓은 전략도 실제 집행과정을 보면 뭐 하러 그렇게 밤을 세워가며 전략을 세웠는지 의심스러워진다. 초기에는 '전사적 전략'임을 강조하며 일사분란하고 전사적인 집행을 강요한다. 그런 무리수를 몇 번 시도하다 실패하면 결국 공들여 만든 전략도 아무 죄의식 없이 조용히 폐기처분한다.

목적경영으로 최적화된 기업들은 설사 전략을 수립해놓았다 하더라도 이것을 초기값 정도로만 여긴다. 따라서 이 계획을 전사적으로 무리하게 강요하기보다는 그것을 기반으로 각 부문에서 할수 있는 실험을 최대한 지원한다. 이들은 현대의 경영환경이 잘 짜인 전략적 플랜에 의해서 예측될 수 있다고 믿지 않는다. 극단적으로 불확실한 상황 속에 하나의 정답이 있을 수 없기 때문이다. 목적경영자들도 전략에서 예측한 값을 초기값으로 받아들이고, 이 초기값에 기초해 새로운 스토리를 만들고, 이 스토리로 고객들과 소통한다. 이 스토리가 받아들여지면 이 스토리의 범위 내에서 시나리오가 작성되고, 시나리오에 맞춰 전략적 계획을 수정하고 집행하는 과정이 이어진다. 이런 일련의 과정을 통해서 최적값을 찾는 노력을 끊임없이 지속하는 것이다.

더 중요한 사실은, 목적기업들은 사명달성과 관련된 중요 프로젝트의 초기값들을 반드시 검증된 자신의 정신모형으로부터 도출한다는 것이다. 정신모형을 토대로 스토리의 플롯을 구성하고 새로운 상황이 나타날 때마다 그에 맞추어 필요한 스토리들을 산출해낸다. 이들은 정신모형을 통해 초기값을 만들어내고, 이것을 이용해 먼저 소총을 쏴본다. 소총으로 최적화된 타격점을 찾으면 그 후로는 대포를 쏘는 대대적인 전략을 집행한다.

이들은 또한 예측값을 기반으로 끊임없이 실험을 수행한다. 이 실험을 통해 실용적인 프로토타입을 만들어내고, 이 프로토타입을 진화시켜 최적의 솔루션을 도출해낸다. 현실적 낙관주의자들이 최적의 솔루션을 찾아낼 수 있는 것은, 검증된 이론을 이용해 거인의 어깨에 올라서서 세상을 보기 때문이다. 현실적 낙관주의자들은 과학적 이론의 실용성을 믿는 사람들이다. 이론의 실용성에 대한 믿음이 없다면 최적의 솔루션을 찾기 위해 항상 높은 비용을 치르게 된다.

현실적 낙관주의는 모든 문제의 뿌리를 '인간의 고통' 문제로 이해하고, 이것에 대한 최적의 솔루션을 찾는다. 현실적 낙관주의자들은 긍휼감과 다양성을 이용해 솔루션을 최적화할 수 있는 안목을 가졌다. 이들이 이와 같은 안목을 가지게 된 이유는, 근원적 변화를 통해 목적이 실현되는 사회에 도달할 수 있다는 강한 믿음 때문이다. 목적에 대한 믿음이야말로 이들이 아무리 어려운 상황에 처해도 현실적 낙관주의를 포기하지 않는 이유이다. 현실적 낙관주의를 가지면 남의 고통이 보이고 이것을 문제로 정의해 혁신적으로 풀어나가는 기적을 체험할 수 있다. 아인슈타인의 말처럼, 목적경영자들이 '세상 모든 것이 기적 아닌 것이 없다.'는 생각을 가지는 이유는 현실적 낙관주의에 대한 믿음 때문이다.

# 14

## 동적역량으로 저글링하다

근원적 변화를 일으킨 사람들은
양자택일을 양자합일로 만든 사람들이다.

— 랜달 콜린스Randall Collins

## 양손잡이조직이 잘 굴러가려면

'동적역량dynamic capability'이란 말이 있다. 조직이나 개인이
급변하는 환경에 적응하여 지속가능한 성장을 구가할 수 있는 능
력을 말한다. 이를 위해 조직에서는 '미래 먹거리'를 탐색해가는 사
업단과 당장 먹고사는 문제를 해결하는 사업단이 독립적으로 자신
들의 모듈을 운영해가며 변화의 역량을 길러내야 한다.[1]

이 두 모듈을 제대로 구축한 조직을 '양손잡이조직ambidextrous
organization'이라고 칭한다. 양손잡이조직에서 미래 먹거리를 찾고
실험하는 과정을 '탐색exploration'이라고 하고, 현재의 먹고사는 문

제를 해결하는 과정을 '활용exploitation'이라고 한다. 바로 앞 장의 최적화 논의에서 지적했듯이, 사업의 성패는 이 2가지를 동시에 잘할 수 있는 운영체계에 달려 있다. 초연결사회와 디지털 환경으로 경영환경이 급변하는 상황에서, 혁신에 성공하기 위해 제대로 된 양손잡이조직을 설계하고 운영하는 것은 모든 회사의 기본적인 전제조건이다.

조직이 탐색에만 치중할 경우 실패의 함정에 빠지고, 반대로 활용에만 치중하면 성공의 덫에 빠진다. 결국 두 방법 모두 '부분 최적화'를 넘어서 조직을 최악의 상황으로 내모는 셈이다. 이 활용과 탐색의 모듈을 연결해주고 통합해주는 것이 바로 조직의 목적과 사명이다. 양손잡이조직은 활용과 탐색이라는 2개의 바퀴를 달고 달리는데, 이 바퀴들이 목적이 지향하는 방향으로 제대로 정렬되어 있는지가 성공을 좌우한다.

2개의 바퀴가 조직의 목적과 사명에 정렬되지 못한 경우, 이 두 모듈은 서로 독립적으로 움직이다가 결국 서로를 공격하는 내부의 적으로 변한다. 언제나 칼자루를 쥐고 있는 쪽은 현재 먹고사는 문제를 책임지고 있는 모듈이다. 이쪽이 반드시 승리한다. 회사에서 실험과 탐색을 통해 미래를 찾아내는 기능이 사라지면, 성공의 덫에 걸려 근원적 변화를 완성하지 못하고 침몰하기 시작한다. 마치 활용과 탐색이라는 2개의 바퀴 중 탐색의 바퀴가 빠져버려 방향을 잃고 탈선한 상황이다.

대부분 회사가 동적역량을 만드는 데 실패하는 이유는 활용의

| 그림 14 | **동적역량을 구축한 양손잡이조직**

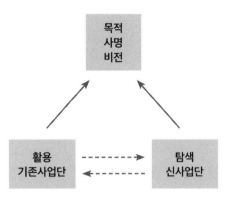

바퀴가 견디지 못해 먼저 빠지는 경우보다는 탐색의 바퀴가 활용의 횡포를 견디지 못하고 먼저 빠져버리는 경우가 태반이다. 활용의 바퀴가 빠지든, 탐색의 바퀴가 빠지든, 둘 중 하나가 빠지면 미래로의 여행은 말 그대로 끝이다.

## 신사업이 90% 망하는 이유

한국에서도 신사업을 통해 미래를 준비하지 않는 회사는 없다. 하지만 신사업에 대해서 어마어마한 투자를 하면서도 한국에서는 기업가치가 수조에 달하는 유니콘 기업들이 탄생하지 못하고 있다. 왜 우리나라 기업들은 유니콘 기업 같은 동적역량을 구축할 수 없을까? 대부분의 기업들은 혁신모듈을 이끄는 양손잡이조직의 설계와 운영에 대해 다음과 같은 3가지 오해를 하고 있다.

### 기술개발이 돌파구다?

첫째는 탐색모듈로 설정된 미래사업단의 성공요인이 기술혁신에 있다고 생각한다는 점이다. 새로운 기술을 개발해 혁신의 돌파구를 마련하는 것도 중요하지만, 이는 시간과 돈이 많이 들어간다. 또한 지금까지 오랫동안 지속되는 블루오션 신사업에 성공한 회사들은, '기술적 아이디어'로 성공한 것이 아니라 목적에 토대를 둔 '가치혁신'에 성공한 회사들이다.

가령 코닥은 필름 카메라 시절 최고의 기업이었고 이들은 다른 기업보다 먼저 디지털 카메라를 개발했으나 실패했다. 소니는 누구보다 전자제품을 작게 만드는 기술을 많이 가지고 있었지만, 결국 이 기술에 집착하는 동안 디지털 시대의 요구를 놓쳤다. 노키아역시 피쳐폰 시절 애플보다 먼저 스마트폰을 개발했던 회사다. 스마트폰이라는 신성장동력을 개발하는 데 성공한 애플은 사실 스마트폰에 대한 개념만 있었지 실제로 개발할 수 있는 원천기술은 없었다. 하지만 스티브 잡스가 스마트폰의 개념과 가치에 대해서 설파하는 데 성공하자 스마트폰을 개발할 수 있는 기술을 가진 회사들이 협업해 결국 스마트폰을 만들어내는 데 성공했다.

기술과 기술을 결합하고 협업하게 만들 수 있는 새로운 서비스나 제품에 대한 가치혁신이 없다면, 신성장동력 창출은 그저 남들이 하는 것을 따라 하는 레드오션 전략에 불과하다. 가치혁신을 할 수만 있다면, 자신의 기술을 결합할 수도 있고, 필요한 기술을 가진 회사와 합병할 수도 있고, 조인트 벤처를 설립하거나 기술적 협력도 할 수 있다. 기술을 동원할 방법은 무궁무진하다. 탐색모듈의 성공은 기술개발이 아니라 새로운 개념으로 새로운 가치에 대한 스토리를 만들어낼 수 있느냐에 달려 있다. 가치혁신은 회사의 비즈니스 모델이 목적의 관점에 성공적으로 파이프라인을 연결했을 때에만 가능한 일이다.

### 학습·성장 vs. 성공·실패

두 번째는, 혁신에 성공해 신성장동력을 창출한 것을 학습과 성장의 개념으로 보지 않고 성공과 실패의 패러다임으로 여기는 것이다. 파괴적 혁신이론을 제시하고 있는 클레이튼 M. 크리스텐슨 교수에 따르면 3M, 듀폰, 제록스, 구글 등 신사업창출에 성공한 기업들도 단독사업은 44%, 합작사업은 50%가 실패했다고 한다.[2] 일반기업의 경우는 신규사업의 90%가 실패하는 것으로 알려져 있다.

이런 단순비교에서 혁신이론가들이 놓치고 있는 포인트는, 50%라도 성공하는 리더기업과 90% 실패하는 일반기업 간의 차이점이다. 실패하는 기업들은 신사업을 처음부터 성공과 실패의 개념으로 접근한다. 따라서 실패로 끝나면 모든 것을 접고 철수한다. 사업을 접는 순간, 실패는 고스란히 비용으로 전가된다. 하지만 성공하는 기업은 중요한 실패를 학습의 과정으로 여긴다. 이런 회사들은 어떤 사업에서 실패할 경우 최소한 그 실패로부터 충분히 배울 수 있는 사업을 다음번 신수종사업으로 정한다.

3M의 효자상품인 포스트잇도 실패한 접착제의 경험을 통해서 만들어진 것이고, GE는 '실패는 성공의 어머니'라고 주장한 에디슨이 수많은 실패경험을 학습과 성장으로 연결시켜 만든 회사다. 50%대 성공률로 신성장동력을 만들어내는 회사들은, 혁신을 학습의 자연스런 프로세스로 규정한다. 학습에 있어서는 실패할 수도, 성공할 수도 있지만, 실패의 경험이 더 소중한 학습자료로 고스란히 보관된다.

하지만 90%가 실패하는 회사는 혁신을 성공과 실패의 개념으로 규정하고 실패하면 곧바로 접고 다른 프로젝트를 찾아 나선다. 실패가 학습으로 이어지지 않는 것은, 목적이 없는 상태에서는 성공만이 모든 판단의 잣대로 작용하기 때문이다. 에디슨의 말대로 '실패가 성공의 어머니'이기는 하지만 결국 실패를 성공으로 이끄는 것은 실패를 학습으로 인식하게 해줄 더 큰 목적이 있는가다. 실패 자체보다는 목적에 대한 믿음이 성공의 어머니인 셈이다.

### 이율배반적 경영원리

세 번째 오해는, 자금줄 역할을 하는 활용모듈과 신사업을 수행하는 탐색모듈을 같은 경영원리로 관리해야 한다는 생각이다. 대부분의 회사들이 신사업을 초기에 잘 성공시켰다 하더라도 이것을 유지하지 못해서 실패한다. 기존 사업을 유지하는 논리와 새로운 사업을 일으키는 논리는 서로 이율배반적이다. 기존사업은 새로운 사업이 지속적인 실험을 통해 미래 먹거리를 만들 수 있도록 자금 줄이 되어주어야 하고, 대신 신사업은 미래 먹거리에 대한 약속을 지켜야 한다. 자사가 기술과 역량을 가지고 있지 못할 경우 신사업을 성공시키기 위해서는 외부 인재를 영입해서 새롭게 회사나 사업부를 설정해주어야 하는데, 이들을 기존의 조직문화에 통합시키려는 노력이 결국 신사업을 망친다.

기업들이 신사업을 시작할 때 예상할 수 있는 시나리오는 다음과 같다. 신사업단이 단기적으로 성과를 내지 못하면 기존사업부에 있는 직원들은 불만을 갖기 시작한다. 신사업부가 자신이 피땀 흘려 벌어들인 돈을 흥청망청 쓰는 하마라고 생각하는 것이다.

이때부터 이들을 어떻게든 통제하려는 생각이 시작된다. 기존의 조직문화를 신사업단에 강요하는 것이다. 신사업단과 기존 사업부는 양손잡이조직의 형태로 운영되도록 신사업단의 자율권이 최대한 보장되어야 하는데도 불구하고, 기존 사업부가 성과를 평계로 문화적으로 새로운 사업부를 통제하기 시작한다. 창의성은 저 멀리 날아가버리고 신사업단에 유입했던 유능한 인재들은 조직을 떠난다.

신사업단이 업무를 수행하는 방식은 실험을 통해 만든 프로토타입의 타당성을 검증하는 것이다. 반대로 기존 사업부는 모든 것이 단기적 성과와 관련된 신뢰성과 효율성에 집중되어 있다. 두 방식의 차이를 인정하지 못하고 서로를 적으로 생각한다는 것은, 혁신을 통해 도달해야 할 조직의 목적과 사명을 잃어버렸다는 뜻이다. 조직의 목적에 대한 믿음이 없어서 두 사업단은 통합에 실패한 것이다.

## 주체적인 구조조정인가,
## 떠밀려서 하는 구조조정인가?

구조조정이란, 결국 누가 조직의 미래 먹거리를 담당할 탐색 사업단을 책임지고, 누가 이들이 유지되도록 살림을 책임지는 활용사업단을 이끌 것인지, 이 두 역할을 위해 누가 자리를 비워줘야 하는지의 문제를 결정하는 것이다. 즉, 활용·탐색·정리의 문제를 조율하는 것이다. 조직의 존재이유에 대한 신념이 없다면 이 역할들을 분장하기는 쉽지 않다. 조직의 목적을 우선으로 여기는 것이 아니라, 우리 사업부가 사라질 경우 내 밥그릇도 사라지지 않을까 하는 불안이 앞서기 때문이다.

조직의 목적에 대한 신념이 불투명할 경우, 구조조정은 항상 마지막 순간에 떠밀려서 피동적으로 해야만 한다. 목적이 이끄는 방향으로 가기 위한 주체적인 구조조정이 아니라, 막판까지 밀리고 밀려서 타의에 의해 하는 구조조정은 불행의 시작이다. 이런 회사들은 한 번의 구조조정 성공으로 살아남지만, 일단 한번 시작된 불행의 수레바퀴는 회사가 영구히 퇴출될 때까지 무한반복된다.

GE가 최근에 일구어낸 구조조정 스토리는 이런 점에서 우리에게 시사하는 바가 크다. GE는 얼마 전 디지털 제조업으로의 복귀를 선언하고 조직의 존재이유를 명료하게 설정했다. 그에 따라 기존 사업을 미래 사업과 현재 사업, 퇴출할 사업으로 구분했다. 놀라운 것은 퇴출할 사업부에 대한 결정이다. 현재 GE 매출의 60% 이상을 차지하고 있는, 소위 황금알을 낳는 거위로 알려진 금융사업부를 퇴출 사업으로 결정한 것이다. 그 이유는 자신들의 존재이유로 규정한 '디지털 제조업'과 어울리지 않는 사업이고, 지금 털고 갈 경우 많은 자금을 확보할 수 있다는 계산 때문이다.

결과적으로 GE는 주체적 구조조정에 성공해서 디지털 시대의 제조업을 선도하는 제2의 전성기를 준비하고 있다. 주체적인 구조조정을 결정할 수 있는 가이드라인은, 조직이 추구하는 목적과 사명뿐임을 잘 아는 기업만이 해낼 수 있는 일이었다.

목적이 이끈 구조조정 사례의 또 다른 회사는 펩시코다. 많은 사람들이 아직도 펩시와 코크의 경쟁을 콜라전쟁의 프레임으로 몰아가고 있지만, 그럴수록 미소를 짓는 쪽은 펩시다. 앞에서 언급했듯이, 누이가 최고경영자로 등극하는 순간 펩시는 목적경영의 기치를 내걸고 주체적 구조조정에 돌입했다. 아직은 돈이 되지만 사양산업일 수밖에 없는 콜라산업을 활용사업으로 규정하고, 거기서 번 돈을 세상에서 가장 안전하고 건강한 스낵과 음료를 만드는 미션에 투자했다. 실제로 거기에서 수많은 혁신적 제품들이 탄생했다. 콜라 자체의 매출액은 다이어트 코크에도 뒤져 3위로 떨어졌지만, 구조조정에 성공해 전체 사업에서 벌어들이는 총매출액은 코카콜라를 넘어섰다.

우리나라 대기업들은 대부분이 신사업에 실패한다. 그 이유가 바로 여기에 있다. 조직이 혁신을 통해 도달해야 할 목적에 대한 믿음이 없기 때문에, 신사업단과 기존 사업단이 철저하게 협업하지 못한다. 조직의 목적에 대해 믿음을 살려내 기존 사업부가 신사업부의 자율적 문화를 훼손되지 않도록 보호해주지 못한다면 신사업은 아무리 아이디어가 뛰어나도 사업으로서 성공할 수가 없다.

둘 사이의 통합은 사업부 간 조율과 타협의 문제가 아니라 목적에 대한 믿음을 기반으로 이루어져야 한다. 목적에 대한 믿음이 있다면 신사업단은 혁신과 실험을 성공시켜 기여할 것이고, 기존 사업부는 지속가능한 먹거리 문제를 해결해주는 신사업단과 협업하지 않을 이유가 없다. 활용과 탐색을 미래를 위해 협업하게 만드는 유일한 조정자는 바로 조직의 목적이다.

기업의 역사를 살펴보면 목적을 기반으로 탐색과 활용 사이의 자율적 구조조정에 성공해 시간을 앞서가 미래를 기다린 회사들만이 시간의 검증을 넘어선 100년 기업이 되었다. 목적에 대한 믿음이 없다면 구조조정 문제는 피 터지는 정치적 타협의 문제로 귀결된다. 100년 기업은커녕 당장 내 밥그릇이 위태로운 상황으로 전락하는 것이다. 이런 회사들은 타협을 통해 간신히 생존을 유지할 수 있을지 모르지만, 미래를 앞서가는 최적의 솔루션을 도출해 업계를 선도할 수는 없다.

## 역량을 모듈로 통합하라

초연결사회를 살아가는 개인들에게는 동적역량이 어떤 의미일까? 개인은 동적역량을 어떻게 구축할까? 이에 대한 해답으로 나온 개념이 '상황적 양면성contextual ambidexterity'이다. 상황적 양면성이란, 활용모듈과 탐색모듈이 사업단 수준에서 구조적으로 나뉘진 것이 아니라 한 조직이나 한 개인에게 내재화된 상태를 말한다.[3] 즉, 활용과 탐색의 모듈을 둘 다 가지고 상황에 따라 둘 중 하나에 집중하거나, 아니면 시차를 두고 2가지를 사용하거나, 아니면 영역을 나눠 각각을 따로따로 적용시키는 것을 선택해가며 최대한 유연하게 두 모듈을 모두 사용하는 것을 말한다. 물론 이렇게 유연성을 발휘하는 이유는 개인이나 조직이 설정한 목적을 혁신적으로 달성하기 위함이다.

상황적 양면성은 개인이나 조직이 경쟁력 유지를 위해 역량모델에 심각하게 의존하는 것이 얼마나 위험한지 경고한다. 전통적으로 연구자들은 자원기반이론에 근거해 성과 차이가 발생하는 원인을 고유 역량의 측면으로 설명했다. 소위 '브린VRIN'이라고 불리는, 가치 있고valuable, 회귀하고rare, 모방 불가능하고inimitable, 대체 불가능한non-substitutable 역량들을 모아놓고 있으면 경쟁우위에 설 수 있다는 주장이다. 불확실성이 가속화되는 시대에는 이와 같은 차별적 역량을 구축하는 것도 필요하지만, 더욱 중요한 것은 이렇게 구축한 역량들을 변화하는 환경에 따라 시시각각으로 진화시켜나갈 수 있는 동적역량이다.

개인의 동적역량은 기존 역량단위를 모듈단위로 통합할 수 있어야 가능하다. 레고 놀이를 상상해보자. 레고 조각을 이용해 다양한 조형물을 만들 때, 역량이 레고 조각이라면 모듈은 조형물을 세울 수 있는 넓적한 바닥이다. 동적역량을 위해 기본적으로 가지고 있어야 할 바닥은, 미래를 책임질 탐색의 바닥, 현재의 생존을 책임질 활용의 바닥, 그리고 역사를 책임질 유산의 바닥이다. 동적역량을 구축한다는 것은 이 3가지 다른 모듈이 갈등을 일으키지 않고 변화를 위해 협업할 수 있도록 목적으로 조율하는 것이다.

활용·탐색·유산의 바닥에 채워 넣어야 할 역량의 레고를 준비하는 것도 중요하지만, 이를 통해 어떤 모양으로 자신만의 조형물을 만들 것인지도 결정해야 할 변수다. 탐색모듈에 있던 역량도 어느 시점이 되면 유연하게 활용모듈로 옮겨지거나 유산모듈 옮겨야 한다. 유산모듈에 저장되었던 역량도 어느 시점에는 부활시켜 활용모듈로 옮겨야 할 것이다. 개인의 동적역량이란 이 3개의 모듈에 자신만의 역량 조형물을 만들어 변화를 선도해나가는 것을 말한다. 존재이유인 목적을 중심으로 과거, 현재, 미래를 대표하는 역량 조형물들이 조화를 이루어야만 변화를 선도할 수 있다.

이 3가지 모듈은 자신만의 동적역량이라는 집에, 최고의 정원과 거실, 식당, 서재를 꾸미는 것에 비유할 수 있다. 정원에서 우리는 사시사철 다른 꽃을 심어 세상과 교류하고, 미래를 탐색하는 실험을 한다. 거실과 식당에서는 기본적인 일상과 휴식을 취한다. 서재에는 과거의 유산들이 차곡차곡 저장되어 있어서 필요할 때마다 새로운 미래를 통찰하기 위해 다시 꺼내볼 수 있다. 서재는 과거의 역사가 기록되고 이것을 기반으로 미래를 성찰하는 큐레이션의 박물관이다. 내가 남들보다 멋진 집을 지을 수 있는 이유는, 가슴 떨리는 목적에 대한 분명한 설계도를 가지고 있기 때문이다. 그러면 내가 만든 설계도로 나만의 '목적의 성전'을 복원해낼 수 있다.

# 15

## 플랫폼으로 남들의 성공을 돕다

비즈니스에서 위대한 일들은 한 사람의 천재에 의해서
만들어진 적이 없다. 항상 뛰어난 팀워크와 훌륭한 협업으로
성취되었다.

— 스티브 잡스

### 키스톤 기업은 남의 성공이 곧 자신의 성공

경영환경이 급변하고 기술발전 속도가 점점 빨라지는 가운
데서도 영속적인 성장을 구가하는 기업들이 있다. 그들의 비결은,
제조업체나 납품업체 간 혹은 제조업체나 유통업체 간의 전통적인
이원적 협력관계를 넘어서, 모든 구성원들이 협력관계를 통해 공
진화하고 생태계 전체를 건강하게 만드는 데 기여한다는 점이다.
또한 앞으로의 경쟁구도는 기업과 기업 간의 경쟁이라기보다는 아
마존 생태계나 안드로이드 생태계같이 생태계와 생태계 간의 경쟁
으로 진화할 것이다.

자연계에서 한 생명체의 영속적인 진화는 각 개체의 능력보다는 그 개체가 속한 종의 존망에 좌우된다. 최고의 민첩성과 힘을 가진 공룡이 있었다 하더라도 이 공룡은 종의 운명에 따라 다른 공룡들과 함께 지구에서 사라졌다. 같은 논리가 기업 생태계에도 적용된다.

'기업 생태계' 개념은 상호의존성의 중요성, 통합의 중요성, 기술진화의 본질 측면에서 경영자에게 많은 시사점을 준다. 이는 기업이 내는 성과나 이익이 장기적으로는 직접적인 관계를 맺은 업체보다 간접적인 관계의 업체에 의해 결정되는 '간접적 상호의존성'이 중요하다는 것을 말해준다.

초연결사회에서 공진화하는 생태계의 기반은 플랫폼이다.[1] 플랫폼은 전문가들이 뛰어놀며 자신들의 기량을 연마하는 운동장에 비유할 수 있다. 기업은 이 운동장에 부품업체, 고객, 지역 주민들이 '따로'가 아니라, '함께' 협력하면서 재미있게 뛰어놀 수 있도록 잔디도 깔고 축구장도 만들고 테니스장도 만들어준다. 이들이 더 재미있게 놀수록, 더 자주 와서 더 열심히 놀수록, 이 운동장은 진화하고 운동장 플랫폼을 깔아준 기업은 발전한다. 뿐만 아니라 이 운동장에서 열심히 연습한 선수가 스타가 되면, 운동장의 브랜드 가치도 급등한다. 반대로 재미없는 플랫폼에서는 사람들이 다 떠나버린다.

플랫폼은 개방과 공유, 협업의 원칙에 따라 널리 사용되어질 때만 효과적이다. 최고의 플랫폼은 다양한 범위의 상호보완적인 제품이 있어야 하고, 기술과 서비스의 결합과 재결합이 가능해야 한다. 이러한 토대를 제공해줌으로써 생태계 구성원들은 수많은 기회를 창출한다. 좋은 플랫폼은 사용자들에게 소규모 혹은 대규모의 상생기회를 제공해줌으로써 공진화하고 확장된다.

　플랫폼을 제공해 생태계의 허브 역할을 수행하는 기업을 '키스톤Keystone 기업'이라고 한다. 키스톤 기업은 월마트나 MS처럼 자신들이 깔아놓은 플랫폼에 독점적 지위를 행사하는 기업도 있고, 이베이ebay처럼 상당히 열린 플랫폼을 운영할 수도 있다. 좀 더 진화된 클라우딩 컴퓨팅 생태계를 이용해 애플리케이션 연계사업을 구축하고 있는 구글이나 엔비디아, 페이스북 등도 키스톤 기업인 셈이다.

　기업 생태계에서 리더십을 발휘하는 키스톤 기업들의 특징은 3가지 정도로 요약할 수 있다. 첫째, 소비자에게 최대한의 '선택권'을 넘겨주려고 노력한다. 둘째, 생태계 참가자들에게 최대한의 사업기회를 확장해주어 이들의 성공을 돕는다. 셋째, 소비자에게 제품 간의 '상호운용'을 가능하게 한다.

　키스톤 기업이 소비자에게 넘겨주려고 노력하는 선택권은, 기업이 소비자의 선택을 중시해 다른 경쟁기업의 보완적인 제품을 소비자가 선택할 수 있도록 허락해야 한다는 뜻이다. 예를 들어 MS는 경쟁사인 AOL이나 구글 등을 자사의 서치엔진에 부가적 서치엔진으로 선택하게 할 뿐만 아니라 원한다면 기본 서치엔진으로 설정해 사용할 수 있도록 인터페이스를 제공한다.

'사업기회의 확장'은 보완적 제품을 공급하는 제공업체가 자신의 플랫폼 안에서 혁신을 이룰 기회를 보장해주고, 이를 통해 매출을 늘려 새로운 제품과 서비스를 창출해낼 능력을 키워주는 것을 말한다. 예를 들어 아마존이나 구글은 혁신적인 앱이나 제품을 가진 중소업체들에게 다양한 제품을 팔 수 있도록 스토어 진입장벽을 낮추어주고, 이들에게 최대한 많은 기회를 제공해 성공을 돕고 있다. IBM과 도요타는 자사의 서비스 플랫폼을 사용하고 있는 기업들에게 실제로 혁신을 돕는 많은 기술적, 재무적 지원을 하는 것으로 유명하다.

'상호운용'의 원칙은, 공통적이고 표준적인 인터페이스를 통해 제품 간 상호연계성을 갖고, 그에 따라 제품끼리 사용자의 데이터를 확실하고 안전하게 이동할 수 있게 해주는 것을 말한다. 예를 들어 음원의 경우 사용자들은 자신이 소유한 음악 라이브러리를 노키아, 블랙베리, MP3에서 자유롭게 이용할 수 있다. 이런 것이 바로 상호운용의 원칙을 준수한 것이다.


초연결사회에서 기업 생태계는 협업을 통한 공진화에 의해 움직이는 곳이다. 이런 환경에서 목적기업으로 성장하려면, 우리 회사가 이와 같은 커다란 생태계에 배태되어embedded 공진화co-evolution하고 있다는 사실을 주시해야 한다. 즉 기업 생태계 속에서는 절대 독자적으로 혼자서만 성공할 수 없다는 점을 깨달아야 한다는 것이다. 따라서 이제는 기업 생태계에 배태되지 못한 채 단독으로 세운 전략으로는 생존조차 불가능해졌다. 과거처럼 자사만의 차별적 경쟁력을 구축하여 다른 기업을 밟고 올라서기보다는, 생태계 내에서 거기 속한 기업과 사람들이 의존할 수 있는 가치사슬에 거시적으로 공헌하여 리더로서의 지위를 획득하는 것이 중요하다.

생태계라는 맥락을 무시하고 보면 두 회사는 경쟁사도, 협력사도 될 수 있다. 하지만 같은 생태계에 속해 있다는 맥락에서 외면적 경쟁사는 서로를 강하게 훈련시켜주는 스파링 파트너이고, 플러스 섬plus sum의 가치라인에 포함시켜 넘어설 수 있어야 한다. 생태계 내의 모든 참여자들은 운명공동체라서 서로의 복리를 키우지 않고서는 성장하지 못한다.


## 플랫폼 세상과 소통하려면

개인들의 인생 패러다임도 변했다. 이제는 남을 이기는 전략이나 역량에 기반한 신자유주의적 경쟁 패러다임이 끝났다. '상생과 공진화'의 패러다임으로 근원적인 변화가 일어나고 있다. 세상이 플랫폼 세상으로 진화한다면, 결국 여기에 참여하는 모든 구성원들도 사고 자체를 플랫폼 사고로 전환해야 한다. 플랫폼의 눈으로 세상을 이해하고, 플랫폼의 스토리로 세상과 소통해야 한다는 뜻이다.

초연결사회에서 플랫폼은, 회사나 개인을 둘러싼 가장 기본적인 맥락을 구성한다. 이 플랫폼 세상과 소통이 원활해야만 세상은 나의 스토리에 귀를 기울이고 나에게 필요한 자원들을 동원해준다. 플랫폼은 목적경영자들에게 최고의 배경으로 든든하게 진화하고 있다. 플랫폼은 목적을 생태계 차원에서 실현할 수 있는 운동장이자 실험실이기 때문이다. 아직 자신만의 플랫폼을 마련하지 못했거나 플랫폼 참여자여도 괜찮다. 플랫폼이 제공하는 기회를 최대한 이용하는 사람들만이 목적을 향한 근원적 변화를 이루어내는 최후의 승자가 된다. 플랫폼 세상과 제대로 소통하기 위해 개인들은 어떤 태도를 선택해야 할까?

### 목적이 이끄는 서번트 리더십

먼저 리더십 패러다임이 전환되었다는 사실을 알아야 한다. 앞으로의 리더십은 플랫폼 사고에 공명을 줄 수 있어야만 한다. 특히 문제가 될 만한 것은 플랫폼 사고와 충돌할 소지가 많은 '카리스마 리더십'이다. 한국 사람들은 이제 더 이상 카리스마 리더십에 마음을 주지 않는다. 마음을 주지 않는다는 것은, 카리스마 리더의 요구에 자발적으로 움직이지 않는다는 뜻이다. 다른 말로 하면 카리스마 리더에게 자신의 자원을 제공할 용의가 전혀 없다는 의미이기도 하다. 결국 카리스마 리더십이 발휘되는 조직은, 아무도 리더를 따르지 않아 조직의 토양이 산성화되고 리더는 결국 고사당한다. 카리스마 리더십은 이제 드라마에서나 나오지 현실에서는 자취를 감출 수밖에 없는 것이다.

상황이 이렇게 전개되는데도 마치 드라마 주인공처럼 카리스마 리더십으로 분위기를 반전시킬 수 있으리라는 위험한 상상에 빠진 리더들이 있다. 구성원들을 설국열차에 태우고 죽음의 목적지를 향해 질주하겠다는 계획을 세우는 것이다.

카리스마 리더에 관한 전쟁 기록물을 보면 가히 충격적이다. 특히 월남전에서 부하에게 보복당해 사살된 것으로 보고된 미군 지휘관이 공식적으로 1,000명을 넘는다고 한다.[2] 이들은 하나같이 평상시에 부하에게 상명하복을 강조하고, 고압적인 리더십을 극단적으로 밀어붙였던 사람들이었다. 반대로 평소 사랑과 헌신으로 부대를 이끈 지휘관들은 오히려 위험한 상황에서 부하들이 상관을 구하려고 자신을 희생해 산화한 경우가 많았다고 한다. 결국 지휘관들 사이에서 철칙처럼 통하는 상명하복의 고압적 리더십이 잘못된 것이 아닐까? 인격모독을 당하고 마음에 상처를 입은 부하들이 상관과 같이 전투에 투입되었을 때, 목격자가 아무도 없는 상황에서 상관을 죽이고 싶은 충동이 생기지 않을까? 상상만 했던 일이 실제로 이렇게 많이 벌어졌다니 놀라울 따름이다.

리더의 존재감은 리더가 목적에 대한 진정성과 긍휼감의 스토리로 부하들의 마음을 녹이고 그들의 마음속에 깊이 뿌리내릴 때 저절로 생긴다. 고압적인 스타일은 부하에게 공포를 유발해 억지로 복종시키는 것이지 영향력을 통해 자발적으로 복종하는 것은 아니다. 따라서 힘든 군대일수록 고압적 카리스마가 아닌 사랑과 진정성을 기반으로 리더십을 발휘해야 부하들이 자발적으로 따른다.

작금의 상황도 전쟁 상황과 같다. 경기는 점점 어려워지고 이 와중에서 전쟁보다 더 심각한 전쟁을 치러야 하기 때문이다. 이런 상황에서 옛날 방식대로 강압적 리더십을 밀고 나간다면 총구를 들이대며 대드는 부하야 없겠지만 능력 있는 부하들을 조만간 모두 떠날 것이다. 중요한 시기에 핵심인재를 놓치는 것은 전쟁터에서 총을 잃어버리는 것과 같다.

수평화되고 공유와 개방, 연결과 협업이 특징인 플랫폼 시대에는, 아무리 훌륭한 카리스마도 시대적 울림을 창출하지는 못한다. 카리스마는 리더와 부하 간의 수직적 관계를 전제로 하기 때문이다. 차라리 수직적 관계를 역전시켜 자신이 부하의 서번트로 나서는 것이 더 현명하다. 낮은 자세로 겸양을 보이고 봉사함으로써 부하들에게도 목적에 대한 동참과 헌신을 이야기할 수 있다. 부하들이 자발적으로 목적에 헌신하게 할 수 있는 리더가 플랫폼 시대의 진정한 서번트 리더다.

서번트 리더십의 핵심은 부하들에게 그저 하인이 되어주는 것이 아니다. 리더가 설정한 목적에 대해 제대로 된 서번트 역할을 수행하는가다. 결국 이런 헌신의 과정을 통해 리더가 챙길 수 있는 것은 변화·혁신의 실현이다. 변화·혁신의 성공은 지속가능한 성과를 덤으로 가져다준다.

### 모듈 단위, 플랫폼 단위로 재설계

플랫폼으로 재편되는 세상과 제대로 소통하기 위해서 개인들이 가져야 할 두 번째 태도는 자신이 책임지고 있는 조직 단위를 플랫폼이라고 규정하고 열림·연결·공유·협업의 원리에 기반을 둔 플랫폼의 개념으로 운영하는 것이다. 예를 들어 사업상으로는 플랫폼 비즈니스까지 이르지 못했다 하더라도 한 회사를 책임지고 있다면 이 회사를 플랫폼이라고 생각하고 운영하는 것이다. 한 팀을 책임지고 있다면 그 팀을 플랫폼이라고 생각하는 '사고의 전환'을 시도해보라.

조직을 플랫폼으로 운영한다는 것은 수직적 위계가 아니라 열림·연결·공유·협업의 원칙을 가지고, 모든 참여자들이 자신을 성장시키는 흥미진진한 운동장으로 이용하도록 만드는 것이다. 자신이 책임진 조직단위를 플랫폼으로 디자인해서 성공을 돕는 일에 성공하는 케이스를 만들어보자.

또한 역량을 묶어 모듈이라고 하고, 모듈들을 묶어 플랫폼이라고 한다면, 지금까지 경쟁에서 이기기 위해서 사용했던 역량모델을 과감하게 포기하고 조직을 모듈 단위나 플랫폼 단위로 재설계해보는 것이다.[3] 이런 과정을 통해서 혁신이 만들어진다면 구성원 모두는 세상이 진화해가는 방향에 맞춰 성공을 구가하는 공동운명체가 될 것이다. 그렇게 되면 모든 구성원들이 회사가 지향하는 목적에 신념을 가지고 몰입한다. 회사라면 100년 기업의 기반이 만들어질 것이고, 팀이 플랫폼화에 성공한다면 그 팀은 회사의 플래그십flag ship이 될 것이다.

사회적 혁신에 성공한 구글, 고어텍스Gore-Tex, 뉴발란스, 레고,

파타고니아, 넷플릭스뿐 아니라, 근원적 변화를 일구어낸 종교지도자, 정치지도자 등을 보면 한 가지 공통점이 있다. 이들은 다양한 배경을 가진 소수가 공동의 목적을 위해 자연스럽게 모여 협업하는 플랫폼 공동체에 대한 깊은 철학을 공유하고 있다.

초연결사회의 조직원리로 탄생한 플랫폼 생태계에서는 경쟁자든 협력자든, 모두 같은 공동체에 같은 뿌리를 공유할 개연성이 높다. 결국 겉으로 보이는 경쟁자도 알고 보면 생태계의 공진화를 위해 함께 노력하고 있는 스파링 파트너이다.

목적경영을 하고 있거나 목적경영에 헌신하고 있는 개인들은, 종교나 신념을 넘어서 약자를 보호하고 다양성을 포괄할 수 있는 공동체에 대한 신뢰를 가지고 있다. 약자와 다양성에 대한 긍휼감은, 목적을 구현하는 역량·스킬·배경에 있어서 최대한 포괄적으로 운용하게 만드는 기반이다. 어떤 배경을 가지고 있든 같은 사명을 위한 다른 역량을 가지고 있다면 동지이기 때문이다.

플랫폼 혁신을 염두에 두고 있는 회사라면, 내부에 강력한 R&D 센터를 만드는 것도 중요하지만, 목적을 기반으로 다양한 소수가 자유롭게 협업할 수 있는 공동체를 구축하는 것이 더 시급하고 중요하다.

### 투명성에 대한 헌신

마지막으로 요구되는 것은 투명성에 대한 헌신이다. 초연결사회가 심화될수록 정보의 비대칭성도 사라진다. 사람들이 가지고 다니는 휴대폰뿐만 아니라 모든 사물에도 카메라와 센서가 달려 모든 거래 데이터가 축적된다. 이제 정보의 비대칭성에 기대어 부정을 저지르고 탐욕을 키우는 사람들은 설 자리가 없다.

심지어 사람과 사물 간의 접촉조차도 거래로 인지하고 빅데이터 장부에 기록되고 블록체인 데이터로 제공될 것이다.[4] 금융거래를 중심으로 블록체인이 실현되고, 거기서 얻어진 프로토타입은 일상의 모든 거래로 확산될 것이다. 그렇게 된다면 우리가 꿈꾸는 신뢰사회, 사기꾼들이 사라진 청정사회가 도래할 수도 있다. 유일하게 기록되지 않는 거래라고는 스스로와 하는 성찰적 거래 정도겠지만, 그마저도 정체성을 상실한 사람들에게는 별 의미 없는 일이 될 것이다.

블록체인이 현실화되면 모든 것이 투명해지기 때문에 보증을 서는 일도 사라지고, 경찰과 검찰의 기능도 축소될 것이다. 지금처럼 진실을 파헤치기 위해 특검이 천문학적인 돈을 쓰거나 청문회를 벌이는 낭비적인 절차들도 사라진다는 뜻이다. 앞으로는 주체성을 기반으로 새로운 것을 창조하지 못하는 기업이나 개인들은 존재이유를 잃고 자연히 도태될 수밖에 없다. 종교 역시 철학적 성찰을 제공하지 못하는 기복종교들은 속속 망한다. 투명성을 전제로 사랑을 실천하지 못하는 주체는 모든 거래에서 참여기회를 제한받기 때문이다.

목적경영자들의 정신모형에는 목적에 대한 가치들이 담겨 있다. 지속가능한 성장을 모색할 뿐 아니라 열림·연결·공유·협업의 플랫폼을 통해 다른 사람들의 성공을 돕고자 하는 소명의식과 플랜 역시 담겨 있다. 이들은 같은 생태계에 속한 다른 사람들의 성장에 기여하기 때문에 평판이 높을 뿐만 아니라, 자신과 간접적으로 연결된 사람들에게도 보편적으로 존경의 대상이 된다. 이들은 생태계의 공진화가 제로섬이 아니라 플러스섬 관계에 의해 결정된다는 것을 누구보다 잘 알고 그것을 실천한다. 이들이 혁신을 거듭해 일구어낸 목적에 대한 평판은 플랫폼의 네트워크 효과를 극대화시킨다. 덕분에 이들의 성과는 지속가능한 성과를 넘어서서 사회적 성과로 이어진다.

# 16

## 급진적 거북이

위대함을 성취하기 위해서는 지금 서 있는 자리에서 시작하고,
지금 가지고 있는 것만 가지고 시작하고,
지금 할 수 있는 것부터 시작하라.

— 아서 애쉬Arthur Ashe

## 황소걸음으로 천리를 가는 사람들

'급진적 거북이' 원칙은, 목적경영으로 세상에 큰 족적을 남기는 사람들이 근원적 변화를 이루어낸 공통적인 비밀이다. 이들은 자신이 구현하려는 세상의 목적지에 대해 '급진주의자' 같은 강력한 믿음을 가졌다. 다른 사람들이 더 좋은 목적지가 있다고 아무리 유혹해도, 남들이 다 바보짓이라고 손가락질해도 절대 흔들리지 않는다. 자신의 사명과 비전에 대한 절대적인 믿음이 있기 때문이다.

하지만 사명의 목적지로 가는 길에서는 거북이처럼 당장 할 수

있는 것, 지금 가진 것만으로 할 수 있는 것부터 차근차근 성실하게 실험해보고 도전해본다. 목적지에 이르렀을 때와 지금 세상의 차이를 성찰하고 그렇게 그 간극을 메워나간다. 급진적 거북이는 자신이 도달할 사명의 목적지 대해서는 누구보다 과격하고 장대하고 급진적이지만, 이를 구현할 때는 거북이처럼 꾸준히, 당장 할 수 있는 것부터 발걸음을 뗀다.

목적경영자들의 급진적 거북이 성향은 호시우보虎視牛步, 우보천리牛步千里 같은 고사성어로 비유할 수 있다. '호시우보'는 호랑이의 날카로운 눈빛으로 목적지를 주시해가며 소걸음으로 우직하게 한 발 한 발 걸어간다는 뜻이고, '우보천리'는 소걸음으로 결국 천리를 간다라는 뜻이다. 《구약 성경》 욥기에 "네 시작은 미미하였으나 그 끝은 창대하리라."는 말씀처럼 급진적 거북이들은, 창대한 목적에 대한 급진적인 믿음을 가지고 거북이처럼 미미하게 첫걸음을 시작했던 주인공이었다. 지금까지 조직이나 역사에 남겨진 근원적 변화는, 모두 급진적 거북이 방식으로 만들어졌다.

세상을 떠들썩하게 만들었지만 어떤 변화도 만들어놓지 못한 사람들은 '급진적 급진성'을 가졌다. 동어반복 같지만 '급진적 급진성'을 가진 사람들은, 도달해야 할 미래에 대한 믿음도 급진적이고, 도달하는 방법도 급진적이다. 자신이 믿는 사명의 목적지에 너무 흥분한 나머지 거기 빨리 도달하기 위해 동참하지 않는 사람들에게도 광풍을 일으키듯 괴롭혀가며 그들을 끌고 간다.

이런 사람들은 자신의 신념을 구현하기 위해서 공개적으로 십자군 전쟁을 벌인다. 신념에 동의하지 않는 사람들을 끌어들이기 위해서 회유와 괴롭힘도 서슴지 않는다. 의도는 좋았지만 결국 많은 사람들의 마음에 상처만 남기고 실패로 끝난다.

급진적 급진성을 가진 리더들은 대부분 과거 리더십 패러다임을 벗어나지 못한 사람들이다. 시대가 급변하는데도 아직 개발독재 시대 주도적 리더십의 성공경험에 빠져 탑다운top-down으로 무조건 밀어붙이거나, 신자유주의의 초경쟁과 효율성을 맹신하는 논리로 단기적 업적지상주의를 앞세운다. 협업과 공진화의 시대적 소명을 놓친 것이다.

급진적 거북이 성향을 가진 사람들은 회전그네가 돌아가는 원리를 잘 알고 이용한다. 회전그네는 처음에는 그 무게 때문에 잘 돌아가지 않는다. 하지만 포기하지 않고 우보천리 하다 보면 어느 순간 오히려 그네의 무게가 가속도로 바뀌어 갑자기 빨리 돌아간다. 실패하는 개인이나 기업은 이 회전그네에 가속이 붙기 직전에 포기하고 돌아선다. 그간 쏟아부었던 비용과 노력이 한순간에 물거품으로 변한다.

스티브 잡스가 애플에서 쫓겨난 후 설립한 픽사Pixar도 회전그네의 법칙이 작용했다.[1] '토이스토리'를 수년 동안 작업했지만 등장인물에 대한 호감도가 나아지지 않자, 자금을 대던 디즈니는 이 프로젝트에 더 이상 지원하지 않겠다고 최후통첩을 보냈다. 당황한 픽사 제작진들은 2주간 밤을 세워가며 토이스토리의 전체 구조를 뜯어고쳤고, 그 결과물에 만족한 디즈니는 다시 프로젝트를 지원하기로 했다. 이러한 우여곡절 끝에 결국 토이스토리는 대성공을 거둔다.

많은 벤처회사들은 이렇게 작품 하나가 대박을 치면 회사의 몸집을 부풀리는 수순에 들어가지만, 스티브 잡스는 토이스토리의 성공을 숙성시켜 픽사라는 회사를 제대로 설립하는 데 4년을 더 투자했다.

곧바로 회사를 키울 수 있었지만 스티브 잡스와 직원들은 이와 같은 외부 상황에 흔들리지 않고 회사의 목적을 숙성시키는 일에 더 집중했다. 목적을 중심축으로 회전그네를 돌렸고, 결국 가속도가 붙기 시작하는 임계점을 돌파하는 데 성공했다. 결국 '토이스토리'가 대박을 친 이후에 가속도가 붙자 '벅스라이프', '토이스토리 2', '몬스터 주식회사', '니모를 찾아서', '인크레더블', '카' 등의 작품이 대박행진을 이어나갔다.

그런데 회전그네를 무조건 열심히, 끝까지 포기하지 않고 돌리면 누구나 가속도가 붙는 임계점을 경험할 수 있을까? 불행하게도 그건 아니다. 원래부터 중심축이 잘못 구성된 회전그네가 태반이기 때문이다. 회전그네는 회사의 비즈니스 플랫폼인데, 크게 3가지로 구성된다.

첫째는 회사가 '왜 존재해야 하는가'인 존재이유, 즉 목적에 대한 믿음이다. 둘째는 그 믿음을 구현하기 위해 혁신해야 하는 비즈니스 모델이고, 셋째는 목적에 대한 믿음을 통해 고객에게 전달할 수 있는 가치가 개념화된 업에 대한 정확한 인식이다. 이 3가지 모듈이 완벽하게 융합해야만 제대로 된 회전그네인 것이다.

그런데 대부분의 회사들은 이중 하나만 가진 채로 성급하게 회전그네를 돌리려 한다. 그러니 아무리 열심히 끝까지 돌려도 가속도가 붙지 않는 것이다. 개인의 삶도 마찬가지다. 모멘텀을 만들어낸 사람들의 공통점은, '왜'를 알고Know why, '어떻게'를 알고Know How, '무엇'을 아는Know What 삶의 3가지 모듈이 타이트하게 정렬된 회전그네를 가지고 있다는 점이다. 또한 회전그네가 완성된 후에 이들은 그네의 무게까지 합세해 가속도가 붙을 때까지 현실적 낙관주의를 견지해가며 돌리기를 포기하지 않았다.


## 비밀결사대

많은 중간관리자들이 "목적이나 사명에 아무도 관심이 없는 회사에서 어떻게 해야 변화를 만들어낼 수 있습니까?"라고 필자에게 물어온다. 특히 경쟁사를 이기기 위해 회사가 가르쳐준 전략이 조직 내부로 향해 구성원들이 서로를 찍어 누르는 무기로 사용되는 '반란군 조직'에서는, 목적경영을 공개적으로 설파하는 것이 위험하기 짝이 없는 일이다. 특히 상사들조차도 생계형 성과에 매몰되어 있을 때, 목적경영에 도전한다는 것은 상당히 무모한 일이다.

언제든지 역풍을 맞을 개연성이 높기 때문이다. 그렇다면 이런 회사에서 중간관리자는 어떻게 '급진적 거북이' 원리를 성공시킬 수 있을까?

목적이나 사명은커녕 정치싸움이 판을 치는 조직에서는, 내가 아무리 목적경영을 지향하고 있다 해도 자신의 근원적 변화를 숨은 천사의 일처럼 조용하게 진행시켜야 한다. 조직의 분위기가 심각하게 안 좋을 때는, 심지어 비밀결사대를 만들어야 하는 경우도 있다. 여기서 중요한 점은, 팀장이나 중간관리자들에게 허용된 재량권이 어느 정도 있다는 점이다. 자신의 재량권 내에서 담벼락을 만들고, 그 안에서 들키지 않고 조용히 할 수 있는 것부터 시작하는 것이 중요하다. 지금 할 수 있는 것, 내가 가진 것만으로 조용히 목적경영을 실천하여 목적성과를 도출하는 것이다.

사명을 추구하지 않는 조직 분위기에 대해 공개적으로 비난하거나 싸움을 거는 것은 금기사항이다. 대신 자신이 가진 권한 내에서 할 수 있는 것에 집중하고, 거기에서 조용히 목적성과를 만들면 된다. 또한 시간 날 때마다 위에서 정치적으로 접근해오는 사람들의 영향력이 구성원들에게 미치지 않도록 담벼락 보수작업도 게을리하지 않아야 한다.

이때 담벼락을 더욱 튼튼히 보수하려면 구성원들이 낸 성과의 공을 그들에게 돌리고, 책임져야 할 일들은 떠넘기지 말아야 한다. 이렇게 쌓아올린 담벼락은 희생의 담벼락이다. 희생은 사명을 염두에 두었을 때만 가능하다. 사명이 없다면 희생은 그저 착한 일에 불과하다. 희생으로 쌓아올린 담벼락은 구성원들에게 목적경영을 실험해볼 수 있는 심리적 안전지대를 제공한다.

성과가 나올 때까지는 프로젝트에 대해 공개적으로 거론하거나 쓸데없는 논쟁을 하지 않도록 조심해야 한다. 자신이 할 수 있는 범위 내에서 성과가 나오기 시작하면 이 성과를 기반으로 자신이 해온 일에 대해 소통하면 된다. 다른 조직 사람들이 우리 팀의 차별적 성과에 대해 학습하려는 욕구를 보이면 이때 목적경영의 원리에 대해서도 설파한다. 한국 사람들은 대부분 더 나은 성과를 벤치마킹하는 것을 자랑스럽게 생각하기 때문에, 이미 나온 성과를 가지고 목적경영을 전파하는 것은 그리 어려운 과제가 아니다.

목적경영을 지향하는 중간관리자들은 말이 아니라 성과로 소통하는 사람들이다. 이들은 목적성과가 실제로 도출될 때까지 목적경영의 원리에만 집중해 우보천리 해가며 자신의 회전그네를 돌릴 뿐이다. 조직의 각 하위부문에서 목적성과가 산출되기 시작하고, 그들의 성과를 배우려는 분위기가 확산된다면 아래로부터의 변화는 급속도로 이루어진다.

들불이란 불의 세기가 약할 경우는 외풍이 불면 자연스럽게 꺼지지만, 어느 정도 세졌을 때는 밖에서 부는 바람이 오히려 불을 크게 키운다. 목적경영을 통한 변화도 이와 같은 과정으로 시작된다. 조직에서 팀장과 중간관리자들이 자신의 권한 내에서 목적경영을 통해 가시적인 성과를 거둔다면, 이들의 성과는 다른 구성원들이 벤치마킹해 들불로 번진다. 이 들불이 어느 정도 커지면 조직 내에서 목적경영을 반대하는 세력의 역풍이 오히려 불을 키우는 힘이 된다. 조직의 근원적 변화는 대부분 아래로부터 시작되고 아래로부터 완성된다. 목적경영은 실천원리지 이념논쟁이 아니다. 목적경영의 99%는 실천원리에 집중되어 있다.

## 복숭아나무 아래 길이 생긴다

사마천의 《사기》에 '도이불언 하자성혜桃李不言 下自成蹊'라는 말이 나온다. 복숭아나무와 자두나무는 굳이 자신을 선전하지 않아도 사람들이 찾아오게 마련이어서 나무 밑에 저절로 길이 생긴다는 뜻이다. 목적영영의 여정 역시 복숭아나 자두의 씨앗을 심고, 뿌리내리게 해 과실을 맺는 나무로 길러내는 과정과 같다. 나무에서 꽃이 피고 향기가 물씬 나는 복숭아와 자두가 열리면, 그 향기를 맡고 사람들이 찾아온다. 그러면 그들에게 과일을 나눠줌으로써 또다시 씨앗을 전파할 수 있다.

목적경영을 통해 근원적 변화에 성공하면 많은 사람들은 그 향기를 맡고 따라온다. 목적경영의 성과는 소명의 향기를 머금고 있어서 굳이 애써 원리를 전파하지 않아도 사람들을 끌어당기고, 결국 목적에 이르는 큰 길이 생긴다. 목적경영은 말이 아닌 실천과 혁신을 통해 만들어진 성과로 소통한다. 이러한 목적성과는 영혼을 흔드는 향기를 머금고 있어서 쉽게 말로 표현되지 않는다.

목적과 사명에 대한 믿음을 잃지 않으면서 목적과 현실 사이의 간극을 우보천리로 메워나가다 보면 어느새 영혼을 흔드는 목적성 과가 저절로 따라온다. 회전그네에 가속도가 붙으면 그 어떤 혁신의 방법보다 신속하고 견고하게 변화에 성공하고, 그 성공 스토리를 배우기 위해 사람들은 스스로 길을 만들어 찾아온다. 그렇게 되면 우리는 소중한 사람들에게 우리 자신만의 영혼의 종소리로 소명을 키워줄 수 있다. 이것이 성과·행복·부·권력·지위 등이 근원적 변화와 함께 저절로 따라오게 하는 진짜 황금 수도꼭지의 비밀이다.

# 존재이유를 아는 사람은
# 삶의 초점이 분명하다

항상 최선을 기대하고 동시에 최악을 준비하라.
― 무하마드 알리Muhammad Ali

원래 빛은 방향이 정해져 있지 않고 무작위로 흩어져 존재한
다. 이 무작위의 빛은 어둠이 존재하는 곳이라면 어디든지 달려간
다. 암흑세계를 밝혀 진실을 알려주는 것이 빛의 역할이다. 인간은
이 무작위의 빛들을 모아 정렬하는 법을 터득했다. 무작위의 빛들
을 정렬하면 쇠도 뚫을 수 있는 레이저빔이 된다.

프로메테우스가 신으로부터 불을 훔쳐서 인간에게 준 것도 결
국 따지고 보면 빛을 '정렬시켜서' 불을 만드는 원리를 인간에게 가
르쳐준 것이다. 인간은 이 불을 다시 정렬시켜 전기를 만들었고, 세
상을 물리적으로 밝혔다. 그리고 그 전기로 컴퓨터칩을 만들어 인

지적 암흑세계를 밝히는 정보혁명에 불을 붙였다. 이 불은 다시 온라인 세계의 디지털이라는 불로 진화해 오늘날까지 이른 것이다. 이 모든 것이 '빛을 제대로 정렬시킨 결과'로 탄생한 셈이다. 우리에게 기술적 진보를 이룩하게 해준 빛의 '정렬'이 없었다면, 인류는 아직도 인지적 암흑세계에서 살고 있었을지 모른다.

목적경영의 중심원리도 결국은 '정렬'이다. 목적을 중심으로 동원할 수 있는 모든 자원들을 정렬시켜 어떤 장애도 뚫을 수 있는 혁신의 레이저빔을 만들어내는 것이다. 빛을 정렬시켜 기술적 진보를 이뤄낸 것처럼, 목적경영은 사람들의 선한 의도를 정렬시켜 사회적 혁신을 일궈낸다. 목적을 향한 의도들을 동시에 정렬시키면 어떤 장애도 뚫을 수 있다. 혁신은 성과를 가져오고, 성과는 더 많은 사람들을 동참시킨다. 더 많은 사람들이 모일수록 목적에 대한 믿음은 강해지고 세상은 지속적으로 공진화한다.

아날로그 사회는 많은 개인들이 같은 장소, 같은 시간에 모여 동시에 같은 방향으로 의도를 쏘아 올려야 했다. 촛불혁명에서 체험한 것처럼, 많은 사람들이 이 사회적 의도의 행렬에 동참할 때 사회적 절벽조차 허물어지는 역사적 변혁이 일어난다. 촛불혁명에서는 같은 장소에 모여 촛불들을 정렬시켜 레이저빔을 만들었지만, 초연결사회의 사회적 혁신은 굳이 같은 장소에 모이지 않아도 실현 가능하다.

초연결사회에서는 내가 서 있는 자리에서, 내가 가진 것으로,

내 일상을 통해 업을 일구고 그 업을 기반으로 공동의 선을 향해 의도를 정렬시키면, 이 의도들은 네트워크를 타고 서로 시너지를 내며 한 방향으로 모인다. 우리의 의도가 각자 설정한 목적을 중심으로 한 방향으로 정렬되기만 해도 우리 사회에 혁신적 성과를 선물할 것이다.

같은 목적을 향해 의도의 레이저빔을 쏘아 올리는 우리는 네트워크 어디에 서 있든 다 같은 운명을 공유한 도반들이다. 일상에서 목적을 찾아서 의도를 정렬시키는 도반들이 많아진다면 대한민국에는 혁신이 강물처럼 흐를 것이다. 선한 목적을 향해 나의 사명과 역량과 일을 정렬시키면, 나는 개인적 혁신을 통해 사회적 혁신에도 공헌하는 셈이다. 어떤 상황에서도 선한 목적에 대한 의도를 잃지 않고 산다면, 그것만으로도 사회에 진 빚을 갚아나가는 것과 다름없다.


목적경영을 실천하고 있는 사람들은 목적을 향해 자신의 의도를 쏘아 올릴 때 하이데거 방식의 존재론적 질문을 던진다.*1 하이데거가 제시하는 존재론적 질문은, 죽음을 앞두고 있는 상황에서

---

• 스티브 잡스의 스탠퍼드대학교 졸업연설문의 핵심도 존재론적 질문에 관한 것이다. 또한 넷플릭스나 테슬라에서도 존재론적 질문은 '첫 번째 원칙First Principle'이란 이름으로 일상적으로 제기된다. 하이데거는 자신의 저서 《존재와 시간》에서 현존재를 가장 극명하게 깨닫는 방법으로 인간만이 체험할 수 있는 죽음의 가능성에 대해 말한다(Heidegger 1953 : 250). 죽음의 가능성은 우리가 실제로 존재하는 한 피할 수 없는 문제다. 죽음을 직접 대면함으로써 현존재로 하여금 자기 자신의 존재의 문제를 성찰하도록 만든다. 죽음에 대한 대면은 감춰져 있던 본래적 실존의 가능성을 회복시키는 방식의 하나다.

무엇이 나에게 중요한지를 물어보는 것이다. 죽음 앞에서는 거짓과 꾸밈들이 자연스럽게 떨어져나가고, 인간 존재의 본질인 목적만 남는다. 본질을 포장하고 부풀렸던 모든 버블이 꺼진 후 죽음의 순간을 앞두고 현존재의 목적을 구한다면 스스로에게 어떤 질문을 던질까? 삶의 존재이유를 위해 무엇을 선택해야 하고, 무엇을 버려야 하며, 또 무엇에 집중해야 하는지 물어볼 것이다.

"나는 나의 존재이유인 목적을 살려내기 위해 지금 무엇을 할 것인가?"

이 단순한 질문은 목적에서 벗어난 삶의 모든 군더더기를 벗어버리고, 삶을 목적에 다시 정렬시켜준다. 정렬에 성공한다면 단순하지만 강인하고 충만한 삶이 복원된다. 이 질문에 답을 찾는 과정에서 얻을 수 있는 인생의 변화는 다음과 같다.

첫째, 목적에 대해 소명을 느끼고, 목적이 가이드해주는 대로 사명을 실천하면서 무엇보다 충만한 삶의 의미가 되살아난다. 의미 없는 혼돈 역시 사라진다.

둘째, 살아남기 위해서 매일 전략을 짜고 실천하느라 '연기'해온 삶에 종지부를 찍게 될 것이다. 삶은 다시 단순해지고, 분별력과 계획성을 되찾는다.

셋째, 목적에 기반한 삶의 초점이 분명해진다. 또한 초점에 집중하다 보니 같은 노력과 에너지로 더욱 뛰어난 성과를 창출한다. 문제의 정곡을 찔러 혁신적으로 해결하는 삶을 산다.

넷째, 목적으로 점화된 삶의 직접적 동기가 분명해진다. 직접동기가 점화되면 열정이 불처럼 일어난다. 직장에서도, 삶에서도 누구보다 열정적이고 열의로 가득 찰 것이다.

　다섯째, 성과를 통해서 목적에 대한 믿음을 검증하고, 그 믿음을 전파함으로써 주위 사람들의 인생에 좋은 영향력을 미친다. 믿음의 사람으로 다시 태어난다.

　이처럼 존재론적 질문을 통해 목적을 복원한 삶을 산다는 것은, 초연결사회를 살아가는 모든 사람들의 사회적 책무이다. 의도했든 의도하지 않았든 나의 존재 자체가 연결망을 타고 다른 사람의 삶에 영향을 미칠 수밖에 없는 시대다. 존재론적 질문에 대한 책무를 게을리하지 않는 한, 본질을 가리고 있던 모든 포장과 연기의 거품은 다 제거되고 진짜 황금 수도꼭지가 모습을 드러낸다. 그리고 어느 순간 세상은 우리가 다녀감으로써 더 따뜻하고 행복하고 건강하게 변해 있을 것이다.

# 부록

---

## ― 개인

**삶의 재탄생 : 내가 세상에 태어난 이유는 무엇일까?**

생존을 넘어 삶을 이끄는 중심원리가 있는가?

제2, 제3의 탄생을 경험했을 때는 언제였고 무슨 계기가 있었나?

**신성한 도전 : 반드시 혁신적인 방식으로 살아야 하는 나만의 이유가 있는가?**

힘들어도 삶을 포기하지 말아야 할 이유가 있는가?

나는 믿고 있는 것과 실천하는 것의 격차가 심한가?

무너트려야 할 내면의 골리앗이 있다면 무엇인가?

내가 극복한 최고의 고난사건은 무엇인가?

**혁신의 제도화 : 사람들이 나에 대해 '나답다'라고 생각하는 점이 있는가?**

사람들은 나의 어떤 행동에 대해 '나답다'라고 하는가?

나는 내 삶의 작가이자 주인공인가?

내 삶의 이야기를 통해 다른 사람들로부터 도움을 받을 수 있는가?

목적의 공진화 : 나는 나의 성공을 넘어 남들의 성공을 돕는 일을 하고 있는가?

살면 살수록 나의 삶의 목적은 더 분명해지고 있는가?

내가 성공의 덫에 갇혀 있지 않다는 것을 어떻게 증명할까?


비전 : 나의 비전에는 과거·현재·미래가 모두 담겨 있는가?

나는 목적에 대한 믿음의 눈으로 세상을 보고 있는가?

내 삶의 비전은 울림을 창출하는 스토리를 담고 있는가?


## — 조직


제2의 탄생 : 우리 회사는 생존을 넘어 비즈니스를 해야만 하는 이유가 있는가?

고객과 직원들은 회사 홈페이지에 있는 우리의 경영이념을 믿는가?

어려운 상황에서 길을 찾을 수 있는 나침반이 있는가?

우리 회사의 경영철학은 시대에 맞추어 진화하고 있는가?

새롭게 창업할 권한이 주어진다면 회사의 목적을 어떻게 바꿀 것인가?


신성한 도전 : 우리 회사는 생존을 넘어서 혁신해야만 하는 이유가 있는가?

KPI는 일반과제가 아닌 미션과제에 초점이 맞추어져 있는가?

우리 회사는 업의 개념이 명확한가?

우리 회사는 혁신의 끈을 놓치지 않고 있는가?

회사가 목적을 염두에 두고 극복했던 최고의 고난사건은 무엇인가?

회사의 미션을 구현할 수 있는 1가지 프로젝트를 제안해본다면 무엇인가?

경영진은 회사의 사명에 대해 개인적 신조를 가지고 있는가?


**혁신의 제도화 : 우리 회사는 생존성과를 넘어 목적성과를 도출하고 있는가?**

우리 회사는 전문가들의 놀이터로 디자인되어 있는가?

우리 회사의 구성원들은 회사의 주인이라는 생각을 가지고 있는가?

우리 회사의 구성원들은 업을 따르는 종업원從業員인가? 맡은 직무만 해내는 직원職員인가?

혁신의 결과가 지속적인 성과로 연결되는가?

과제, 비즈니스 모델, 사명은 잘 정렬되어 있는가?

우리 회사의 비즈니스 모델은 혁신적인가?


**목적의 공진화 : 우리 회사의 비즈니스는 플랫폼 사업을 염두에 두고 진화하고 있나?**

목적을 기반으로 주체적으로 구조조정하고 있는가?

고객은 우리 회사의 비즈니스 스토리에 몰입하고 있는가?

제품과 서비스를 통해 우리의 철학과 문화를 팔고 있나?

우리가 실현하려는 목적이 제도화의 철창에 갇혀 있지 않은가?

비즈니스 모델은 진화하고 있는가?

제도화의 철창에서 벗어나기 위해 무슨 일을 하고 있는가?

비전 : 비전에는 과거·현재·미래에 대한 모습이 담겨 있는가?

구성원의 비전과 회사의 비전은 정렬되어 있는가?

고객과 사회의 아픔을 긍휼감의 시각으로 보고 있는가?

우리 회사는 시간을 앞서가는 회사일까? 따라가는 회사일까?

회사의 비전은 많은 사람에게 울림을 창출하는 스토리를 담고 있
는가?

| 그림 15 | **목적경영을 위한 여정도**

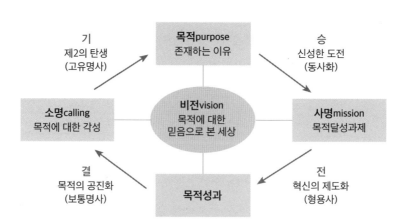

　　　　　　　목적경영의 수준을 판단하는 지표

## ─ 조직

조직이 의식적으로 목표로 하고 있거나 실제로 자원과 노력이 투여된 경우를 중심으로 목적경영의 5단계에 총점이 100점이 되도록 배분해보자. 가장 높은 점수 비율을 획득한 것이 우리 회사의 목적경영 수준이라고 볼 수 있다.

|그림 16| **목적경영의 5단계 : 조직**

| 챔피언<br>목적의 공진화 | 조직의 목적성과에 대한 이야기가 세상에 울림을 창출하며 전파되는 상태 : 존경받는 100년 기업 |
| 마스터<br>목적성과 | 목적성과/(목적성과+생계형 성과)의 비율이 50% 이상을 넘어선 상태 : 초일류 기업 |
| 3단계<br>전문가 놀이터 | 목적, 비즈니스 모델, 과제가 통합되어 조직과 구성원이 일을 통해 동반성장을 경험하는 단계 : 일류기업 |
| 2단계<br>사명을 통한 혁신 | 목적을 겨냥한 프로젝트가 진행되어 혁신이 일어나고 경영의 정도가 지켜지는 단계 : 좋은 기업 |
| 1단계<br>목적에 대한 각성 | 사명과 목적이 홈페이지에 존재하지만, 비즈니스는 아직 기존의 방식이 유지되는 상태 : 일반 기업 |
| 생계형 성과단계 | |

## － 개인

실제로 본인이 의식적으로 목표로 하고 있거나 실제로 자원과 노력을 투자하는 경우를 생각해보고, 목적경영의 5단계를 총점이 100점이 되도록 배분해보자. 가장 높은 점수 비율을 획득한 것이 개인의 목적경영 수준이라고 볼 수 있다.

| 그림 17 |  **목적경영의 5단계 : 개인**

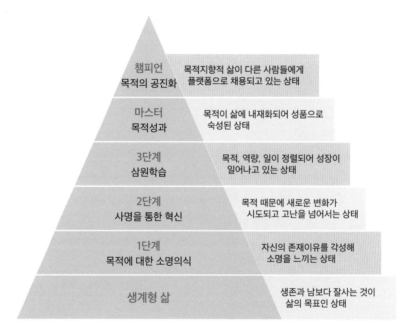

아래 문항들에 답해보자. 조직의 경우는 응답한 구성원의 평균값을 이용하면 된다. 직장이 아닌 경우 생활 대부분이 일어나는 환경(가정, 학교, 교회 등)으로 대체해서 답을 생각해본다.

전혀 아니다 1 | 아니다 2 | 보통 3 | 그렇다 4 | 정말 그렇다 5

### 개인 차원

1. 나는 내가 세상에 태어난 이유를 알고 있다.

2. 내가 하는 일은 어떤 어려움도 이겨낼 수 있게 하는 원천이 된다.

3. 나는 남들도 인정할 만한 '나다운' 특징을 가졌다.

4. 나의 삶에는 다른 사람의 성공을 돕는 플랫폼으로서의 가치가 담겨 있다.

5. 나의 비전에는 과거·현재·미래가 모두 담겨 있다.

### 조직 차원

1. 우리 회사는 단순한 생존을 넘어 비즈니스를 해야만 하는 이유가 있다.

2. 우리 회사는 생존을 넘어선 사명과 이루어야 할 업의 개념이 있다.

3. 우리 회사는 제품과 서비스를 통해 철학과 문화를 팔고 있다.

4. 우리 회사가 제공하는 서비스와 가치는 업계의 플랫폼으로 진화하고 있다.

5. 우리 회사는 목적을 기반으로 미래 사업에 대한 구조조정 능력이 있다.

소명

1. 내가 하고 있는 일은 소명을 받은 일이라고 믿고 있다. □
2. 나는 어떤 힘에 이끌려 이 일을 하게 되었다고 생각한다. □
3. 나는 지금 하고 있는 일이 일종의 부름을 받은 일이라고 생각한다. □
4. 나는 지금 하고 있는 일이 생계 이상의 목적에 기여한다고 생각한다. □
5. 나는 지금 하고 있는 일 때문에 종종 마음이 흥분된다. □
6. 내가 하고 있는 일은 내 삶의 의미 중 가장 중요한 부분이다. □
7. 나는 내가 사회에 어떻게 기여할 수 있는가를 꾸준히 생각한다. □

---

사명감

1. 내가 하고 있는 일은 내 삶의 목적을 실현하도록 도와준다. □
2. 이 일을 통해 만든 경력은 내 삶의 목적지에 도달하게 해줄 것이다. □
3. 나는 이 일과 관련된 많은 어려움을 극복해왔다. □
4. 이 일을 하면 할수록 내 삶의 목적이 분명해진다. □
5. 나는 이 일이 나에게 부여된 목적을 실제로 구현하는지 고민했다. □
6. 나는 이 일을 완수하기 위해 며칠 밤을 세운 적도 있다. □
7. 나는 이 일과 관련된 것이라면 어떤 어려움이라도 극복할 것이다. □

---

긍휼감

1. 나는 주변 사람들이 고통을 겪고 있는 것을 보면 두 팔을 걷고 나선다. □
2. 나는 내 일에 도움을 주고받는 사람들에게 측은지심을 느낀다. □
3. 내 일의 전문성을 통해 고통에 처한 사람들의 문제를 내 나름대로
   해결할 수 있다. □
4. 나는 나에게 도움이 되는 일 못지않게 다른 사람을 도와주는 일을 한다. □

5. 나는 내 전문성을 발휘할 수 있는 일이라면 모르는 사람의 일이라 하더라도 어려운 사람들을 돕는다.

6. 나는 다른 사람이 겪는 고통을 남의 고통이라고 생각하지 않는다.

7. 나는 내 전문성으로 사회적 고통을 해결하고 있다고 믿는다.

**목적경영지수**
개인 차원 평균 × 집단 차원 평균 +
소명감 평균 × 5 + 사명감 평균 × 5 + 긍휼감 평균 × 5

87-100점: 챔피언 단계
77-86점: 마스터 단계
55-76점: 성숙단계(부록 2의 3단계)
36-54점: 성장단계(부록 2의 1, 2단계)
35점 이하: 생계형 삶

## Part 1. 목적지를 아는 배는 표류하지 않는다

### 1. 당신은 어떤 '목적'을 가졌는가?

1    Katz, Donald R.(1987). The Big Store: Inside the Crisis & Revolution at Sears. Penguin Books.; Sears has 'substantial doubt' about its future Associated Press, Retrieved March 22, 2017.

2    Stiehm, Judith Hicks and Nicholas W. Townsend(2002). The U.S. Army War College: Military Education in a Democracy. Temple University Press.; Johansen, Bob(2007). Get There Early: Sensing the Future to Compete in the Present. San Francisco, CA: Berrett-Koehler Publishers, Inc.

3    사무엘 베케트Samuel Beckett(1991), 《오 행복한 날들》, 도서출판 세계사.

### 2. 치솟는 거래비용, 이 모든 비극의 시작

1    Coase, Ronald H.(1937), "The Nature of the Firm", Economica 4 (November): 386-405.; Oliver Williamson(1979). Transaction-cost economics: the governance of contractual relations. The journal of Law and Economics 22 (2), 233-261; Oliver Williamson(1981). The economics of organization: The transaction cost approach. American journal of sociology 87 (3), 548-577; Oliver Williamson(1973). Markets and hierarchies: some elementary considerations. The American economic review 63 (2), 316-325.

2    PERC reports, www.asiarisk.com.

3    기획재정부 보고서. 170601-IMD 국가경쟁력 평가결과-보도참고자료.

4    기획재정부 보고서. 170927-WEF 국가경쟁력 평가결과-보도참고자료.

## 3. 초연결시대, 달라진 성공의 기준

1 Anabel Quan-Haase and Barry Wellman, "Networks of Distance and Media: A Case Study of a High Tech Firm." Trust and Communities conference, Bielefeld, Germany, July, 2003; Anabel Quan-Haase and Barry Wellman. 2004. "Local Virtuality in a High-Tech Networked Organization." Anaylse & Kritik 26(special issue 1): 241-57; Anabel Quan-Haase and Barry Wellman, "How Computer-Mediated Hyperconnectivity and Local Virtuality Foster Social Networks of Information and Coordination in a Community of Practice." International Sunbelt Social Network Conference, Redondo Beach, California, February 2005; Anabel Quan-Haase and Barry Wellman. "Hyperconnected Net Work: Computer-Mediated Community in a High-Tech Organization." pp. 281-333 in The Firm as a Collaborative Community: Reconstructing Trust in the Knowledge Economy, edited by Charles Heckscher and Paul Adler. New York: Oxford University Press, 2006.

2 https://courses.nus.edu.sg/course/ecstabey/Nobel.htm

3 Oliver Williamson(1973). Markets and hierarchies: some elementary considerations. The American economic review 63(2), 316-325.

4 https://www.holacracy.org; Brain Robertson(2015). Holacracy: The new management system for a rapidly changing world. Hery Holt and Company, LLC,: Tony Hsieh(2013). Delivering happiness: A path to profits, passion and purpose. Business Plus.

5 Annabelle Gawer & Michael A. Cusumano(2002), Platform Leadership: How Intel, Microsoft, and Cisco Drive Industry Innovation. Boston: Havard Business School Press; Iansiti, M., & Levien, R.(2004). The Keystone Advantage: What the New Dynamics of Business Ecosystems Mean for Strategy, Innovation, and Sustainability. Boston: Harvard Business School Press; Iansiti, M, & Levien, R.(2004) "Strategy as Ecology." Harvard Business Review 82, no. 3.

6 웰스타인, 초더리, 파커(2017), 《플랫폼 레볼루션》, 부키, p. 47.

7 웰스타인, 초더리, 파커(2017), 《플랫폼 레볼루션》, 부키, p. 126.

## 4. '제도화의 철창'에서 야생성을 잃어버린 사람들

1 막스 베버Max Weber가 관료제를 설명할 때 최초로 사용한 말. Weber, Max(1978). Economy and Society: An Outline of Interpretive Sociology. University of California Press; Paul J. DiMaggio and Walter W. Powell(1983). The Iron Cage Revisited: Institutional Isomorphism and Collective Rationality in Organizational Fields. American Sociological Review. Vol. 48, No. 2(Apr., 1983), pp. 147-160.

2 Neel Doshi and Lindsay McGregor(2015). Primed to perform: How to build the highest performing cultures through the science of total motivation. HarperCollins Publisher; Sonja Lyubomirsky(2008). The how of happiness: A new approach to getting the life you want. Penguin Press.

3 Lepper, M. R., & Greene, D.(1975). Turning play into work: Effects of adult surveillance and extrinsic rewards on children's intrinsic motivation. Journal of Personality and Social Psychology, 31(3), 479-486.

4 Thomas Luckmann and Peter Berger(1991). The social construction of reality. Penguin Books.; Paul J. DiMaggio and Walter W. Powell(1983). The Iron Cage Revisited: Institutional Isomorphism and Collective Rationality in Organizational Fields. American Sociological Review. Vol. 48, No. 2(Apr., 1983), pp. 147-160.

5 Duesenberry, J. S.(1948). Income - Consumption Relations and Their Implications. In Lloyd Metzler et al., Income, Employment and Public Policy, New York: W.W. Norton & Company, Inc.; Duesenberry, J. S.(1949). Income, Saving and the Theory of Consumption Behavior, Cambridge, Mass.: Harvard University Press.

6 Neel Doshi and Lindsay McGregor(2015). Primed to perform: How to build the highest performing cultures through the science of total motivation. HarperCollins Publisher.

7 Eric Garton and Michael C. Mankins(2015), Engaging Your Employees Is Good, but Don't Stop There. Harvard Business Review. December.

8 Joakim Garff(2005). Siren Kierkegaard: A biography. Princeton University Press.

9 Patty McCord(2014). How Netflix reinvented HR. HBR January-February Issue.

10  Mission. SAS delivers proven solutions that drive innovation and improve performance. accountability We're responsible, we do things right, and we exceed what's expected. Authenticity We're genuine, we're transparent, and we lead with integrity. Curiosity We're relentless problem solvers, unafraid to challenge assumptions by being creative and forward-thinking. Excellence We're committed to excellence in everything we do, and we thrive on meaningful work.

11  Patty McCord(2014). How Netflix reinvented HR. HBR January-February Issue.


## 5. 적도 없고, 이기고 지는 싸움도 없다 : 경영전략의 함정

1  H. Igor Ansoff(1971). Corporate strategy: An analytical approach to business policy for growth and expansion. McGraw-Hill.; Kenneth R. Andrews(1971). The concept of corporate strategy. Dow Jones-Irwin; Michael Porter(1980). Competitive strategy. Free Press.

2  윤정구(2017), 《진성리더십》, 라온북스. 학습원리를 볼 것. pp. 163-170.

3  Robert Kegan and Lisa Laskow Lahey(2016). An everyone Culture: Becoming a deliberately developmental organization. Harvard Business Review Press.

4  Gary Hamel and C. K. Prahalad(2005). Strategic intent. HBR July-August 2005 Issue. 이들은 회사들이 전략을 짜는 데 장기적·전략적 의도를 놓쳐 전략이 아니라 전술에 집중하게 되었고, 이것이 결국 전략의 실패로 나타난다고 주장하고 있다. 이들은 전략에 의도가 사라졌을 때 전략은 거품만을 양산하는 전술적 도구로 전락한다는 것을 잘 이해하고 있는 대표적인 학자들이다.

5  Conger, J. A.(1989). The Jossey-Bass management series. The charismatic leader: Behind the mystique of exceptional leadership. San Francisco: Jossey-Bass.; Brown, M. E., & Treviño, L. K.(2006). Socialized charismatic leadership, values congruence, and deviance in work groups. Journal of Applied Psychology, 91(4), 954-962.; Howell, J. M.(1988). Two faces of charisma: Socialized and personalized leadership in organizations. In J. Conger & R. Kanungo(Eds.), Charismatic leadership: The elusive factor in organizational effectiveness(pp. 213-236). San Francisco: Jossey-Bass.

6  http://www.sedaily.com/NewsView/1OANENI9SX/

7    Max Weber(2006), 《프로테스탄트 윤리와 자본주의 정신》, 풀빛.

8    윤정구(2017), 《진성리더십》, 라온북스. 학습원리를 볼 것. pp. 163-170.

## Part 2. 조직의 모든 가치를 '목적'에 정렬시켜라

### 6. '얼마나' 갔는지가 아니라 '어디로' 가는지

1    http://news.joins.com/article/4391292

2    Joseph Campbell(1949). The Hero with a Thousand Faces. Bollingen
     Foundation. p. 245.

3    Bill George and Peter Sims(2007). True North: Discover your authentic
     leadership. A Warren Bennis Book.

4    Dik, B. J., & Duffy, R. D.(2009). Calling and vocation at work: Definitions
     and prospects for research and practice. The Counseling Psychologist, 37,
     424-450.

5    파울로 코엘료(2001), 《연금술사》, 문학동네.

### 7. '제2의 탄생'을 경험했는가 : 소명에서 목적으로

1    Valerie Myers(2014). Conversations about calling: Advancing management
     perspectives. Routedge.; BJ Dik and RD Duffy(2009). Calling and vocation at
     work: Definitions and prospects for research and practice. The Counseling
     Psychologist 37(3), 424-450; RD Duffy and BJ Dik(2013). Research on
     calling: What have we learned and where are we going? Journal of
     Vocational Behavior 83(3), 428-436.; Justin Berg, Adam Grant, and Victoria
     Johnson(2010). When calling are calling. Organizational science 21: 973-
     994.; Stuart Bunderson and Jeffrey Thompson(2009). The call of the wild:
     Zoopkeepers, callings, and the dual edges of deeply meaningful work.
     Administrative science quarterly 54: 32-57.

2    Philip Hallinger and Ronald Heck(2002). What Do You Call People With
     Visions? The Role of Vision, Mission and Goals in School Leadership
     and Improvement. In the second international handbook of educational
     leadership and administration, Publisher: Kluwer, Editors: K. Leithwood, P.

Hallinger, J. Chapman, D. Corson, A. Hart, pp. 9-40.
3 Merton, Robert K.(1938). "Social Structure and Anomie". American Sociological Review. 3(5): 672-682; Durkheim, E.(1897/1951). Suicide: A Study in Sociology. New York: The Free Press.
4 http://time.com/4176128/powerball-jackpot-lottery-winners
5 Joakim Garff(2005). Siren Kierkegaard: A biography. Princeton University Press.
6 고병권(2003),《니체의 위험한 책, 차라투스트라는 이렇게 말했다》, 그린비 ; 김정현(2006),《니체, 생명과 치유의 철학》, 책세상.
7 마르틴 하이데거(2006),《존재와 시간》, 살림.
8 장 폴 사르트르(2008),《실존주의는 휴머니즘이다》, 이학사.
9 카를 힐티(2007),《행복론》, 동서문화사.
10 Clayton M. Christensen, Taddy Hall, Karen Dillon, and David Duncan (2016). Competing against Luck. HarperCollins Publishers.
11 마하트마 간디(2016),《간디, 비폭력 저항운동》, 문예출판사; 마하트마 간디(2017),《간디》, 김기훈 편저, 여래.
12 체 게바라(2004),《모터사이클 다이어리》, 황매.
13 정덕환(2010),《스타벅스 CEO 하워드 슐츠의 경영 철학》, 일송포켓북.

### 8. '왜'를 파는 동사형 조직 : 목적에서 사명으로

1 Duckworth, A. L.; Peterson, C.; Matthews, M.D.; Kelly, D. R.(2007). "Grit: Perseverance and passion for long-term goals." Journal of Personality and Social Psychology. 92(6): 1087-1101.
2 Emily E. Smith(2017). The power of meaning. Crown. 이 책에서 스미스는 행복을 결정해주는 네 기둥을 목적, 초월, 스토리텔링, 관계로 규정했다. 목적적 삶, 변화를 위해 자신을 넘어서는 경험, 자신을 이해해주고 지지해주는 공동체적 관계, 세상에 울림을 주는 스토리가 그것이다. 어려움을 극복하는 미션은 초월적 경험의 핵심을 구성한다.
3 https://www.lego.com/ko-kr/aboutus/lego-group/the_lego_history/1930
4 박혜경(2007),《오르페우스의 시선으로》, 문학과 지성사.
5 Lawrence Foster(1983). The Johnson & Johnson Credo and the tylenol crisis. U. S. Government Printing Office.

6   Stefan Thomke and Jim Manzi(2014). The discipline of business experimentation. 92: 70-79. December.

7   Kayar Adasan(2011). The Tylenol Mafia: Marketing, Murder and Johnson & Johnson. Iresda Kames.

8   Tom Cooper(1987). War moon. Worldwide.

## 9. 전쟁이 아니라 올림픽이다 : 사명에서 성과로

1   http://www.pepsico.com

2   Impact Business Review. '우리는 설탕물만 파는 회사가 아닙니다'. 2012년 12월.

3   https://www.fool.com/investing/2016/09/28/pepsico-incs-stock-split-history.aspx

## 10. 정체성으로 세상에 울림을 주다 : 성과에서 다시 소명으로

1   Kaplan, Robert S; Norton, D. P.(1992). "The Balanced Scorecard–Measures That Drive Performance". Harvard Business Review(January–February): 71-79; Kaplan, Robert S; Norton, D. P.(1996). The Balanced Scorecard: Translating Strategy into Action. Boston, MA.: Harvard Business School Press.

2   Gary Hamel and C. K. Prahalad(2005). Strategic intent. HBR July-August 2005 Issue.

3   Nick Craig and Scott Snook(2014). From purpose to impact. HBR 105. May; Cathy Carlisi, Jim Hemerling, Julie Kilmann, Dolly Meese, and Doug Shipman(2017). Purpose with the power to transform your organization. BCG Brighthouse Report; Claudine Gartenberg, Andrea Prat, and George Serafeim(2016). Corporate Purpose and financial performance. A working paper; Kurt Dassel and Xi Wang(2016). Social purpose and value creation: the business returns of social impact. Monitor Deloitte. A Deloitte Report; Rosabeth Moss Kanter(2011). How great companies think differently. HBR November 2011.

4   Cathy Carlisi, Jim Hemerling, Julie Kilmann, Dolly Meese, and Doug Shipman(2017). Purpose with the power to transform your organization. BCG Brighthouse Report.

5 Claudine Gartenberg, Andrea Prat, and George Serafeim(2016). Corporate Purpose and financial performance. A working paper.

6 http://greenpeakpartners.com/uploads/Green-Peak_Cornell-University-Study_What-predicts-success.pdf

7 https://www.imperative.com/purpose-lab

8 Eric Garton and Michael C. Mankins(2015), Engaging Your Employees

9 Josh Bersin(2015). A new model for employee engagement. Deloitte Review 16.

10 Deloitte 2013 Core beliefs and culture survey.

11 민영규(1976), 《예루살렘 입성기》, 연세대학교 출판부, p. 159.

12 https://www.facebook.com/zuck

## 11. 비전 레이더로 숨어 있는 시그널을 잡아라

1 윤정구(2017), 《진성리더십》, 라온북스.

2 윤정구(2015), 《진성리더십》, 라온북스. 5장 참조; P. N. Johnson-Laird(1983). Mental models: Towards a cognitive science of language, inference, and consciousness. Cambridge University Press.

3 권혁기(2009), 《마쓰시타 고노스케, 일본이 낳은 경영의 신》, 살림출판사.

4 Randall Collins(2009). How The Mighty Fall: And Why Some Companies Never Give In. Collins Business Essentials.

## Part 3. 초연결시대, 전략경영을 넘어 목적경영으로

## 12. 근원적 변화는 어떻게 일어나는가?

1 Nick Craig and Scott Snook(2014). From purpose to impact. HBR 105, May.

2 Purpose with the power to transform your organization. BCG Brighthouse Report; Claudine Gartenberg, Andrea Prat, and George Serafeim(2016). Corporate Purpose and financial performance. A working paper; Kurt Dassel and Xi Wang(2016). Social purpose and value creation: the business returns of social impact. Monitor Deloitte. A Deloitte Report.

3 윤정구(2010), 《100년 기업의 변화경영》, 지식노마드.

4  'Southwest Airlines–A Brief History'. southwest.com.; Jody Hoffer Gittell(2005). The Southwest Airlines Way. McGraw-Hill; Kevin Freiberg(1988). Nuts!: Southwest Airlines crazy recipe for business and personal success. Bard Press; Ken Blanchard(2010). Lead with LUV: A different way to create real success. Polvera Publishing and Colleen Barrett Publishing.

## 13. 진흙탕 속에서도 별을 보는 능력

1  Schneider, S.(2001). In search of realistic optimism: Meaning, knowledge, and warm fuzziness. American Psychologist. 56, 3, 250-263; Peterson, C.(2006). A Primer In Positive Psychology. New York: Oxford University Press; Seligman, M. E. P.(1990). Learned Optimism. New York: Simon & Schuster, Inc.; Weinstein, N. D.(1980). Unrealistic optimism about future life events. Journal of Personality and Social Psychology, 39, 806-820.; Weinstein, N. D.(1989). Optimistic biases about personal risks. Science, 246, 1232-1233.
2  빅터 프랭클(2017),《영혼을 치유하는 의사》, 청아출판사.
3  안나 레드샌드(2008),《빅터 프랑클》, 두레.
4  Clara Strauss, Billie Tayor, Jenny Gu, Willen Kuyken, Ruth Baer, Feral Jones and Kate Cavanagh(2016). What is compassion and how can we measure it? A review of definitions and measures. Clinical Psychology Review 47: 15-27; Kristin Neff(2011). Self-compassion. Morrow.
5  윤정구(2017),《진성리더십》, 라온북스, pp. 154-155.
6  Shea Parton. Community: TOMS shoes founder Blake Mycoskie. Huffpost October 17, 2017.
7  Michael Porter(2011). Creating Shared Value. Harvard Business Review. Vol. 89; Porter, Michael E. & Kramer Mark R.(2011). The Big Idea: Creating Shared Value, Rethinking Capitalism. Harvard Business Review. Vol 89.
8  Flavell, John H.(1985). Cognitive development. Englewood Cliffs, NJ: Prentice Hall; Flavell, J. H.(1992). Cognitive development: Past, present, and future. Developmental psychology, 28(6), 998; Flavell, J. H.(1976). Metacognitive aspects of problem solving. The nature of intelligence, 12,

231-235.

9  김위찬(2005), 《블루 오션 전략》, 교보문고.

10  아빈저연구소(2016), 《상자 밖에 있는 사람》, 위즈덤아카데미.

11  김문주, 윤정구(2011). 팀 다양성 수렴 메커니즘이 팀 성과에 미치는 영향에 관한 이론적 연구. 경영학연구, 40, 1: 97-137; C. K. Prahalad and Richard A. Bettis(1986). The dominant logic: a new linkage between diversity and performance. Strategic Management Journal 7: 485-501; Daan van Knippenberg, Carsten De Dreu and Astrid Homan(2004). Work group diversity and group performance: An integrative model and research agenda. Journal of Applied Psychology 89: 1008-1022.

12  Stephen Hawking(2002). On the Shoulders of Giants: The Great Works of Physics and Astronomy. Running Press; Merton, Robert K.(1965). On the Shoulders of Giants: A Shandean Postscript. Free Press. 아인슈타인이 최초로 사용한 말로 알려져 있음.

13  Lewin, K.(1952). Field theory in social science: Selected theoretical papers by Kurt Lewin. London: Tavistock. "There's nothing more practical than a good theory."

## 14. 동적역량으로 저글링하다

1  정예지, 윤정구(2013). 팀 자본인가, 팀 동적역량인가?: 팀 성과예측을 위한 자원 준거 관점과 동적역량 관점의 통합에 관한 연구. 경영학연구, 42, 53-83; O'Reilly, C. A., & Tushman, M. L.(2007). Ambidexterity as a dynamic capability: Resolving the innovator's dilemma. Research in Organizational Behavior, 28, 185-206; O'Reilly, C. A., & Tushman, M. L.(2004). The ambidextrous organization. Harvard Business Review, 83(April), 74-81.

2  Clayton Christensen, Michael Raynor, and Rory McDonald(2015). What is disruptive innovation? HBR December 2015.

3  Birkinshaw, J. M., & Gibson, C.(2004). Building Ambidexterity into the Organization. Sloan Management Review, 45(4), 47-55; Gibson, C. B., & Birkinshaw, J.(2004). The antecedents, consequences and mediating role of organizational ambidexterity. Academy of Management Journal, 47, 209-226.

### 15. 플랫폼으로 남들의 성공을 돕다

1  Geoffrey Parker, Marshall Van Alstyne, and Sangeet Paul Choudary(2016). Platform revolution. Baror International Inc.
2  최병순(2010), 《군 리더십》, 북코리아.
3  이런 점에서 최근 LG 전자에서 조성진 부회장을 중심으로 이뤄지고 있는 모듈화 실험은 주목해볼 만하다. http://news.hankyung.com/article/2017112333861
4  돈 탭스콧, 알렉스 탭스콧(2017), 《블록체인 혁명》, 을유문화사.

### 16. 급진적 거북이

1  Lawrence Levy(2016). To Pixar and Beyond. Houghton Mifflin Harcourt.

### 에필로그 : 존재이유를 아는 사람은 삶의 초점이 분명하다

1  Heidegger, M.(1953) Sein und Zeit, Tübingen, Max Niemeyer Verlag; 소광희 옮김(1995), 《존재와 시간》, 경문사; 이기상 옮김(1998), 《존재와 시간》, 까치글방.

저자 **윤정구**

이화여자대학교 경영대학 인사조직전략 교수
http://nlearners.org

아이오와대학교에서 사회심리학 박사학위를 받았고, 코넬대학교 조직행동론 학과 겸임교수를 겸하고 있다. 조직행동과 집단동학 영역에서 50여 편의 국제학술지 논문과 다수의 한국어 논문을 출간해왔다. 영국 경영학회지 〈브리티시 저널 오브 매니지먼트British Journal of Management〉 편집위원이며 조직생태계와 플랫폼리더십에 대한 SSKSocial Science of Korea 연구 프로젝트를 수행했다.

코넬대학교 석좌교수인 롤러Lawler 교수, 사우스캐롤라이나대학교 띠 Thye 교수와 20여 년간 공동으로 연구해 '관계적 자본이론Relational Cohesion Theory(RCT)'을 정립했다. 사회적 교환이론에 대한 공헌을 인정받아 세계 양대 인명사전인 《마르퀴즈 후즈 후Marquis Who's Who in the World》(2016년 33판)와 케임브리지 국제인명센터International Biographical Center의 《21세기 뛰어난 지식인 20002000 Outstanding Intellectuals of the 21st Century》(2016년)에 등재되었다. 국회미래인재육성포럼의 자문위원으로 활동했고 (사)대한리더십학회 9대 학회장을 역임했다. 현재 (사)한국조직경영개발학회의 회장직을 수행하고 있고 (사)한국공정거래학회의 부회장이다.

한국어 저서로는 《100년 기업의 변화경영》(문광부 우수학술도서), 《진정성이란 무엇인가》, 《진성리더십》이 있고, 영문 저서로는 2010년 미국사회학회에서 제임스 콜먼James Coleman 최고학술상을 수상한 《몰개성화 시대의 사회적 헌신Social Commitment in a Depersonalized World》, 지속적인 위기 속에서 개인이나 기업의 무너진 정신모형의 회복탄력성을 연구한 《혼돈의 가장자리에서 탄생하는 질서Order on the Edge of Chaos》 외 다수가 있다. 리더십 소외계층을 대상으로 사회적 리더 개발육성 프로그램인 진성리더십아카데미를 운영하고 있다.

# 황금 수도꼭지

2018년 4월 16일 초판 1쇄 | 2019년 6월 4일 6쇄 발행

지은이·윤정구

펴낸이·김상현, 최세현

책임편집·최세현 | 디자인·고영선

마케팅·김명래, 권금숙, 양봉호, 임지윤, 최의범, 조히라, 유미정
경영지원·김현우, 강신우 | 해외기획·우정민
펴낸곳·(주)쌤앤파커스 | 출판신고·2006년 9월 25일 제406-2006-000210호
주소·경기도 파주시 회동길 174 파주출판도시
전화·031-960-4800 | 팩스·031-960-4806 | 이메일·info@smpk.kr

© 윤정구(저작권자와 맺은 특약에 따라 검인을 생략합니다)
ISBN 978-89-6570-615-1 (03320)

쌤앤파커스(Sam&Parkers)는 독자 여러분의 책에 관한 아이디어와 원고 투고를 설레는 마음으로 기다리고
있습니다. 책으로 엮기를 원하는 아이디어가 있으신 분은 이메일 book@smpk.kr로 간단한 개요와 취지,
연락처 등을 보내주세요. 머뭇거리지 말고 문을 두드리세요. 길이 열립니다.